Eva Pierrakos e
Donovan Thesenga

Entrega ao Deus Interior

O PATHWORK NO NÍVEL DA ALMA

Tradução
ALÍPIO CORREIA DE FRANCA NETO

EDITORA CULTRIX
São Paulo

Título do original:
Surrender to God Within
Pathwork at the Soul Level

O Capítulo 4 aparece de um modo diferente do que consta no livro *O Caminho da Autotransformação.*

Edição	Ano
1-2-3-4-5-6-7-8-9	99-00-01-02-03

Direitos de tradução para a língua portuguesa
adquiridos com exclusividade pela
EDITORA CULTRIX LTDA.
Rua Dr. Mário Vicente, 374 — 04270-000 — São Paulo, SP
Fone: 272-1399 — Fax: 272-4770
E-mail: pensamento@snet.com.br
http://www.pensamento-cultrix.com.br
que se reserva a propriedade literária desta tradução.

Impresso em nossas oficinas gráficas.

Prólogo

Imagine uma época em que tudo é uma coisa só: a época que precedeu a grande explosão que deu início ao nosso universo.

Nesse tempo que antecedeu o próprio tempo, todas as coisas no plano físico, toda matéria e energia, eram uma coisa só. Nessa época, que foi o princípio do tempo, tudo o mais no plano espiritual também era apenas uma coisa.

Imagine agora que a explosão que dá início ao tempo causa uma divisão desse todo e gera muitas coisas no plano físico – um impulso que encontra paralelo numa divisão igualmente poderosa, que vai da unidade à multiplicidade no plano espiritual.

Dê-se a esse plano físico o nome de *Universo*.

Dê-se ao plano espiritual o nome de *Deus*.

No tempo *posterior* ao início do tempo propriamente dito, matéria e energia passaram a parecer coisas diferentes uma da outra. O Universo dispersou-se infinitamente. Esse tempo posterior ao início do tempo também criou um estado em que as almas de todos os seres passaram a parecer diferentes umas das outras. Deus dispersou-se infinitamente.

A grande explosão na multiplicidade visível gerou inúmeras dualidades visíveis. Para toda aparência exterior, os seres humanos vivem neste mundo de dualidade. Nessa existência no plano material, descobrimos, por exemplo, que a vida se opõe à morte e que ser feminino não é ser masculino; que procurar a luz é deixar a escuridão, e em cima só pode ser embaixo num sonho.

Ora, por meio da exploração de nosso físico, viemos a tomar conhecimento de que matéria e energia ainda são uma coisa só, constituem formas intercambiáveis. Aprendemos que a menor ondulação onde quer que seja no universo sempre afeta cada partícula da matéria e da onda de energia em toda parte neste universo.

No fundo de nossa alma, também sabemos que todos os fragmentos de Deus ainda são uma coisa só em sua essência, e que cada movimento que cada um de nós possa levar a efeito com vistas a uma compreensão mais aprofundada de nossa divindade afeta todas as outras partículas de Deus em toda parte.

Podemos compreender a nossa jornada agora como da passagem da unidade original para a multiplicidade fragmentada, de volta à unidade *consciente*; pois, embora a unidade essencial de toda matéria, toda energia e todo espírito jamais tenha mudado, nossa tarefa como seres humanos é construir as pontes, realizar o trabalho necessário para transcender a ilusão de estar isolado, e só a colheita dessa obra será uma vida vivida num estado de consciência de unidade, em meio à aparente multiplicidade.

É por essa consciência de unidade que ansiamos, é ela que procuramos e podemos encontrar, em nossa jornada aqui na Terra.

– Donovan Thesenga

Sumário

Prólogo 5
Agradecimentos 10
Introdução Um. "O *Pathwork* no Nível da Alma" 11
Introdução Dois. Como Usar Este Livro 17

Parte Um: O Mundo do Espírito 19
Capítulo 1. O Reino de Deus Está Dentro de Nós 21
A condição real da realidade interior; O eu real escolhe uma tarefa; A exposição do inferior revela o superior; A jornada da alma
Capítulo 2. A Escolha do Próprio Destino 29
A vontade de mudar; A vontade de meditar
Capítulo 3. A Felicidade Como um Elo na Cadeia da Vida 38
Objetivos egoístas; Serei um elo da cadeia; A justiça de Deus; Abertura do inconsciente

Parte Dois: A Natureza de Deus 47
Capítulo 4. A Imagem de Deus e o Deus "Que É" 49
O falso conceito de Deus; Acabando com a imagem de Deus; Deus não é injusto; A verdadeira idéia de Deus; As leis eternas e divinas; Deus está em vocês e cria por meio de vocês
Capítulo 5. Os Estágios do Relacionamento com Deus 60
Ser sem percepção; O estágio do ateísmo; Indo além do ateísmo; O ser na consciência; Livre-arbítrio e predestinação; Os estágios da oração

Parte Três: A Grande Transição do Egocentrismo para o Amor 71
Capítulo 6. A Grande Transição no Desenvolvimento Humano 76

Do isolamento à união; Vocês não geram os seus sentimentos; O abandono do isolamento

Capítulo 7. O Processo de Desenvolvimento da Dualidade para a Unidade 85
A consciência dualista e o desenvolvimento; O plano unificado; Indicações cada vez maiores da unidade; O erro deve desmoronar

Capítulo 8. O Impulso Cósmico Rumo à União 94
O medo do impulso rumo à união; O prazer negativo; Confie em seus instintos

Parte Quatro: A Relação do Ego com o Verdadeiro Eu 103

Capítulo 9. Respondendo ao Chamado da Vida 106
Você tem vergonha de quem você é neste momento?; Vocês precisam se comprometer inteiramente; O conflito profundo do dualismo; Vocês não podem ter o melhor a menos que dêem o melhor; As duas chaves importantes

Capítulo 10. A Verdadeira Função do Ego 118
A consciência de nossos medos; A ignorância do eu verdadeiro; O medo da vida e do prazer; A sabedoria e o êxtase da energia vital; O ego como um servo apropriado

Capítulo 11. O Fenômeno da Consciência 128
O pensamento é energia e tem sentimento; O estado de torpor; O estado da consciência de si mesmo; A consciência cósmica; O eu, os outros e o universo

Parte Cinco: O Tempo Anterior ao Nascimento e Posterior a Ele 141

Capítulo 12. A Relação da Humanidade com o Tempo 143
Os limites do tempo; Fugindo ao agora; Seguindo a onda do tempo

Capítulo 13. Redespertando da Anestesia Anterior à Encarnação 152
A razão para a anestesia; O pior precisa vir à tona; A sabedoria e a lucidez afloram; As vozes de Deus e do eu inferior

Parte Seis: Especialistas, Demônios e a Essência do Mal ... 161

Capítulo 14. Influência entre os Mundos Espiritual e Material 163
Os especialistas; Suas criações espirituais; Encarnações anteriores

Capítulo 15. O Mal Nivela a Energia e a Consciência em Distorção ... 173
O universo é consciência e energia; O mal visto como consciência e energia; A energia se espessa até virar matéria; Obstinação, orgulho e medo; O conflito e a crise; A destruição construtiva
Capítulo 16. Os Três Princípios do Mal ... 184
A separação; O materialismo; A confusão e a meia-verdade; O bem e o mal personificados; Os demônios são a causa, o efeito e a medicina; As leis que regem o mal; O antagonista de Satã é Cristo; A batalha travada na alma de cada um

Parte Sete: A Abordagem do Estado de União ... 199
Capítulo 17. Sua Capacidade de Criar ... 201
Um mapa das regiões interiores de cada um; As leis divinas em desequilíbrio; A conversão do negativo em positivo; A paciência na criação
Capítulo 18. O Sentimento Cósmico ... 211
Uma experiência da unidade;
As quatro chaves para o sentimento cósmico:
1. A compreensão da causa e do efeito pessoais;
2. O sentimento de todas as suas emoções;
3. O desenvolvimento da intenção positiva;
4. O desenvolvimento da capacidade de se ligar ao seu núcleo divino mais profundo
Capítulo 19. Jesus Cristo e a Coragem ... 220
A entrega total à vontade de Deus; A salvação;
As pessoas voltadas para o espírito são corajosas

Glossário ... 230
Nota sobre o Texto ... 235
Lista das Palestras de *Pathwork* ... 236
Lista dos Centros de *Pathwork* ... 243

Agradecimentos

Jan Fowler leu todo o manuscrito e fez muitas sugestões para melhorias, além de me ajudar especialmente com os textos introdutórios.

Karen Millnick carinhosa e meticulosamente se ocupou do projeto do livro.

Judith Saly contribuiu com o glossário.

Gene Humphrey foi um editor amável e prestativo.

Jack Clarke e David Wagner fizeram muitas sugestões úteis.

Os Membros da Pathwork Foundation pagaram as contas.

Susan Thesenga assegurou-me diversas vezes que este trabalho valia a pena e que algum dia seria verdadeiramente completado.

– Donovan Thesenga

Introdução Um

"O *Pathwork* no Nível da Alma"

Referimo-nos na capa a "*Pathwork* no Nível da Alma", e nada é mais justo do que definir o que entendemos por essa expressão.

A busca espiritual não é mais província exclusiva dos peregrinos errantes e dos monges solitários. Inúmeras pessoas comuns embarcaram numa jornada para conhecer a si mesmas mais profundamente e, com a experiência, aprender de que modo cumular suas vidas de bens de dentro para fora. Para a maioria das pessoas, a meta consciente é, a princípio, simplesmente aprender como se sentir melhor e como ter uma vida mais produtiva e satisfatória. Os que estão envolvidos com a busca interior já aprenderam que isso deve ser levado a cabo, não pela aquisição de mais dinheiro, tampouco pela troca de um parceiro atual por um melhor, mas, em vez disso, pelo exame mais profundo de nossa mente e de nossos sentimentos – de nossas crenças, esperanças, sonhos, enganos e medos.

Assim, pelejamos para encontrar uma terapia que se adapte melhor, um caminho que leve aonde precisamos ir. A grande e espantosa variedade dos caminhos comuns e das terapias é um testemunho da diversidade dos seres humanos e da coragem de sua busca. Suponha que em tempo descubramos que nossos esforços deram frutos e verdadeiramente aprendamos a nos conhecer mais profundamente, e que disso advenha um grau maior de sabedoria e felicidade. E daí? Alguns podem preferir parar onde estão. Outros percebem que o caminho ainda continua.

Depois daquilo que às vezes envolve muitos anos de trabalho consigo mesmo, o buscador chega a um limiar que dá para um caminho inteiramente novo no trabalho. Transpor esse limiar implica uma profunda mudança de perspectiva, não apenas no trabalho mas na concepção do eu como um todo. A essa altura, o trabalho se torna mais especificamente *espiritual*, e requer o aprendizado de um novo relacionamento com o conceito e a experiência da *entrega*. Estaremos explorando esse limiar e a mudança que ele provoca em nós.

Este livro, portanto, *não é fundamentalmente sobre* ***desenvolvimento pessoal*** no sentido estrito. Não versa sobre acabar com as neuroses, tampouco sobre melhorar a personalidade. A mudança na entrega não é fundamentalmente um processo emocional, nem envolve a exigência de um contato maior com os próprios sentimentos. Ela tem pouco ou nada a ver com curar as mágoas da infância.

O que é, portanto, esse trabalho? É aprender como se entregar a Deus e à vontade de Deus. É aprender como estar em *harmonia* com Deus. É aprender como pôr todas as minhas moléculas, meus pensamentos e sentimentos em harmonia com o Divino. Esse é um trabalho *espiritual*, em oposição ao trabalho psicológico ou emocional. Este livro destina-se a quantos já trabalharam bastante nesses níveis anteriores e, agora, estão prontos para o passo seguinte.

Em certo sentido, ele é um convite paradoxal para que se esqueçam quaisquer trabalhos semelhantes realizados anteriormente; o que não implica ignorar a importância de uma preparação assim, pois aprender como desfazer antigos vínculos com nossas neuroses nocivas e como afirmar mais sabedoria e felicidade são metas nobres, pré-requisitos essenciais. O trabalho envolvido em alcançar essas metas implicou indubitavelmente um grande esforço no exame e na transformação de bloqueios e desvios interiores, e na criação das coisas necessárias para as mudanças exteriores em nossa vida e em nossos hábitos.

A premissa que ora examinamos, contudo, é a de que o verdadeiro trabalho espiritual requer uma total mudança de perspectiva. Ela traz uma compreensão do eu e do mundo que é nova e radical, e que nem sempre é cômoda ou satisfatória, além de talvez não poder, no decorrer de um longo período, dar frutos exteriores agradáveis. O trabalho espiritual significa desistir corajosamente de todas as metas ou expectativas – até mesmo das que nos são mais caras, como encontrar um parceiro ou melhorar a saúde – e simplesmente entregar-se à vontade de Deus. Essa entrega exige uma base de saúde mental e emocional cuja aquisição pode vir a ser, de fato, difícil; mas o trabalho da entrega dá-se num nível novo e diferente, na fé de que só isso, não quaisquer desejos ou coisas por fazer próprias do "pobrezinho" do eu, é o que doravante guiará e fortalecerá a nossa vida.

Eu gostaria de salientar que isso envolve uma mudança *radical* de ênfase e orientação. É possível que você leia este livro de uma vez e acredite equivocadamente que o compreendeu de todo; se isso acontecer, porém, à proporção que o seu caminho tiver continuidade, você com certeza terá a experiência, diversas vezes, de cair através do que você pensou fosse o chão, e se sentir perdido e desamparado por um bom tempo, até encontrar terra firme outra vez. Ou, para nos valermos de outra metáfora, você pode descobrir que chegou ao que achou que fosse a meta máxima, e apenas perceber, no alto da montanha, que uma nova e imensa cadeia de montanhas a ser explorada só agora pode ser divisada.

Os estágios do caminho

Sempre é útil pensar nesse trabalho interior como algo que é feito em estágios ou ciclos. O trabalho amiúde principia quando se presta atenção ao nível do eu da criança: curar antigos traumas, redimir episódios dolorosos da infância. Quando o eu da criança está mais forte e mais livre, o processo de desenvolvimento pode se dar com o trabalho para fortalecer o ego do adulto, ajudando-o a aprender o seu papel fundamental sem ser dominador. Já que somos organismos completos, com todos os aspectos de nós mesmos ligados entre si, é também essencial que nos envolvamos em algum tipo de processo para relaxar e estimular o corpo físico. Então, o trabalho "escapa" do exclusivamente individual e passa a se concentrar no favorecimento da harmonia e da realidade nos relacionamentos humanos de alguém e com a vida não-humana e a Terra.

Dever-se-ia observar que o processo por que todos passamos ao curar e transformar o eu nunca é linear nem sistemático. Alguns aspectos do trabalho pessoal parecem transcorrer naturalmente, ao passo que outras áreas de distorção mais acentuada e de sofrimento podem vir de novo à luz e precisar de atenção durante anos; todavia, o esquema global apresentado aqui esboça uma progressão da cura e da harmonia que parece representativa da experiência de muitas pessoas.

Salto para o nível da alma

Só depois que avançamos um pouco na integração e harmonização de nossos relacionamentos humanos e terrenos é que o trabalho no nível da alma, ou transpessoal, pode ter início. Trata-se de um tipo de trabalho qualitativamente diferente. Até agora, trabalhamos sobretudo no nível do "eu". No momento, começamos a explorar quem somos nos níveis que estão *além* do eu comum e isolado, em que estivemos tão concentrados na tentativa de curá-lo. Em vez de trabalhar mais em quem *somos*, precisamos agora trabalhar em *não* ser um eu contido, isolado – não porque isso seja mais nobre ou grandioso, mas porque isso é *necessário* para se compreender os níveis da realidade que depararemos e para agir em conjunto com eles. Se respondermos a esse convite quanto a sacrificar o pobrezinho do eu, seremos recompensados com algo mil vezes melhor, com o surgimento do nosso verdadeiro eu. A partir dele, podemos estabelecer e sentir nossas ligações com o amor infinito e com a sabedoria da realidade espiritual. À medida que nos entregamos cada vez mais a essa imensa realidade, vasta, penetramos o estado de integração e unidade.

O *Pathwork*

As informações aqui reunidas estavam originariamente na forma de palestras, dadas por Eva Pierrakos e elaboradas para apresentação verbal e não para leitura. Eva fez 258 dessas palestras no curso de 22 anos. Esses conceitos atraíram centenas e, depois, milhares de pessoas, e a maneira de usar e trabalhar com essas idéias veio a ser conhecida como "O *Pathwork*". Atualmente, existe uma rede mundial de centros de *Pathwork*, com grupos na América do Norte, na América do Sul, na Europa e na Austrália.

Foram publicados anteriormente três volumes de palestras sobre *Pathwork*, lidando com níveis psicológicos e emocionais no trabalho.

Este livro versa sobre a natureza da realidade espiritual, sobre os modos pelos quais o espiritual e o material agem entre si, e sobre quem somos no nível do transpessoal.

Grande parte dos conhecimentos dados a público neste volume contraria o senso comum, mas isso é de esperar. Tomar uma verdadeira estrada para a compreensão espiritual e continuar o percurso por ela implica surpreender-se profundamente, repetidas vezes. Esperamos que você aceite espantar-se, estar aberto e receptivo, e deixe que um estado de consciência diferente aflore à proporção que lê.

Introdução Dois

Como Usar Este Livro

Organizei este livro sem perder de vista sua fluência do começo ao fim, mas não é preciso lê-lo em seqüência desde o começo. Sinta-se à vontade para deixar que sua intuição o leve ao capítulo que lhe será oportuno no momento. Com o tempo, creio que você lerá cada capítulo, e lerá alguns deles muitas vezes.

As idéias apresentadas na Parte Um são "mais leves" do que as que aparecem depois, e o objetivo principal delas é apresentar-lhe o espírito desses ensinamentos, criar o ambiente, por assim dizer. Eu acredito que o leitor se beneficiará com estas palestras e tirará proveito delas, mas lê-las não é *essencial* para uma compreensão do restante do livro.

A afirmação teórica fundamental de *Entrega ao Deus Interior* é feita na Introdução à Parte Três, "A Grande Transição do Egocentrismo para o Amor". Se quiser começar com um resumo do assunto do livro, de sua contribuição principal para a compreensão do caminho do espírito, você pode optar por começar lendo em primeiro lugar essa seção.

Muitos dos capítulos apresentam recomendações específicas para a prática, diversos exercícios que favorecem a consciência e inúmeros usos para o estado de meditação. Sugiro que *pratique* esses exercícios, em vez de só compreendê-los e, então, seguir adiante na leitura.

As palestras do *Pathwork* se valem de algumas palavras tais como "imagem" ou "eu real", de um modo específico e um tanto não tradicional. Considerando que este volume pode ser o primeiro sobre o *Pathwork* que você lê, incluí um glossário que define esses termos e que deverá ajudá-lo a compreender mais precisamente os conceitos.

As palestras que escolhi para este livro cobrem um longo período de tempo, começando em 1957, o primeiro ano que Eva deu início a esse trabalho, e terminando em 1979, com o falecimento dela; entretanto, o tom e a mensagem ainda hoje continuam a ser admiravelmente coerentes. Fiz muitas opções ao longo do caminho, no que concerne ao que incluir e ao que deixar fora, no processo de transformar esse material em livro. Foi minha a idéia de reunir os ensinamentos sobre o *Pathwork* relacionados com a espiritualidade e com a entrega e o trabalho de revisar e reunir esses ensinamentos, escrevendo as passagens introdutórias e escolhendo títulos.

Espero que o trabalho de Eva e o meu se combinem num todo e lhe dê força ao longo do caminho para a sua total compreensão.

– Donovan Thesenga
Sevenoaks
Madison, Virginia
Julho de 1996

Parte Um

O Mundo do Espírito

"O olho com que vejo Deus
é o mesmo olho com que Deus me vê."
– Meister Eckhart

As três palestras nesta seção estão entre as mais antigas dadas por Eva Pierrakos. Elas descrevem verdades espirituais complexas, num estilo a um só tempo desafiador e abordável.

Diversos conceitos que aqui figuram estão repetidamente entretecidos no conjunto do material do *Pathwork*. Um deles é que nós, nesta encarnação e em muitas outras, viemos à Terra com uma missão particular, uma tarefa de purificação e transformação. O eu real traz em si, na encarnação, aspectos da consciência separada que devem ser levados à união para que possa florescer o amor universal. Ademais, essa tarefa *deve* ser cumprida na Terra, território do sofrimento, da injustiça e da aparente imperfeição. Só nesse ambiente é que as imperfeições em *nós* que precisam de atenção, podem vir à tona e revelar-se para serem reparadas. Quando assimilamos e aprendemos sinceramente a ter fé nessa verdade, somos abençoados pela alegria e pela compreensão mais ampla.

Outro ensinamento central é a importância – a necessidade absoluta – de reparar em todos os aspectos de nós mesmos, especialmente nas partes de que talvez não gostemos. Só na exposição destemida e na aceitação do negativo em nós é que podemos transformar e liberar a energia que esse lado negativo andou concentrando. O poder disso vai além do meramente terapêutico. Revelar nossas energias obscuras e destrutivas, não só nos ajuda a começar a sanar os problemas de nossa personalidade – também nos eleva ao domínio em que podemos começar a nos *entregar* à nossa personalidade e a nos harmonizar inteiramente com o Divino. Estamos seguros de que, quanto mais empreendemos esse trabalho por vezes difícil e doloroso, mais fazemos para receber por parte dos que estão no mundo do espírito e que constantemente nos guiam rumo à execução de nossa tarefa.

Convido o leitor a seguir com mente aberta e coração confiante à proporção que damos início a nossa imersão nos ensinamentos do *Pathwork*.

– D. T.

Capítulo Um

O Reino de Deus Está Dentro de Nós

Eu saúdo vocês em nome de Deus, queridos amigos. Trago-lhes bênçãos.

É difícil entender o verdadeiro sentido do ensinamento de que o Reino de Deus está dentro de nós. Vocês imaginam que isso diz respeito a um estado de espírito e, portanto, a algo irreal que não pode ser apreendido. As pessoas só consideram real o que podem ver ou tocar; os estados da emoção não podem ser vistos nem tocados. Quando explico a vocês que os pensamentos e os sentimentos são formas, pode ficar um pouco mais fácil entender que essas formas compõem esferas e paisagens correspondentes. Essa explicação, entretanto, ainda pode não deixar claro como tudo isso existe interiormente. Os seres humanos acreditam que não existe nenhum espaço interior para paisagens e esferas, e, por ser difícil explicar isso com palavras, quero ainda tentar levá-los a uma introvisão maior sobre os estados do espírito.

Assim como o tempo na Terra é inteiramente diferente de sua verdadeira realidade no espírito, o espaço é igualmente diferente. As dimensões do espaço – expressões como em cima, embaixo, direita e esquerda são idéias que vocês podem apreender no seu hábitat primitivo, mas não existem dessa forma na dimensão espiritual. Quando os seres humanos se despem do corpo, eles adentram os mundos espirituais, porque o universo inteiro está, em última análise, dentro do ser humano. Isso é um fato.

Talvez vocês possam compreender essa idéia se eu lhes der um exemplo, mesmo que insatisfatório: pensem em binóculos de teatro nos quais vocês olhem pelo lado contrário, de forma que todas as coisas ficam muito pequenas. Essa imagenzinha será a realidade de acordo com a compreensão limitada de vocês. Ora, vocês poderiam formular a pergunta sobre como todo o universo, com todo o seu tamanho, poderia existir em cada ser humano. Eu lhes responderia da seguinte maneira: o mundo terreno de vocês não é o mundo verdadeiro, nem mesmo num sentido figurado e simbólico; ele é apenas um reflexo, a imagem num espelho, uma projeção do real.

A condição real da realidade interior

Eu gostaria de enfatizar de novo: quando falo da realidade interior nesse contexto, não me refiro simplesmente a um estado psicológico ou emocional. A realidade interior é o grande universo. Como personalidades, vocês estão na fronteira. Num lado, está esse espaço interior vasto e sem fim da criação divina, em que cada estado concebível da consciência, da expressão e da condição existem; e do outro, está o vácuo exterior, que tem de ser preenchido com a consciência e com a luz, com o amor e com a vida. O corpo material de vocês é a fronteira, o estado-limite. A consciência que fundamenta o corpo é o agente condutor cuja tarefa é levar a realidade interior da pessoa para o vazio. A única dificuldade é que os que estão nesse estado-limite não raro esquecem que a realidade interior é o mundo real, ou até mesmo que há um mundo como esse além do domínio da matéria.

A escuridão da mente limitada torna quase impossível pensar num mundo verdadeiro existindo no interior de vocês ou através de vocês, um mundo que leve a uma realidade refletida. Só o espaço do estado de consciência tridimensional parece realidade; no entanto, até mesmo os físicos da Terra atualmente sabem que a relação do tempo/espaço/movimento é de infinita variedade, e, portanto, o contínuo de tempo/espaço/movimento do mundo próprio do estado de consciência de vocês é relativo, e constitui apenas uma de muitas possibilidades, em vez de uma "realidade" fixa, exclusiva, aplicável a todos os estados interiores. Quando uma consciência humana "morre", por assim dizer, o que de fato acontece é que ela recua de sua concha para mais um contínuo do tempo/espaço/movimento, que é o mundo interior.

Estar no corpo, o qual abriga o espírito, acarreta uma separação. O momento em que essa parede divisória vem abaixo porque vocês deixam o corpo, o universo que existe em cada ser humano singular se torna unificado – evidentemente, com a *condição* de que vocês tenham se desenvolvido suficientemente para chegar às esferas onde não existe mais nenhuma separação. Quanto mais baixa a esfera em que uma entidade se encontra – esteja ela aqui e agora, esteja no além – mais radical deve ser a separação.

Assim como o tempo, o espaço e a relação de movimento para o tempo e o espaço dentro da realidade específica de vocês são conseqüências de um estado de consciência correspondente, as paisagens, os objetos, as condições, as leis naturais, a atmosfera e o clima também são resultados dos estados específicos da consciência. O mundo interior de vocês é, assim, um produto total do estado de consciência de vocês como um todo. Nesse mundo interior, vocês se ligam aos outros cujo estado de consciência como um todo se aproxima do seu, de modo que vocês partilham uma esfera de realidade temporária criada em comum. Essa mesma norma se aplica, evidentemente, a essa esfera da Terra, com a única diferença de que os estados interiores são exteriorizados na Terra de um modo que amiúde torna mais difícil discernir a realidade interior.

Vocês também sabem que a própria consciência de vocês não é um único estado unificado. Vocês consistem em muitos aspectos da consciência que freqüentemente podem estar em total desacordo entre si, e cujo estado de desenvolvimento pode variar amplamente.

O eu real escolhe uma tarefa

Quando o *eu real** assume uma tarefa antes de encarnar, ele escolhe levar consigo certos aspectos da consciência, se me é dado expor as coisas dessa forma. No caminho, vocês são ajudados a levar a cabo essa tarefa, que o eu real de vocês compreendeu e que é estabelecer a unificação entre os aspectos sem vínculo da consciência e também aperfeiçoar, reeducar e purificar esses elementos divergentes. O ego de vocês, que é a consciência ativa, determinante e exterior, pode optar por pro-

* Ver Glossário para a definição de *Eu Real.*

curar certo entendimento dessas ligações, ou fugir a ele. O conhecimento do ego de vocês é o limite entre o mundo da luz interior e o vazio exterior. Como eu disse, quando a mente humana fica embaraçada na realidade parcial da consciência tridimensional, ela pode facilmente esquecer sua tarefa. Só por meio do esforço é que ela pode ser despertada novamente para a consciência superior. Eu também poderia acrescentar aqui que os seres humanos recebem uma grande quantidade de orientação espiritual nessa batalha, bastando apenas que estejam dispostos a perceber a ajuda.

Quando a mente sem ligação esquece a verdade superior do ser, o eu do ego consciente se identifica temporariamente com os aspectos que precisam de reeducação e purificação; então, ele perde certo sentido de sua identidade real. Esse estado extremamente doloroso dá-se apenas quando o orgulho, a obstinação e o medo conseguem governar a consciência. O momento em que você expôs, possuiu e verdadeiramente valorizou esses aspectos negativos com que você se identificou exclusivamente, e que se empenhou em não ver, esse isolamento vergonhoso termina, e os aspectos são vistos exatamente pelo que são: apenas aspectos do eu total.

Portanto, é extremamente importante, no *Pathwork*, que vocês examinem a si mesmos e parem de esconder a parte negativa da sua personalidade. Quanto mais vocês a escondem, mais se perdem nela e maior se torna o desespero da ilusão. Só quando vocês tomam coragem e adotam a humildade para reconhecer repetidas vezes e expor as partes negativas da personalidade é que ocorre o milagre: então, vocês não se identificam mais secretamente com os aspectos da sua personalidade que vocês procuram esconder. Por paradoxal que pareça à primeira vista, quanto mais vocês expõem sua parte destrutiva, mais vocês conhecem a sua beleza; quanto mais vocês expõem o seu ódio interior e todos os seus derivativos, mais vocês têm consciência do estado de amor que já existe em vocês e que pode brilhar até o fim.

A exposição do inferior revela o superior

Imaginem só, meus amigos, a situação bastante penosa e difícil em que vocês se colocam quando escondem aquilo de que mais se envergonham e têm medo. É precisamente por causa dessa ocultação que vocês criam as atitudes que mais odeiam em si mesmos. Vocês as tornam infinitamente piores com os gestos que as encobrem, e depois vocês se tornam cada vez mais convencidos, nos níveis profundos da consciência, de que elas constituem o seu ser real. Esse *círculo vicioso** faz com que vocês fiquem mais determinados a esconder e, portanto, vocês se sentem mais isolados, mais pessimistas e destrutivos justamente por causa desses métodos de ocultação. Pois ocultar sempre implica projetar a culpa real nos outros, a recriminação, o ato de encobrir o erro, a hipocrisia e assim por diante. Por conseguinte, vocês se tornam mais convencidos de que a parte encoberta é a imagem máxima de vocês mesmos para quem não há esperança nenhuma. A verdadeira tarefa de vocês deve começar pela total exposição de vocês mesmos. Afirmei isso muitas vezes, simplesmente porque não há um oposto para esse aspecto do desenvolvimento espiritual. Todos os buscadores do desenvolvimento espiritual que evitam isso enganam-se e devem, num momento ou outro, deparar um despertar difícil e doloroso. Vocês têm de passar por esse processo; têm de expor todas as partes de vocês. Essa exposição, no entanto, também traz em sua esteira a consciência de que a pior opinião de vocês mesmos nunca se justifica, independentemente da feiúra dos traços e atitudes que vocês escondem. Elas nunca se justificam porque essas partes são tão-somente aspectos isolados da consciência total de que o seu eu real se encarregou.

À medida que passam por esses estágios, vocês têm consciência do seu Eu superior, não como uma teoria nem como uma premissa filosófica, mas como simples realidade, bem aqui e agora. Vocês se sentem como a entidade real que são, que sempre foram e serão, independentemente do que os aspectos isolados da consciência criam na forma de ilusão e loucura. Essa é, de fato, uma tarefa difícil e maravilhosa! Ao fazê-lo, vocês aprendem mais sobre a realidade interior de vocês e sobre todos os seus variados aspectos e níveis de consciência. Vocês passam a ver o acontecimento exterior com relação a sua paisagem interior. Esta não é mais uma analogia simbólica e "colorida". Ela é a *dura* realidade.

---

* Ver Glossário para definição de *Círculo Vicioso.*

A jornada da alma

A analogia às vezes usada em sonhos, bem como em outra linguagem simbólica, é que a estada de alguém num corpo humano é uma jornada. Essa analogia revela uma verdade profunda: o caminho interior está em constante movimento através dos estágios da matéria da alma por que se deve passar. Essa jornada, aliás, não é apenas uma palavra. Trata-se de um movimento de fluxo constante. E assim é o caminho pessoal de vocês. Ele é um movimento. Carrega vocês pelas suas paisagens. Leva-os à paisagem do Eu superior, que é belo e que irradia luz; mas se a tarefa que vocês vêm a cumprir é abandonada, vocês não têm a experiência dessa bela paisagem com muita freqüência, porque ficam estagnados e se detêm nas paisagens dos outros aspectos da consciência que ainda não se uniram e integraram com o eu real.

O que acontece quando vocês recuam, depois de um período de vida, para o universo interior com esses aspectos variados da personalidade de vocês? Vocês vivem neles alternadamente. Os aspectos em cuja unificação vocês não tiveram êxito com o Eu superior continuam a ser fragmentos separados nos mundos de vocês criados por si mesmos. Vocês às vezes devem habitar esses mundos isolados; a quantidade de "tempo", por falta de uma palavra melhor, depende da intensidade de cada estado. Cada um será, na verdade, um mundo como esse mundo material, por exemplo, mas com condições, dimensões e leis diferentes, que parecem a única realidade pelo tempo em que a mente se fixa nelas, assim como essa esfera parece a única realidade enquanto vocês estão concentrados exclusivamente nela. Todos esses mundos são mundos de consciência e ação. Já que vocês têm muitos aspectos, habitarão em muitos mundos. Enquanto a consciência está concentrada em qualquer um desses mundos exteriores, vocês esquecem a verdadeira identidade de vocês; vocês passam a viver exatamente como um ser humano vive, ignorando sua real identidade divina enquanto só se identificam com os aspectos menos desenvolvidos do ser. Então, na verdade, a permanência temporária nos mundos inferiores desses aspectos parece final no tempo em que dura. Essa finalidade é uma ilusão, mas só quando vocês estão na realidade superior do mundo de luz é que vocês sabem que a única realidade final é a beleza, o amor, a verdade, a luz e a bênção. Todos os outros estados são temporários.

Além de certo nível de desenvolvimento, cada ser espiritual individual chega a um estágio de purificação em que é capaz de se entregar ao fluxo divino, dissolvendo-se e fundindo-se nesse fluxo. E ele também pode reconstituir esses fios fluidos, de modo que uma vez mais se torne uma entidade de forma e aspecto, embora de uma substância tão aprimorada, que os seres que não chegaram a esse estágio elevado de desenvolvimento não a podem perceber.

Todos podem ouvir um eco distante desse sentimento abençoado de fusão na unidade quando tomados de um sentimento de grande bênção. Talvez vocês possam perceber como anseiam por eliminar o eu, não apenas na união de amor, mas também em todas as grandes experiências da alma, quando ela é alçada à proximidade de Deus, indepedentemente do modo como isso ocorra – por meio da natureza, da música, da meditação, ou simplesmente quando o sopro de Deus toca o ser humano. Então, você de fato sente que o seu corpo estabelece limites, e vocês querem romper com esses limites para que possam entregar-se ao fluxo e combinar-se com ele. É possível que nunca tenham pensado nessas coisas, mas vocês provavelmente confirmarão que, às vezes, tiveram sentimentos assim.

Quanto menos purificada for alma – e não me refiro apenas aos erros e fraquezas, mas também à ansiedade e às tendências nocivas à saúde – mais a pessoa tem medo da entrega, apesar de querê-la muito. Quanto mais espiritualizada for a alma, menos ela resistirá à entrega. Algumas filosofias verdadeiramente apreenderam esse aspecto. Por meio dessa introvisão, essas filosofias chegaram à conclusão de que esse estado é o destino final da humanidade; entretanto, isso não é verdade. Conquanto haja uma fusão e uma dissolução, a individualidade, o "eu" – a consciência não está perdida. Uma vez mais, esses seres haverão de adquirir os fios fluidos e, do estado do *ser* puro, passarão ao estado do *fazer*. Nesse estágio, a pessoa tem de se tornar uma forma completa e harmoniosa. E já que Deus é o criador – ou seja, o fautor – esse processo também ocorre dentro de Deus. O elemento ativo de Deus que cria se combina repetidas vezes na forma mais pura e perfeita. Assim, o elemento de Deus que simplesmente é e se conserva, conseqüentemente também se dissolve. Esses conceitos são extremamente difíceis para que vocês, seres humanos, os integrem no seu entendimento, mas espero que minhas palavras possam lançar uma centelha de introvisão.

Estou explicando uma contradição inata à compreensão humana. Ela também toca o tema do dualismo e do monismo. As pessoas que tiveram uma experiência de Deus no estado do ser, no estado da dissolução, supõem que se trata da verdade única e máxima. Outros, contudo, que tiveram a experiência de Deus em outra manifestação, como forma, como criador, acreditam que se trata da verdade máxima. Eis aqui a origem da contradição, e lhes digo que ambas as experiências de Deus são igualmente verdadeiras.

Alguém tem alguma pergunta a fazer?

PERGUNTA: Você nos explicou que nossa realidade é apenas um espelho da verdadeira realidade. Eu não sou capaz de entender isso. Quando tocamos uma árvore, por exemplo, a casca da árvore é bastante real para nós.

RESPOSTA: Isso é difícil de esclarecer e de entender. E se você não puder compreender o que direi hoje, não importa. Depois — em dois ou cinco anos — de repente uma luz será lançada sobre o problema. Você terá uma idéia vaga, certo sentido do que significa. Então, essas palavras haverão de afetá-lo de um modo bem diferente.

Com certeza, o que você toca é real ou assim lhe parece. Quando você toca um espelho, isso também é real. Você sente o espelho. Vamos supor que você não sabe que o ser vivo refletido no espelho é quente, que o sangue flui em suas veias, e assim você não sabe de que modo é a experiência real de tocá-lo. Você poderia então trocar a imagem do espelho pela pessoa real. Imagine a relação entre as duas realidades mais ou menos dessa forma. Você ignora qual a sensação de tocar algo na realidade da qual você não tem consciência, de como esse algo se apresenta à sua vista e ao seu ouvido. Para você, o critério máximo está em tocar, ouvir ou ver, porque você não tem nenhuma base de comparação e, por enquanto, falta-lhe a percepção espiritual superior.

Agora ou me retiro, desejando as bênçãos de Deus a todos vocês. Possa o amor de Deus fortalecê-los, torná-los receptivos e orientar-lhes os passos rumo ao desenvolvimento do espírito.

Capítulo Dois

A Escolha do Próprio Destino

Trago-lhes as bênçãos de Deus, meus queridos.

Quando uma entidade realiza a encarnação numa outra vida na Terra, essa entidade leva à vida as tarefas que tem de cumprir; o projeto está delineado. Em muitos casos, o próprio espírito tem o direito de discutir sua vida futura com os seres espirituais responsáveis por isso: a entidade que encarna pode contribuir de tal maneira – num certo grau, de acordo com a visão e capacidade já adquiridas para julgar – quanto ao modo como seu destino terá um desdobramento. Pois, no estado espiritual, a entidade tem uma visão mais ampla do que quando alojada num corpo, e compreende que o objetivo da vida não é que ela seja tão cômoda quanto possível, mas a meta é o desenvolvimento rumo a um estado superior, para alcançar a bênção perfeita tão rapidamente quanto possível – um estado que não existe na Terra. A entidade sabe que só por meio do esforço espiritual seu conhecimento espiritual pode penetrar-lhe o intelecto; mas ela também sabe que não pode conseguir isso facilmente, e que, uma vez encarnada, as dificuldades, as provações e até mesmo os assim chamados desastres amiúde são necessários para levar alguém ao caminho certo e à atitude correta.

A memória se enfraquece automaticamente no momento em que a matéria envolve o espírito. Isso é essencial, pois deve-se lutar pela consciência espiritual, e isso só pode ocorrer quando a pessoa assume o problema de buscar dentro do eu – não apenas exteriormente e em termos gerais – Deus e as verdades da Criação. Só na alma da própria pessoa é que se pode reconhecer o sentido e o objetivo muito especiais da vida, junto com as tarefas individuais que é preciso cumprir. Contudo, os que constantemente se deixam impressionar pelos aspectos externos da vida na Terra perdem esse sentido interior, e às vezes têm de passar sucessivamente pelas vidas sem muito progresso, encarnando inúmeras vezes com o mesmo objetivo.

O espírito conhece o medo da vida terrena, mas sabe também que, se se vive uma vida da maneira correta do ponto de vista do espírito, é possível se desenvolver na Terra mais rápido do que no mundo espiritual, exatamente porque neste o desenvolvimento é mais fácil. Na Terra, as dificuldades estão ligadas sobretudo à matéria e a todas as coisas que ela implica. Isso se dá em parte porque a memória do domínio espiritual se extinguiu e precisa ser resgatada, e em parte porque a matéria traz em si grande tentação. Só os que superam essas dificuldades podem vencer e fazer o melhor de sua vida na Terra. Os espíritos prestes a encarnar sabem que precisam de agruras que os abalem em seu estado de vigília, para que não se vejam prisioneiros da matéria e de tudo o que a matéria atrai para si. Antes da encarnação, portanto, o espírito deve pedir aos seres superiores: "Suplico-lhes, ajudem-me, não só com a sua força e orientação, mas também, quando virem que eu não estou me realizando, enviando-me provações e reveses, pois quando essas coisas vierem, terei uma oportunidade melhor de despertar e de olhar para a minha vida de um ponto de vista diferente do de quando todas as coisas ocorrem regularmente e sem atritos."

Dessa maneira, é importante que vocês reconheçam que muitos dos acontecimentos da vida, que parecem repetir-se, foram escolhidos e planejados por vocês mesmos quando ainda tinham uma visão mais ampla, antes que a matéria lhes envolvesse o espírito. Ser-lhes-á útil saber de tudo isso. Um espírito ambicioso demais pode às vezes até mesmo exigir um destino particularmente difícil, sabendo claramente, nesse estado de liberdade da matéria, que a dor a ser sofrida é pouca e de curta duração em comparação com a recompensa. Isso deverá alimentar-lhes o pensamento.

Sugiro a cada um de vocês, meus amigos, que pensem acerca da vida, de suas provações e atribulações. Perguntem se elas não poderiam ter sido escolhidas por vocês mesmos para terem a certeza de que não continuam sem a consciência de algo que deveriam realizar. Desse ponto de vista, observem o que vocês ainda terão de descobrir e resolver dentro de vocês mesmos. Se procurarem isso com toda a sua vontade, a resposta lhes será dada, vocês a perceberão, terão introvisões. Isso, também, deve ser aprendido, pois requer prática. Não acreditem que a capacidade de meditar virá por si mesma. Ela implica força de vontade, perseverança; vocês têm de enfrentar suas tendências negativas; mas a recompensa é grande e verdadeiramente abençoada. O esforço vale a pena. Quando o mundo espiritual reconhece que uma pessoa faz isso com boa vontade sincera, a orientação também é dada do mundo exterior para ajudar a pessoa a realizar o que planeja.

Quando um espírito, depois que a vida termina e que ele se despoja do invólucro material, compreende que não realizou tudo o que planejara, permite-se-lhe, no estado espiritual, que leve a encarnação passada à completude, a fim de terminar as tarefas já começadas e largar alguns fardos. A pessoa poderá, então, continuar a estar envolvida com sua família ou com qualquer grupo de pessoas com que tenha planejado realizar determinada tarefa, pois como um único espírito isso é muito mais difícil. É muito mais fácil no sentido de que a visão clara é restaurada, a memória extinta é readquirida e a pessoa entende do que se trata; mas é mais difícil porque a possibilidade de trabalhar efetivamente é muito reduzida na condição de espírito.

Por exemplo, uma pessoa viva pode influenciar uma outra, particularmente, superando de fato suas faltas. A influência indireta é sempre eficiente e duradoura. O exemplo é sempre mais convincente do que as palavras, do que a persuasão ou do que a imposição da vontade a alguém mais, independentemente de nossas certezas ou da nossa boa intenção. À medida que superarem suas próprias fraquezas, afirmem as leis espirituais em vocês mesmos, aprendam a amar; vocês se aproximarão dos outros seres humanos quando precisarem disso. Assim deve ser segundo a fidelidade espiritual. Isso é influência indireta, mas depois a conseqüência fica evidente a todos; entretanto, na condição de espíritos desencarnados, vocês não podem fazer isso, pois a maior parte das pessoas não está aberta para receber o que o espírito está tentando transmitir por meio da inspiração; mesmo quando elas percebem isso, às vezes o interpretam erroneamente ou esquecem, de modo que é muito mais difícil e leva muito mais tempo para alguém, na condição de espírito, terminar a tarefa começada na Terra — se é que se pode levá-la a cabo. Ainda pode ser necessária uma outra vida com esse objetivo.

Assim, todo ser humano e todo espírito constrói o mundo em que vive. Vocês constroem a sua morada no mundo espiritual depois da vida na Terra, e constroem na Terra a vida futura de vocês. Cada ato, cada pensamento e sentimento têm sua própria forma, o que, então, constrói a morada espiritual – ainda que apenas temporariamente – bem como os acontecimentos da futura encarnação. Tudo isso não representa apenas a conseqüência natural da atitude individual da pessoa e de sua perspectiva, mas as formas espirituais assim constituídas indicam exatamente o que essa entidade necessita para seu desenvolvimento posterior.

Meditem acerca dessas palavras, pois elas têm um sentido profundo. Uma vez mais exemplificam que a equação sempre deve sair certa: as agruras se criam por si mesmas, no entanto, precisamente por isso, elas apresentam o único remédio que existe. Por meio disso, vocês podem sondar a vastidão da sabedoria divina em sua magnânima legitimidade. Quem quer que entenda isso também entenderá que o destino e o livre-arbítrio não são dois fatores que se excluem mutuamente, mas estão entretecidos e ligados. Os acontecimentos que o destino lhes traz são formas espirituais que têm de se manifestar de um modo concreto. Se são criadas formas desfavoráveis em função da ignorância dessas leis, cada ser tem de dissolvê-las por si mesmo, e isso só pode ocorrer quando se toma um caminho espiritual de disciplina interior, de conhecimento e busca de si mesmo.

A vontade de mudar

Para tudo isso, vocês precisam de força de vontade. Muitos de vocês, meus amigos, dirão: "Tudo isso está muito bom, mas uma pessoa nasce com uma parcela acentuada de força de vontade, e outra não. Desse jeito, como alguém que não tem força de vontade pode fazer uso dela?" Permitam que eu lhes explique.

A força de vontade, a exemplo de qualquer outra qualidade, tem de ser engendrada e constituída por vocês mesmos. Não pode ser de outra maneira. Uma pessoa que nasceu com muita força de vontade deve ter trabalhado para adquiri-la em algum momento do passado, de modo que essa pessoa poderia trazer consigo esse bem valioso – se posso chamá-lo assim – e agora pode fazer bom uso dele. Se isso ainda não aconteceu, a pessoa deveria trabalhar com vistas a tanto nesta encarnação. O mesmo é verdadeiro para todas as outras qualidades, quer se trate da capacidade de amar, quer de ter tolerância, de ser gentil ou qualquer outra coisa. E eu gostaria de mostrar-lhes de que modo cada um de vocês pode ter mais força de vontade. Pois Deus nunca pede o impossível de ninguém, meus queridos, nunca.

A força de vontade é uma conseqüência direta da compreensão, do conhecimento e da decisão correspondente. Pois todo ser humano tem certa quantidade de força, e cabe-lhe inteiramente a opção da direção em que irá canalizá-la. Muitas pessoas desperdiçam essa força em tarefas inúteis, que nada produzem de valor espiritual, ou cedem a impulsos doentios e a emoções impuras. Tudo isso consome muita energia. Uma outra lei espiritual também diz que a energia usada para objetivos espiritualmente positivos é sempre reabastecida; mas quando a sua força é absorvida em círculos negativos de tendências espiritualmente improdutivas, ela se enfraquece e se dissipa porque não pode ser renovada, pelo menos não suficientemente.

Isso é porque vocês percebem muitas vezes que as pessoas que fazem o bem parecem ter uma força sobre-humana. Os que conhecem o sentido da vida canalizarão a energia a seu bel-prazer e de modo sensato, e ligarão de novo o interruptor. Quando a pessoa só faz seguir à deriva, sem pensar no verdadeiro sentido da vida, grande parte dessa energia flui por falsos canais e é utilizada por inteiro, sem renovação satisfatória. Dessa maneira, o primeiro passo rumo à força de vontade é a meditação. Porque para alguém que adquiriu certo entendimento, será mais fácil tirar as conclusões importantes no nível interior e tomar as decisões quanto ao mundo exterior, as quais se seguem dessas conclusões.

Uma pessoa estará tomando uma decisão e dando uma nova orientação a sua vida quando ela puder dizer: "Bem, vivo aqui na Terra por alguma razão. Talvez eu não tenha a força de vontade necessária para cumprir o objetivo da minha existência, o que poderia ser viável se eu superasse todas as minhas resistências, mas pedirei a Deus essa força de vontade, pois fundamentalmente eu quero o que é bom. Reservarei tempo e farei um pequeno esforço para refletir sobre essas coisas, além de me abrir à iluminação divina e de me dedicar regularmente, diariamente, de vinte a trinta minutos à minha vida espiritual. E quando achar a princípio que ainda me falta força de vontade, então vou-me ocupar desse problema durante minhas meditações, durante meu diálogo com Deus, e, assim, ajudar a minha força de vontade, ainda fraca, a se desenvolver."

Todo mundo pode fazer isso. Essa grande força de vontade, essa autodisciplina férrea, está disponível a qualquer um. Vocês não têm de começar com o que é mais difícil; além do mais, vocês não começam pelo teto quando constroem uma casa, mas pelos alicerces. A idéia é mudar a energia e a ênfase. Quando uma pessoa finalmente toma essa decisão e se apega a ela – uma decisão que não é tão difícil nem grande demais para ninguém – então o mundo espiritual também ajuda a fortalecer a vontade, de modo que os passos posteriores e verdadeiramente mais difíceis do desenvolvimento parecerão muito mais fáceis. Eu posso lhes prometer isso, meus amigos, e alguns de vocês já podem confirmar que isso é assim. Dessa maneira, até a pessoa que no começo não tinha muita força de vontade, no seu devido tempo acaba por ter tanta força de vontade quanto os que nasceram com ela.

A vontade de meditar

Os que entendem as coisas que estão em jogo e a que área devem voltar principalmente a concentração, os que levam essa compreensão de um nível intelectual superficial para níveis mais profundos poderão dar o passo necessário e decisivo. Este ocorre por meio da prática regular da correta meditação, que, obviamente, tem de ser aprendida como parte desse caminho. A decisão de desenvolver a força de vontade tem de ser tomada num momento ou em outro. Resumindo: para ter força de vontade vocês precisam, primeiro, ter compreensão e, em segundo lugar, tomar a decisão que se segue a essa compreensão. Portanto, se vocês acham que não têm suficiente força de vontade, falta-lhes o entendimento que esclarece a questão. Sim, vocês podem ter uma idéia vaga do sentido da força de vontade, mas a alma de vocês ainda não está repleta desse sentido, talvez porque alguma coisa em vocês resista e se apegue à atitude cômoda e antiga, indisciplinada. Nesse momento, vocês se sentem divididos por dentro. Uma parte tem certo conhecimento espiritual; mas a outra não tira as conclusões do que vocês sentem "um tanto vagamente". Eis por que o primeiro passo deve ser aprofundar o conhecimento superficial, trabalhar nisso primeiramente, para que a personalidade como um todo seja impregnada por esse entendimento.

Quando vocês fizerem isso pela primeira vez – e vocês podem fazê-lo, se se derem a esse trabalho e reservarem tempo – com certeza tomarão a decisão e terão força de vontade para dirigir a vida e as energias para o espiritual, reconhecendo e compreendendo inteiramente que *só* dessa forma é que vocês também poderão resolver os problemas na vida terrena. E é assim que uma pessoa cria dentro do eu essa energia poderosa que todos os passos subseqüentes para cima no decorrer do caminho tornarão cada vez mais natural. Como sempre, e em tudo, o começo é o mais difícil.

De nossa perspectiva, observamos muitas vezes que as pessoas que acham que não têm suficiente força de vontade acabariam por tê-la se dirigissem as energias de que dispõem para um canal adequado, se reajustassem o interruptor; mas só a compreensão da necessidade dessa mudança as fará agir. Enquanto vocês se enganarem a si mesmos na crença de que podem passar sem ela, vocês não agirão, mas errarão como antes. Contudo, a busca de um caminho que parece cômodo significa que a relação com Deus não é inteiramente harmoniosa. Quem quer que medite e reflita sobre essas coisas dessa forma terá de chegar à conclusão acertada e terá de tomar a decisão justa, para que a vida se torne uma religião viva e não apenas uma teoria.

Vocês acreditam que esperamos muito de vocês? Seria demais dedicar um pouco de tempo e esforço, todos os dias, para que vocês se olhassem a si mesmos, para identificar carências e também para aguçar a consciência espiritual? E quando não se tem força de vontade e é bem difícil organizar uma disciplina diária, então, depois de pedir ajuda, procurem em vocês mesmos a razão de se atrapalharem tanto. Se têm medo de descobrir algo que prefeririam esquecer, irão se beneficiar com o uso da lógica simples e saudável, que lhes dirá que nada pode permanecer oculto aos olhos de Deus e ao domínio do espírito – nem de vocês mesmos, já que vocês terão de voltar a este mundo. Quanto mais cedo isso vem à luz, melhor para vocês e fica mais fácil lidar com isso. Pois vocês sabem que o que está oculto traz conflitos muito maiores do que aquilo que acontece às claras, que é reconhecido e que está integrado. Dentre vocês, os psicólogos têm consciência disso, também, de modo que vocês estão muito cientes do fato de que não têm nada a ganhar quando fecham os olhos ao que está dentro de vocês. Pensem sobre isso profundamente, para que o conhecimento se enraíze na alma de vocês. Isso só lhes trará benefícios.

Quando tiverem superado as dificuldades iniciais e tiverem adquirido certo domínio sobre si mesmos, pelo menos com respeito a isso, o mundo espiritual lhes mostrará o passo seguinte do caminho, o que tem de ser aprimorado e almejado. A vida lhes revelará isso. Quando tiverem aprendido a meditar da maneira certa, saberão como considerar cada acontecimento da vida cotidiana com os olhos bem abertos, para que sejam capazes de compreender-lhe a mensagem.

Até mesmo os amigos que superaram as dificuldades iniciais nem sempre usam suas horas de descanso da melhor maneira. De modo geral, ele meditam demais e sempre da mesma forma, não apenas quando oram para as outras pessoas, mas também para elas mesmas. As meditações e orações devem variar; vocês precisam perceber o passo seguinte do seu desenvolvimento, e, quando não estão cientes dele, a descoberta é feita quando se busca honestamente, voltando os olhos para o que tem de ser reconhecido, aprendido, superado e aceito. Acolham o problema específico de encontrar o sentido do caminho para Deus e para Cristo, e para os seus amigos em espírito, que estão bem próximos de vocês e cuja tarefa é ajudá-los. Dessa forma, as preces de vocês tornar-se-ão vivas. Então, depois que tiverem pedido ajuda para reconhecer seus problemas e força para os resolver, mantenham-se calmos e ouçam a si mesmos, deixando que os pensamentos aflorem e permitindo-lhes que os guiem intuitivamente. Depois de algum tempo, as ligações tornar-se-ão claras. Vocês saberão da procedência do problema, por que reagem de determinada maneira, e a consciência cada vez maior de suas tendências interiores os ajudará a seguir adiante.

Uma vez mais, tomem a resolução de enfrentar com coragem a sua verdade interior. Cultivem pensamentos sinceros: pensem as coisas a fundo, de maneira clara e isenta. Assim, a vida espiritual de vocês se tornará mais produtiva, porque será viva e, portanto, também estará em constante mudança. Não será conforme a esquemas rígidos repetidos diariamente. Dessa maneira, a relação com Deus se desenvolverá rumo à harmonia.

Pensem nas minhas palavras; hoje eu recebi permissão para comunicá-las a vocês. Elas deverão levá-los um pouco adiante no caminho. Então, cumprimos nossa tarefa.

Os espíritos que aqui trabalham se regozijam quando vemos que essas palavras os levam para um pouco mais perto de Deus, para o eu real de vocês, para a sua felicidade e sua harmonia interior. Recebam as bênçãos da salvação; que elas passem a fazer parte de vocês. Sigam com Deus, vão em paz. Deus esteja com vocês.

Capítulo Três

A Felicidade Como um Elo na Cadeia da Vida

Saudações! Trago-lhes as bênçãos de Deus.

O mundo espiritual de Deus nada mais haveria de querer senão ajudá-los a se desenvolver espiritualmente – na felicidade, na harmonia e na luz. Os espíritos de Deus tentam continuamente estender a mão prestativa para levá-los além desses embaraços em que vocês se debatem com adversidades no seu desenvolvimento espiritual, enquanto seguem nesse caminho rumo à perfeição. No entanto, só podemos ajudar; não podemos obrigar. Primeiramente, vocês terão de querer chegar à perfeição e abrir a porta ao desejar isso. Só então vocês perceberão essa ajuda na forma de realidade palpável. Isso, por sua vez, lhes aumentará o sentimento de segurança e aprofundará a crença na realidade e na verdade do mundo espiritual de Deus; no entanto, muitas vezes os seres humanos não prestarão atenção nenhuma aos espíritos celestes que estão em torno deles e, assim, não verão, não ouvirão, tampouco sentirão a presença dos que lhes prestam ajuda. Mesmo que acreditem em princípio na existência de Deus, não perceberão que isso exerce certo efeito sobre sua vida pessoal com todos os seus problemas. Desse modo, essas pessoas fecham a porta e talvez continuem trilhando o caminho errado. Tomar o rumo indevido começa às vezes por uma escolha aparentemente trivial; mas quanto mais a pessoa se afasta do ponto em que fizera sua opção, mais se desviará para um beco sem saída, onde será cada vez mais difícil voltar ao caminho certo.

Mesmo quando as pessoas amam a Deus e querem o bem, elas com muita freqüência não percebem nelas mesmas qual é o fator determinante no seu desenvolvimento e na sua realização. O que parece um pormenor sem importância amiúde é a raiz de todas as tendências nocivas da alma. Vocês, todavia, não a reconhecem porque não estão inclinados a despertar para a inspiração que advém dos espíritos divinos, pois sempre parece mais cômodo continuar na velha estrada. A conseqüência é a tristeza ou a insatisfação com a vida; vocês não compreendem por que, mas muitas vezes essa é a razão, caros amigos.

É minha tarefa dar-lhes as pistas, despertá-los. Que todos vocês possam ouvir o que diz respeito a cada um pessoalmente – porém, até para isso a boa vontade precisa existir. Só quando vocês a sentirem é que poderão absorver e assimilar essas palavras.

Objetivos egoístas

Sempre que os seres humanos se impõem uma meta – quer conscientemente, quer apenas emocionalmente – e essa meta é egoísta, eles costumam não ser capazes de realizá-la. Mesmo que a realizem, o efeito e a satisfação que advêm disso será passageiro; perderá o brilho, tornar-se-á superficial e, depois, se dissipará. Se vocês quiserem a felicidade só para si mesmos, não serão felizes. É mais provável que vocês digam, "Mas é claro que não queremos a felicidade só para nós. Vamos ficar muito contentes ao ver nosso próximo também feliz"; mas faz muita diferença se isso é apenas um pensamento ocasional, e um tanto superficial, formado a partir de certo sentido de dever, ou se o desejo lhes impregna todo o ser. Cada um de vocês pode olhar para dentro de si para se certificar da profundidade desse desejo. Pois nesse aspecto vocês também podem se enganar; nesse sentido, vocês também podem querer algo com a mente, mas uma outra parte da personalidade de vocês, a que chamo de eu inferior, impele as emoções numa direção bem diferente. Essa parte na verdade não se importa com a outra pessoa – não emocionalmente – e esse é o X da questão. Quase todos, a não ser que se esteja num nível bem inferior do desenvolvimento, teoricamente se sentirão felizes quando coisas boas acontecerem aos outros; porém, até pessoas bastante desenvolvidas, quando honestas, às vezes identificam em si mesmas algum traço de inveja, ou um indício de certa alegria ligeiramente maliciosa pela infelicidade alheia.

Com respeito a isso, até onde vai uma pessoa? Vocês estão dispostos a desistir de algo pelo bem dos outros? Perguntem a vocês mesmos:

"Queremos a felicidade pelo nosso próprio bem, ou esse aspecto ocupa um segundo lugar?"; vocês são capazes de voltar-se para Deus e dizer, "É claro que não podemos enganar você, assim como não podemos nos enganar a nós mesmos. Na verdade, queremos ser felizes; mas quando conseguimos essa felicidade, queremos conservá-la, tornando-a um elo. O que recebemos de você queremos transmitir aos outros de alguma forma, ainda que tenhamos de fazer um sacrifício – talvez renunciar à satisfação do nosso ego. Por favor, mostre-nos de que modo podemos dar aos outros tudo o que recebemos de você". Se meditarem bastante sobre esse pensamento, até que ele se enraíze na alma de vocês, até que se torne uma forma espiritual tão poderosa, que lhes impregne todo o ser no nível mais profundo dos seus sentimentos, vocês terão preenchido as condições. Então, a lei espiritual particular poderá se manifestar por meio de vocês, que serão verdadeiramente felizes, justamente porque a felicidade não é mais o objetivo máximo de seus esforços. Ou seja, o "eu" desistirá da consciência de sua importância pelo bem do "tu". Então, buscarão a felicidade não apenas porque a querem; pelo contrário, o objetivo será dar felicidade ao outro, aos outros, e a própria felicidade será, por assim dizer, apenas uma estação intermediária.

A felicidade lhes será dada para que vocês possam transmiti-la. Então, vocês se tornarão um elo na cadeia, o único requisito para conservar vivo e fluindo o rio da vida. Nesse sentido, ele nunca secará. Tudo o que for dado pela pessoa que serve na condição de elo será retribuído cem vezes mais. Deus sempre lhes mostrará como, de que forma, seu amor, conhecimento e felicidade poderão ser transmitidos aos outros, mas, primeiro, vocês devem ter a vontade de fazer isso. Na verdade, atualmente, amanhã, na semana que vem e todo dia vocês têm de tomar a decisão de estar prontos; devem superar conscientemente essa resistência. Não a releguem ao inconsciente. Vocês devem tentar traduzir a boa vontade em ação. Assim, a lei espiritual pode começar a se realizar em vocês.

Serei um elo da cadeia

Que cada um de vocês pense agora sobre a bênção particular de que desfrutam; ela pode ser a saúde, o espírito forte, ou a felicidade e segurança de um relacionamento amável. É diferente com cada um de vocês. Todos receberam um tesouro especial de Deus. E quando vocês decidirem, "Não queremos ser mais o objetivo máximo, mas, em vez disso, queremos ser um elo na cadeia", ser-lhes-á mostrado como vocês podem transmitir o que receberam, e vocês também serão ricamente recompensados, pois essa é a lei.

Ao mesmo tempo, vocês não reconhecerão as dádivas e os tesouros que recebem. Isso é sempre um sinal de dessecação espiritual, e faz com que os dons que vocês possuem percam seu brilho porque a lei de dar e receber foi violada. Se vocês são um elo vivo na cadeia, cada um dos seus dons resgatará o seu brilho, e a alegria e o prazer que vocês perderam lhes serão restituídos.

Dá-se com a felicidade, de um modo geral, o mesmo que se dá com os componentes dessa felicidade, os quais uma pessoa pode desejar: amor, força, saúde, liberdade – tudo. Independentemente do que a pessoa quer para o seu próprio bem, isso se dissipará, murchará; as coisas buscadas pelo bem do outro, como um elo na cadeia, florescerão e darão frutos – para vocês mesmos e para o outro.

Atentem, por exemplo, para as muitas pessoas preocupadas com tornar-se livres. Elas evitam tudo que as possa limitar; mas a mesma lei também se aplica aqui; os que desejam a felicidade para o seu próprio bem ver-se-ão limitados no nível interior. Por outro lado, quem desejar a liberdade para se tornar um elo na cadeia, para levar a efeito alguma obra especial para o projeto de salvação de Deus e para os seus irmãos, os seres humanos, florescerá na liberdade sem se sentir limitado por dentro. Por dar energia para favorecer o desenvolvimento ascendente da consciência humana, essa pessoa será livre, não apenas no nível exterior, mas também interiormente. Quem quer que anseie pela liberdade por puro egoísmo, elevando-se acima de Deus e reclamando a liberdade quanto às leis espirituais, este se torna cada vez menos livre; a liberdade fátua se transformará em servidão e, em última análise, a pessoa se verá agrilhoada. Os que se aliam a Deus e às leis de Deus aumentarão continuamente sua liberdade e independência. Essa é a lei imutável que não pode ser violada. As leis de Deus foram criadas com sabedoria e amor, e os que se revoltam contra ela, por rebeldia ou ignorância – porque até agora não puderam compreendê-las ou porque não querem compreendê-las em razão de emoções nocivas – ficarão cada vez mais infelizes com esse cativeiro interior que eles próprios criaram.

A justiça de Deus

Muitas pessoas que se revoltam contra a injustiça dos homens não podem compreender que Deus é justo, a despeito dos erros humanos, e que, no espírito, reina a justiça infalível. A justiça espiritual se vale da injustiça humana para realizar a justiça máxima.

Isso pode parecer contraditório a alguns de vocês. Apesar disso, não é; a equação tem igual importância. Vou dar-lhes um exemplo. Suponhamos que um criminoso que tenha cometido diversos crimes ficou impune todas as vezes. Ele se ri disso, tanto pela estupidez das pessoas, como pela falta de justiça, que parece estar a seu lado. Então, certo dia, ele é preso por um crime que não cometeu. Vocês acharão que é exatamente esse tipo de pessoa que vai gritar mais alto por causa da injustiça deste mundo. Ele ficou impune todas as outras vezes e agora, inocente, é obrigado a pagar. Quanto mais obstinada é uma pessoa como essa, menos ela reconhecerá a grande justiça prevalecendo sobre a injustiça menor. Ele não quererá admitir isso; mas é assim que ele está sendo testado. Pois seria fácil demais reconhecer a justiça espiritual com todas as suas ramificações se a ligação entre crime e castigo sempre fosse assim evidente. A imperfeição que os seres humanos criaram para si mesmos deve ser o remédio, por assim dizer, com o qual eles podem resgatar a perfeição perdida.

Se a total justiça reinasse sobre a Terra – e isso, em si mesmo, é uma impossibilidade, de vez que a imperfeição veio a existir a partir do livre-arbítrio e tem de advir por meio dele – então seria simples demais para vocês, humanos: a Terra não seria um lugar de provações, e não haveria sentido esforçar-se para ter uma consciência superior. A obtenção de um estado superior de consciência é a graça máxima, para a qual a porta deve ser aberta pela própria entidade. Assim, vocês são testados quanto ao fato de estarem ou não inclinados a ver mais longe, mesmo que isso signifique desistir da obstinação, do rancor, do orgulho e de outras inclinações negativas. A magnitude e a glória da criação de Deus está exatamente no fato de que a imperfeição é usada como um meio para conseguir a perfeição, de que a injustiça humana é usada para realizar a justiça divina.

Ora, o exemplo que usei é grosseiro; não obstante, de uma forma ou de outra ele se aplica a todo mundo. Se vocês realmente querem descobrir se isso ocorre no seu caso, a verdade lhes será revelada, embora, evidentemente, não seja fácil encarar a si mesmo de modo tão franco. Vocês muitas vezes têm de pagar por algo que não cometeram – porém, aquilo por que vocês realmente estão pagando está enterrado no passado. A verdade só pode ser descoberta por meio da evocação da força de vontade durante a meditação. Mesmo que o ato pelo qual vocês têm de pagar agora tenha sido cometido numa vida passada, a revelação poderá ser-lhes dada, contanto que vocês sigam esse caminho do desenvolvimento e da purificação. As introvisões úteis são dadas pelo céu como uma conseqüência de esforços honestos, para a sua humildade e boa vontade.

Também pode acontecer que vocês não sejam obrigados a dar a razão de uma série de transgressões menores. O mundo do espírito está inclinado a esperar e a ver se vocês concluirão acerca de si mesmos que algo na personalidade de vocês precisa melhorar; mas se vocês não sondarem nessa direção, o efeito de todos os desvios negligenciados se abaterá sobre vocês, por assim dizer, como que num golpe; vocês terão de pagar de uma vez todas as pequenas coisas. Isso pode tornar mais fácil o despertar de vocês para o fato de que vocês têm de mudar algo em si mesmos. A essa altura, a atitude de vocês será testada uma vez mais. Será que vocês vão dizer, "Nunca fizemos nada errado que justifique tudo o que nos está acontecendo agora", ou acreditarão que Deus não pode ser injusto e, portanto, começarão a examinar tudo o que em vocês precisa ser revelado? Essa é sempre a pergunta, e a resposta é muito importante para saber se vocês estão passando ou não no teste; ela determinará o sentido do desenvolvimento de vocês.

É uma graça especial – e escolho de propósito essa palavra, quando vocês podem pagar inteiramente pelas violações que cometeram quanto à lei espiritual na mesma vida e não na seguinte, já que é muito mais fácil perceber os fios de ligação e, assim, reconhecer a justiça máxima, mesmo quando ela vem indiretamente. Essas experiências farão sentir que existe um terreno seguro sob os pés de vocês e reafirmam sua confiança permanente em Deus. Mas, como eu disse, a graça do reconhecimento lhes pode ser dada mesmo que o que vocês pagam remonte inteiramente a uma encarnação anterior, contanto que vocês estejam absolutamente determinados a optar pela consciência de si mesmos e pela purificação. Dessa forma, será mais fácil a vocês harmonizar a relação que têm com Deus. E a harmonia com Deus dá origem à felicidade. Digo-lhes tudo isso para que vocês possam pensar sobre suas dificuldades e descobrir se estão pagando por algo que fizeram nesta vida ou numa vida anterior. Seja o que for, vocês ainda podem descobrir a semente de tudo isso em vocês; ela deve ser um erro especial que tem de ser reconhecido e com o qual é preciso lidar.

Abertura do inconsciente

Quando os seres humanos deixam o corpo e penetram o domínio do espírito, a maior parte do que vocês chamam de inconsciente se abre e se torna acessível. Nenhum de vocês, meus queridos, nem mesmo os que já avançaram nessa senda, tampouco os que se encontram verdadeiramente no estado da cura têm a menor idéia da realidade desse inconsciente, que com tanta freqüência se acha dividido em correntes e atividades opostas, em contraste com a mente consciente. Alguns dos que estão em processo de cura podem ter tido um vislumbre dele. Deparar essas correntes e tendências antes inconscientes dá a impressão de ter encontrado uma pessoa completamente estranha que leva a sua própria vida. Requer trabalho, disciplina e treinamento sentir essas correntes e reconhecer de modo exato o que elas são. O encontro com o estranho é um sinal de grande progresso; vocês têm toda razão em se regozijar. Cantem "Glória, aleluia!". A primeira batalha foi vencida, o primeiro passo rumo à unificação de sua personalidade foi dado.

É um grande engano acreditar que, se vocês não vêem as correntes subterrâneas, o efeito delas é menos grave. Vocês sabem atualmente que todos os pensamentos e sentimentos criam formas espirituais da realidade superior, mesmo que vocês não as possam ver. Essas formas têm efeitos de longo alcance: em círculos que sempre se dilatam, as ações criam as reações, e isso de novo tem conseqüências, de modo que disso advém uma longa reação em cadeia. Vocês podem controlar algumas das manifestações mais exteriores dessa longa cadeia, mas isso não basta. As tendências da alma perturbada não podem tomar um curso apropriado enquanto não se penetre fundo em sua origem no inconsciente.

A mente consciente quer o bem e quer agir corretamente; uma parte do inconsciente, o ser superior, também se esforça para ascender. Em cada ser humano, porém, uma outra parte da personalidade almeja o que é mau e falso – no entanto, esse mal ou falsidade não precisa ter a feição de um delito; tudo depende do desenvolvimento da pessoa. Os traços negativos de uma pessoa mais desenvolvida pesam tanto quanto as tendências criminosas de um ser de desenvolvimento inferior. Exigências irrefletidas e impossíveis podem causar duras dificuldades a essa pessoa, por assim dizer. Essas exigências não podem ser satisfeitas, em parte porque não são passíveis de compreensão, em parte porque vão de encontro ao desejo do ser superior. As tendências opostas entram em conflito com a alma e a esgotam, criam a desarmonia e por vezes a doença. Acima de tudo, impedem o desenvolvimento espiritual, ou pelo menos prejudicam o desenvolvimento total. Portanto, nunca é demais chamar-lhes a atenção quanto a vocês se dedicarem à descoberta do inconsciente: familiarizem-se com ele, tornem-no consciente na meditação, nas orações, em todo o empenho de vocês. Sem isso, não pode haver progresso verdadeiro, e vocês terão de viver a experiência da manifestação livre e natural das suas tendências inconscientes quando deixarem o corpo. A essa altura, o conflito deverá ter início. Isso criará certo desapontamento, porque as pessoas, enquanto não se encaram a si mesmas, acreditam que são muito mais desenvolvidas do que na verdade são, e crêem que apenas os seus atos contam; no entanto, o sentimento delas também é um ato que, por sua vez, tem conseqüências palpáveis. Além disso, o desenvolvimento da personalidade leva muito mais tempo e é muito mais difícil de se realizar no mundo do espírito. Deus organizou a vida sobre a Terra de tal modo que a sua ascensão espiritual se acelera no ambiente da imperfeição, na diversidade dos estágios de desenvolvimento; no entanto, amiúde ocorre que as encarnações são mais usadas do que o estritamente necessário para corrigir tendências imperfeitas e irracionais; algumas vidas terrenas no futuro poderiam ser evitadas por meio de um compromisso mais forte com o desenvolvimento no presente.

Que vocês sejam levados por Deus inteiramente; que se entreguem apenas à vontade de Deus, de modo que o caminho que vocês têm de percorrer lhes seja mostrado passo a passo. Deus é um doador generoso, meus caros. Vocês compreenderão isso quando perceberem que o que lhes sucede por meio de Deus é mais maravilhoso do que qualquer coisa que possam imaginar. A dificuldade inicial está em apenas confiar-se a Deus. Não, o problema não é dar algum bem material; isso seria muito mais fácil, muito mais cômodo. Vocês têm de se dar, pois, se puderem dar-se da maneira certa, poderão dar a todos com quem entrem em contato; contudo, antes que possam se dar, vocês têm de se conquistar. Não podem dar o que não têm.

Poucas pessoas têm a posse real do seu verdadeiro ser, porque não se conhecem suficientemente bem. Nessa condição, acham-se mais ou menos perdidas quanto a si mesmas. O grau em que, no que concerne ao sentimento, a pessoa rejeita as imperfeições nela mesma é o mesmo grau em que ela não detém a posse do seu ser. Então, não se pisa em terra firme. Quase todos dentre vocês, seres humanos, ainda são escravos de suas torpezas e de seus sentimentos negativos. Só aceitando a si mesmos é que vocês podem ter controle sobre essas faltas e, portanto, sobre si mesmos. Eis como têm início a transformação e a purificação; todavia, por mais livres que sejam exteriormente, vocês estão cativos enquanto se afastam de cada imperfeição e de se expor exteriormente. Como escravos, vocês não são senhores de si mesmos nem podem dar-se. A conseqüência desse estado é que dependem muito deste ou daquele acontecimento exterior, e, por isso, não podem sentir harmonia. Esta só pode ser criada quando não dependem mais das coisas que estão além do seu controle. Os que se descobriram nessa senda mais bela, a estrada da luz, não precisam mais dar nada especificamente. Essas pessoas podem se dar inteiramente, não apenas a um ente querido, mas também a toda situação na vida em que Deus as colocou. Podem dar-se com toda a alma e com o todo o seu ser.

Parte Dois

A Natureza de Deus

"Não acredito em Deus."

"É impossível saber se existe algum Deus."

"A quantidade de sofrimento e injustiça no mundo é tão grande que, se há um Deus, ele deve ser sádico e cruel."

"Deus é amor."

"Jesus Cristo é Deus e Ele me salvou pessoalmente."

Todos têm algo a dizer sobre Deus. Algumas pessoas afirmam que são indiferentes à idéia de Deus. Não têm esperanças de vir a saber se Deus existe, e, assim, preferem não perder tempo com o assunto. Outras são passionais quando tratam do tema – ou à maneira atéia, ou teísta e sectária. Os passionais estão convencidos de que estão certos e, por vezes, demonstram certo desprezo, explícito ou velado, por quantos são de outra crença.

Independentemente da exaltação ou da indiferença das pessoas, parece raro que alguém mude o ponto de vista de uma outra pessoa por meio de argumentos; entretanto, as pessoas mudam de crença e podem, depois, adotar de modo exaltado pontos de vista que antes desaprovavam de modo também exaltado.

Os que duvidam às vezes dizem que não podem entender de que modo um Deus onipotente e que a tudo ama poderia aceitar tanta infelicidade e injustiça no mundo. Amiúde, essas pessoas começaram acreditando que o mundo fosse cruel e injusto, e então terminaram em alguma forma de ateísmo, achando que chegaram a essa conclusão por via lógica.

Outros acreditam em Deus, porém, entre os bilhões que acreditam, deve haver milhões de crenças diferentes sobre a natureza de Deus. Até entre os cristãos a variedade de crenças e práticas é enorme. O que fazer com essa confusão? De que modo entendê-la?

O *Pathwork* afirma que existem duas razões principais para a grande diferença entre as pessoas no que concerne a isso. A primeira é que as imagens específicas formadas na infância determinarão a natureza dos sentimentos e suposições inconscientes que teremos sobre Deus quando formos adultos. As preleções que escolhi para esta seção explicam de que modo as pessoas formam sua imagem fundamental de Deus. As palestras mostram que, antes que possamos ter esperança de dizer algo de valor sobre algum tema, temos de primeiro examinar a natureza de nossas suposições inconscientes com respeito a esse tema.

Em segundo lugar, os seres humanos evoluem por estágios na sua relação com Deus, à proporção que passam por uma vida e por muitas vidas. Esses estágios se desenvolvem primeiramente a partir de uma crença ingênua e supersticiosa, passando pelo ceticismo e pela descrença, até chegar por fim a uma crença nova e fundamentada que se purificou da superstição. À proporção que os seres humanos amadurecem nos estágios do desenvolvimento, a relação que têm com Deus muda muito.

Nesta seção, expressamos por meio de palavras, tanto quanto nos permite a linguagem humana, limitada, *o que Deus é*, e aprendemos como a natureza da nossa oração deve mudar, à medida que compreendemos com mais clareza quem somos na relação que temos com Deus.

D. T.

Capítulo Quatro

A Imagem de Deus e o Deus "Que É"

Saudações! Trago-lhes bênçãos em Nome de Deus. Abençoada seja esta hora, meus queridos amigos!

Na Bíblia, diz-se que vocês não deverão criar uma imagem de Deus. Muitas pessoas acreditam que essa afirmação quer dizer que vocês não devem fazer desenhos nem estátuas de Deus; mas isso de modo algum é o sentido total dessa afirmação. Se pensarem um pouco mais sobre isso, chegarão à conclusão de que isso não poderia ser tudo o que está implicado nesse mandamento. Vocês têm de perceber agora que isso se refere à *imagem** interior. Que a existência de Deus seja tantas vezes posta em questão, e que a alma do homem tenha tão poucas experiências da Presença Divina, são as conseqüências da imagem distorcida de Deus que os seres humanos conservam.

O falso conceito de Deus

A criança passa pela experiência de seu primeiro *conflito com a autoridade* com pouca idade. Ela também aprende que *Deus é a maior autoridade*. Portanto, não admira que a criança projete suas experiências subjetivas com a autoridade em suas fantasias sobre Deus. Disso se segue que uma imagem se forma; sejam quais forem as relações da criança e,

* Na terminologia do *Pathwork*, "*imagem*" é uma visão distorcida da realidade que veio a se consolidar numa conclusão notadamente falsa sobre a vida. Ver também o Glossário no final deste livro.

posteriormente, do adulto com a autoridade, a atitude com respeito a Deus será, muito provavelmente, influenciada por elas.

Uma criança vem a conhecer todos os tipos de autoridade. Quando se lhe proíbe fazer aquilo de que ela mais gosta, a experiência que essa criança tem da autoridade é como sendo algo hostil. Quando a autoridade dos pais permite algo à criança, essa autoridade é sentida como benigna. Quando há certa predominância de algum tipo de autoridade na infância, a reação a essa autoridade tornar-se-á a atitude inconsciente com relação a Deus. Em muitos casos, no entanto, as crianças passam por uma combinação de ambas as coisas. Então, a mistura desses dois tipos de autoridade formará a imagem que elas têm de Deus. Na medida em que uma criança tem medo e frustração, nessa mesma medida ela sentirá medo e frustração inconscientemente com relação a Deus. Este, supõe-se, é uma força que castiga, severa e às vezes até injusta, a que se deve fazer face. Meus amigos, sei que vocês não se mantêm tão conscientes assim; mas nesse trabalho vocês estão acostumados a descobrir as reações emocionais que de modo nenhum correspondem aos seus conceitos conscientes sobre qualquer tema. Quanto menos o conceito inconsciente coincide com o consciente, maior é o choque quando se compreende a discrepância.

Muitas coisas de que a criança mais gosta são proibidas. Muitas coisas que dão prazer são proibidas, não raro para o próprio bem-estar da criança; e isso a criança não pode entender. Acontece também que os pais proíbem as coisas por ignorância e medo. Assim, imprime-se na mente da criança que, no que concerne a muitas coisas mais agradáveis no mundo, a pessoa está sujeita ao castigo de Deus, à autoridade maior e mais inflexível.

Além disso, *somos obrigados a nos deparar com a injustiça humana* no curso de nossa existência, tanto na infância como na idade madura. Particularmente, se essas injustiças são perpetradas por pessoas que representam autoridade e que estão, portanto, inconscientemente ligadas a Deus, a crença inconsciente de vocês na séria injustiça de Deus é reforçada. Experiências desse tipo também aumentam o medo que vocês têm de Deus.

Tudo isso compõe uma imagem que, se analisada com o devido cuidado, faz de Deus um monstro. *Esse Deus, que vive na sua mente inconsciente, é realmente mais do que um demônio.*

Vocês mesmos têm de descobrir no trabalho com vocês mesmos de que modo grande parte disso é verdadeiro para vocês em particular. Será que a alma de vocês está impregnada de conceitos torpes como esses? Se a compreensão de uma impressão dessas se torna consciente num ser humano em crescimento e no momento em que ela se torna, amiúde não se entende que esse conceito de Deus é falso. Então, a pessoa se afasta inteiramente de Deus e rejeita toda parte do monstro que lhe espreita a mente. Isso, a propósito, às vezes é o real motivo do ateísmo da pessoa. O afastamento é apenas algo tão equivocado quanto o seu exato oposto, que consiste em ter medo de um Deus austero, injusto, hipócrita e cruel. A pessoa que conserva inconscientemente a imagem deturpada de Deus logicamente tem medo dessa divindade e lança mão da lisonja em troca de favores. Vocês têm aqui um bom exemplo de dois extremos opostos, ambos os quais faltos de verdade num grau idêntico.

Ora, examinemos o caso em que uma criança tem a experiência da autoridade benigna num grau maior do que a experiência do medo e da frustração com respeito à autoridade negativa. Suponhamos que à criança se permite fazer tudo o que quer e que ela é mimada pelos pais que a amam e que lhe satisfazem todas as vontades. Eles não infundem nela o sentimento da responsabilidade. Isso causa na personalidade uma crença inconsciente de que se pode passar impune em qualquer coisa aos olhos de Deus. A criança acha que pode malbaratar a vida e evitar as responsabilidades. Para começar, ela terá muito menos medo; porém, já que a vida não pode ser malbaratada, essa atitude errada gerará conflitos e, portanto, o medo será criado por uma reação em cadeia de pensamentos, sentimentos e atos equivocados. Certa confusão interior virá à luz, porquanto a vida do modo como é na realidade não corresponde à imagem de Deus e ao conceito inconsciente relacionado com a indulgência.

Muitas subdivisões e combinações dessas duas categorias principais podem existir na mesma alma, e o desenvolvimento alcançado em encarnações anteriores particularmente com respeito a isso, também influencia a psique. É muito importante, por conseguinte, meus amigos, descobrir qual é a imagem que vocês têm de Deus. Essa imagem é fundamental, e determina todas as outras atitudes, imagens e modelos em toda a existência de vocês. Não se deixem enganar pelas suas convicções conscientes. Em vez disso, tentem examinar e analisar suas reações emocionais à autoridade, aos pais, aos seus medos e expectativas. A partir dessas reações vocês descobrirão aos poucos o que *sentem* sobre Deus em vez de o que *pensam* sobre ele. Toda a escala entre os dois pólos opostos do monstro e do pai cheio de amores reflete-se na imagem que vocês têm de Deus, desde a desesperança e a falta de perspectivas, na convicção emocional de um universo injusto, até o comodismo, a rejeição da responsabilidade e a expectativa de um Deus que supostamente deveria mimá-los.

Acabando com a imagem de Deus

Ora, a questão de como acabar com essa imagem vem à tona. Como vocês acabam com qualquer imagem, ou seja, com toda conclusão errônea? Primeiro, vocês têm de se tornar inteiramente conscientes da idéia errada. Isso sempre deve ser o primeiro passo. Vocês às vezes podem estar conscientes de uma imagem – o que é sempre falso, caso contrário, não seria uma imagem – mas vocês não podem nem mesmo estar conscientes de que ela *é* falsa. Em sua percepção intelectual, em parte vocês estão convencidos de que a imagem-conclusão é correta. Enquanto isso for assim, vocês não podem livrar-se das cadeias aprisionantes da falsidade. Assim, o segundo passo é corrigir suas idéias intelectuais. O que mais importa é compreender que a formação adequada do conceito intelectual nunca deveria ser imposta ao conceito emocional falso ainda remanescente. Isso só causaria repressão; mas, por outro lado, vocês não deveriam deixar que as conclusões e as imagens erradas, ao aflorar à superfície em função do trabalho que vocês fizeram até aqui, os persuadam de que são verdadeiras. De um modo sutil, isso é o que algumas vezes acontece. Procurem compreender que até esse ponto os conceitos errôneos reprimidos têm de se desenvolver claramente na consciência. Formulem o conceito certo. Depois, os dois conceitos devem ser comparados. Vocês precisam examinar constantemente quanto vocês ainda se desviam emocionalmente do conceito intelectual correto.

Façam isso tranqüilamente, sem pressa nem ansiedade pelo fato de que as emoções não acompanham o pensamento tão rapidamente quanto vocês gostariam. Dê a elas tempo para se desenvolver. Isso é feito de maneira mais satisfatória por meio da observação e da comparação constantes do conceito errado e do certo. Compreendam que as emoções precisam de tempo para se adaptar, mas façam tudo o que esteja em seu poder para que elas tenham a oportunidade de se desenvolver; isso acontecerá por meio do processo já mencionado. Observem as suas emoções, apesar das existências e dos pretextos que elas podem arrumar. Pois sempre há em vocês essa parte que não quer mudar nem se desenvolver. Na personalidade humana essa parte é um aspecto muito doloroso. Atentem para esse ardil.

No mundo, as injustiças muitas vezes são atribuídas a Deus, meus amigos. Se vocês estão convencidos da existência da injustiça, a melhor atitude é examinar a própria vida e descobrir nela como vocês contribuíram para os acontecimentos que pareceram inteiramente injustos, e como os causaram. Quanto mais vocês entendem a força magnética das imagens e o poder de todas as tendências psicológicas e inconscientes, mais vocês compreendem e sentem a verdade desses ensinamentos e mais se convencem de que *não existe injustiça*. Encontrem a *causa e o efeito* de suas ações interiores e exteriores.

Deus não é injusto

Se, para achar os seus defeitos, vocês fazem metade do esforço que comumente despendem achando os defeitos dos outros, vocês verão *a ligação com a lei de causa e efeito e só isso os libertará*, mostrando a vocês mesmos que não existe injustiça. Só isso lhes será a prova de que não é Deus, nem o destino, tampouco uma ordem injusta no mundo em que vocês têm de sofrer as conseqüências das limitações das outras pessoas, mas a ignorância, o medo, o orgulho e o egoísmo de vocês que direta ou indiretamente causarão aquilo que pareceu, até aqui, entrar no caminho de vocês sem que vocês nada fizessem para tanto. Descubram esse elo oculto e verão a verdade. Então compreenderão que *vocês não são vítimas das circunstâncias* nem da imperfeição dos outros, mas são realmente os que criam a própria vida. As emoções são forças criativas de grande efeito, porque o inconsciente de vocês afeta o da outra pessoa. Essa verdade talvez seja a mais importante para a descoberta de como vocês provocam os acontecimentos, quer bons, quer maus, favoráveis ou desfavoráveis da vida.

Depois que vocês passam por essa experiência, podem acabar com a imagem que têm de Deus independentemente de vocês terem medo de Deus, porque acreditam que vivem num mundo de injustiça e receiam tornar-se vítima das circunstâncias sobre as quais não têm controle, ou de rejeitarem a responsabilidade e ficarem à espera de um Deus flexível que os mime, que lhes oriente a vida, tome decisões por vocês, os poupem de dificuldades que vocês mesmos criam. A compreensão de como vocês são a causa dos efeitos da vida de vocês acabará com essas imagens de Deus. Isso constitui um dos momentos decisivos da vida de vocês.

Só esse momento lhes facultará o reconhecimento de que vocês não são vítimas; de que têm poder sobre a vida; de que são livres e de que essas leis de Deus são infinitamente boas, sábias, amáveis e *seguras*! Elas não visam transformá-los em fantoches, mas fazer de vocês pessoas totalmente livres e independentes.

A verdadeira idéia de Deus

Tentaremos falar sobre Deus; mas lembrem-se de que todas as palavras só podem, no melhor dos casos, ser um ponto de partida, ao cultivar o reconhecimento interior de vocês mesmos. As palavras são sempre insuficientes, e ainda mais no que diz respeito a Deus, que é inexplicável, que é tudo, que não se limita a palavras. De que modo a percepção e a capacidade que vocês têm para entender pode ser suficiente para a impressão da grandeza do Criador? Cada mínimo desvio interior, cada bloqueio, é um obstáculo ao entendimento. Temos de nos ocupar da eliminação desses obstáculos passo a passo, pedra a pedra, pois só então vocês lograrão o vislumbre da luz e o sentimento da bênção infinita.

Um obstáculo é que, apesar dos ensinamentos que vocês receberam de várias fontes, vocês ainda pensam inconscientemente em Deus como alguém que age, escolhe, decide e dispõe arbitrariamente e à vontade. Acima disso, vocês impõem a idéia de que essas coisas devem ser justas; contudo, ainda que vocês acrescentem a idéia de justiça, essa idéia é falsa. Porque Deus **É**. As leis dele foram criadas de uma vez por todas e funcionam automaticamente, por assim dizer. Emocionalmente, vocês estão limitados de alguma forma a essa idéia equivocada, que se posta no caminho de vocês. Enquanto ela estiver presente, a idéia real e verdadeira não lhes poderá preencher o ser.

Deus é, entre muitas outras coisas, *vida* e *energia vital*. Pensem nessa energia vital como pensam numa *corrente elétrica, dotada de inteligência suprema*. Essa "corrente elétrica" está aí, dentro de vocês, ao redor de vocês, fora de vocês. Cabe a vocês o modo de fazer uso dela. Vocês podem usar a eletricidade com objetivos construtivos, até mesmo para curar; mas vocês a podem utilizar para matar. Não é isso o que faz da corrente elétrica algo bom ou ruim. Essa corrente de força é um aspecto importante de Deus, e é o aspecto que cala mais fundo em vocês.

Essa idéia pode acarretar a pergunta sobre se Deus é pessoal ou impessoal, inteligência diretriz ou lei e princípio. Os seres humanos, de vez que têm a experiência da vida com uma consciência dualista, tendem a acreditar que uma ou outra coisa é verdadeira; mas Deus é ambas as coisas. O aspecto pessoal de Deus, contudo, não implica personalidade. Deus não é uma pessoa que habita determinado lugar, embora seja possível ter uma experiência pessoal de Deus no eu. *O único lugar que Deus pode ser procurado e encontrado é dentro de vocês*, não em alguma outra parte. A existência de Deus pode ser inferida exteriormente ao eu, em função da beleza da Criação, das manifestações naturais, da sabedoria amealhada por filósofos e cientistas; entretanto, essas observações só se tornam uma experiência de Deus quando a presença dele é sentida por dentro em primeiro lugar. A experiência interior de Deus é a maior das experiências, porque traz em si tudo o que há de desejável.

As leis eternas e divinas

O amor de Deus também é pessoal nas *leis divinas*, no *ser* das leis. Nas leis, o amor se revela claramente no fato de que elas foram criadas de modo a guiá-los, em última análise, à luz e à bênção, independentemente do quanto vocês se desviam delas. Quanto mais vocês se afastam delas, mais se aproximam pela infelicidade que o afastamento impõe. Essa infelicidade fará com que vocês, em um aspecto ou em outro, mudem para melhor – alguns mais cedo, outros mais tarde, mas todos devem finalmente chegar a um ponto em que compreendem que eles mesmos determinam a própria infelicidade ou bem-aventurança. Esse é o amor na lei – é esse o "Projeto da Salvação".

Deus deixa que vocês se desviem das leis universais quando assim desejam. Vocês foram feitos à semelhança de Deus, o que quer dizer que são totalmente livres para optar. Não são obrigados a viver na bem-aventurança e na luz, embora possam fazer isso, se quiserem. Tudo isso exprime o amor de Deus.

Quando tiverem dificuldade para compreender a justiça do universo e a responsabilidade pessoal em sua vida, não pensem em Deus como "Ele" nem "Ela". De preferência, pensem em Deus como A Grande Força Criativa à sua disposição. Não é Deus que é injusto; a injustiça é causada pelo uso equivocado da corrente poderosa à sua disposição. Se vocês partem dessa premissa e meditam sobre ela, e se, de agora em diante, procuram descobrir onde e como fizeram, por ignorância, um uso excessivo da corrente de força em vocês, Deus lhes trará a resposta. Isso eu posso prometer.

Se vocês buscarem sinceramente essa resposta, e se tiverem coragem de encará-la, virão a entender a causa e o efeito na sua vida. Entenderão o que os levou a acreditar (se bem até agora de maneira inconsciente, portanto tanto mais poderosa) que o mundo de Deus é um mundo de crueldade e injustiça, um mundo em que vocês não têm nenhuma oportunidade, um mundo em que vocês têm de ser medrosos e desesperados, um universo em que A Graça de Deus é consentida a poucos, dos quais vocês estão excluídos. Só a responsabilidade pessoal pode libertá-los da falácia que lhes desvirtua a alma e a vida. Isso lhes dará confiança e conhecimento profundo, absoluto, de que vocês nada têm a temer.

O universo é um todo do qual a humanidade é uma parte orgânica. A experiência de Deus envolve compreender-se a si mesmo como parte integrante dessa unidade; no entanto, no seu atual estado interior de desenvolvimento, a maior parte dos seres humanos só pode passar pela experiência de Deus sob os aspectos duais da consciência espontânea e ativa e da lei automática. Na verdade, esses dois aspectos compõem uma unidade em constante atividade.

O aspecto da consciência espontânea é o princípio ativo, que, na linguagem dos seres humanos, é chamado de aspecto masculino. Trata-se da *energia vital**, que cria; é a energia potente. Essa energia vital perpassa a criação e as criaturas. Ela pode ser usada por todos os seres vivos conscientes.

O aspecto da lei automática é o princípio passivo, receptivo, a substância vital ou o aspecto feminino, que o princípio criativo molda, forma, e sobre o qual atua. Esses dois aspectos, juntos, são necessários para que algo seja criado. São as condições da criação, e estão presentes em cada forma criada, quer se trate de uma galáxia, quer de alguma engenhoca.

Ao falar de Deus, importa compreender que todos os aspectos divinos se duplicam no ser humano que vive, e cujo ser repousa sobre as mesmas condições, princípios e leis de quantos fazem parte da Inteligência Cósmica. São os mesmos em essência, diferenciados apenas em grau. A compreensão de si mesmo significa assim ativar o potencial máximo de Deus em si mesmo.

Deus está em vocês e cria por meio de vocês

Deus, na condição de inteligência intencional, espontânea e de orientação não age *para* vocês, mas *por meio* de vocês, existe *em* vocês. É muito importante que vocês compreendam essa diferença sutil mas decisiva. Quando vocês têm uma abordagem equivocada de Deus com respeito a isso, vocês têm uma ligeira esperança de que Deus aja em favor de vocês mesmos. Então, deparam os inevitáveis desapontamentos; depois disso, concluem que não existe nenhum Criador. Se se pudesse fazer contato com uma divindade exterior, logicamente haveria de se esperar

* Ver Glossário para definição de *Energia Vital.*

que ela representasse alguém; mas aguardar respostas do lado de fora do eu implica concentrar-se na direção errada. Quando vocês travam contato com Deus no eu, as respostas devem aflorar e, o mais importante, vocês devem percebê-las e entendê-las. Essas manifestações da presença de Deus no eu demonstram o aspecto pessoal divino. Elas demonstram a inteligência ativa, intencional e de orientação, para sempre mutável e nova, por sabedoria divina adaptada a qualquer situação. Ela expressa o Espírito de Deus se manifestando por meio do espírito do ser humano.

Quando vocês descobrem a si mesmos e, por conseguinte, o papel que desempenham criando o próprio destino, verdadeiramente mergulham em vocês mesmos. Não são mais levados por coisa nenhuma, mas são senhores da própria vida.

Vocês têm de descobrir isso por si mesmos. Se a vida os impeliu ao verdadeiro direito natural a fim de poupá-los do sofrimento, vocês nunca serão criaturas livres. O real sentido da liberdade implica que nenhuma força nem limitação possam ser usadas nem mesmo para o bem, tampouco para conseqüências desejáveis. Nem mesmo a maior de todas as descobertas no caminho da evolução terá sentido se vocês forem impelidos a passar pela experiência dessa descoberta. A opção de voltar-se à direção que por fim permitirá a liberdade verdadeira e o poder deve ser deixada a cada indivíduo.

As idéias, intenções, pensamentos, vontades, sentimentos e atitudes, do modo como são expressos pelos seres conscientes, são as maiores forças do universo. Isso significa que o poder do espírito é superior a todas as outras energias. Se esse poder é compreendido e usado de acordo com a lei que lhe é inerente, ele suplanta todas as outras manifestações de poder. Nenhum poder físico pode ser tão intenso quanto o do espírito. Já que o ser humano é espírito e inteligência, ele é capaz, de maneira inata, de controlar todas as leis automáticas e obscuras. É por meio dessa capacidade que se dá a verdadeira experiência de Deus.

Quando vocês travam contato voluntariamente com o Eu superior, que traz em si todos os aspectos divinos, e lhe pedem orientação e inspiração, e quando vocês sentem as conseqüências desse ato interior, vocês sabem que Deus está presente dentro de vocês.

Assim, queridos amigos, descubram que imagem deturpada vocês têm de Deus, que imagem se coloca no caminho da sua experiência de

Deus na forma do sentimento cósmico total e abençoado que é na realidade. Tornem-se acessíveis a esse sentimento. Possam as palavras que lhes digo lançar luzes sobre a alma, sobre a vida de vocês. Que elas lhe preencham o coração. Que elas sejam o instrumento para libertá-los das ilusões. O mundo de Deus é um mundo maravilhoso, e só há razão para rejubilar-se de todo plano que viverem, de todas as ilusões ou dificuldades temporárias por que vocês passarem. Que tudo isso seja um remédio para vocês, que hão de ter força e felicidade diante do que depararem no caminho. A bênção esteja com vocês. A paz esteja com vocês. Que vocês estejam em Deus!

Capítulo Cinco

Os Estágios do Relacionamento com Deus

Saudações, meus queridos amigos! Deus os abençoe a todos. Abençoados sejam os esforços, abençoado seja o trabalho de vocês.

Ser sem percepção

Eu gostaria de analisar a relação que vocês têm com Deus em todos os diversos estágios do desenvolvimento por que passa a humanidade. O estado do ser sem percepção é o primeiro nesse grande ciclo. Os povos primitivos, durante suas primeiras encarnações, ainda se encontram no estado do ser sem percepção. Vivem para o momento, voltando-se a suas necessidades imediatas. A mente deles ainda não se desenvolveu, e, portanto, não está equipada para fazer certas perguntas, para duvidar, pensar, discernir. Eles vivem no agora, mas sem a percepção disso. Para viver no agora com a percepção, os seres humanos precisam atravessar vários estágios de desenvolvimento.

À proporção que a mente humana continua a se desenvolver, ela depara com as necessidades prementes que vêm à tona em qualquer civilização em progresso. Por outras palavras, em primeiro lugar, a mente é usada de modo concreto; posteriormente, porém, ela começa a ser usada de modo abstrato, para formular perguntas importantes: de onde venho? Para onde vou? Qual o sentido da vida? Qual o sentido deste universo?

As pessoas começam a perceber a natureza e suas leis. Observam a magnificência da lei natural, e começam a se admirar. Esse espanto representa o primeiro passo consciente rumo a se relacionar com o Criador.

Quem criou essas leis? Quem fez tudo isso? Será que alguma mente superior é responsável por esta criação? Com perguntas desse tipo, as primeiras idéias de Deus vêm à existência. Assim, quando as pessoas concluem que deve haver alguém com uma superioridade infinita dessas, dotado de sabedoria e inteligência, elas sentem que devem estabelecer uma relação com esse Ser Supremo.

Simultaneamente, porém, a imaturidade espiritual e emocional da humanidade gera o medo e muitas outras emoções problemáticas, que dão a tônica da idéia de um Criador superior. Por outro lado, as pessoas querem uma autoridade que pense por elas, que decida em seu lugar e que seja, dessa maneira, responsável por elas. Apegam-se a essa autoridade, à espera de serem aliviadas da responsabilidade pessoal. De outro ângulo, projetam nesse Deus os medos que têm da vida e de sua incapacidade de fazer face a ela. Pressentem o poder desse Criador infinitamente sábio e provido de recursos, que deu origem a todas as leis naturais. Visto que não podem ainda dissociar poder e crueldade, essas pessoas começam a ter medo desse Deus, criado a partir de suas próprias projeções. Assim, elas começam a acalmar essa imagem fictícia de Deus, a adulá-la, a submeter-se a ela e deixar-se dominar por ela.

Recapitulando: o primeiro estado do despertar faz com que as pessoas se admirem. Nessa experiência espontânea do espanto, elas por vezes têm uma experiência genuína de Deus e uma verdadeira relação com ele; mas, a essa altura, à proporção que o conflito e o medo aumentam, e que seus desejos se tornam mais prementes, todas essas emoções e atitudes dão a tônica da primeira experiência de Deus, e elas não se relacionam mais de uma maneira genuína, espontânea ou criativa com ele, mas, em vez disso, se submetem a uma projeção delas mesmas.

Quanto mais a mente se desenvolve em apenas uma direção, sem o costume de resolver seus conflitos inconscientes, mais falsa se torna a relação com Deus. Falsa porque se baseia em necessidades pessoais, em pensamentos veleitários e no medo. Quanto mais tempo tem prosseguimento a distorção, mais falsa é a idéia de Deus — consciente ou inconscientemente. Ao fim e ao cabo, essa idéia tornar-se-á uma superstição, com menos verdades e mais dogmas, criando uma farsa de Deus.

Posteriormente, a inteligência dessas pessoas, que entrementes se desenvolveu, impedirá que elas continuem dessa forma indefinidamente. A inteligência delas lhes dirá, "Não pode haver um Pai que guia a nossa vida por nós. A vida só diz respeito a nós; é nossa responsabilidade. Temos livre-arbítrio". A essa altura, uma reação ocorre, e as pessoas amiúde voltam-se para o outro extremo e passam a ser atéias.

O estágio do ateísmo

O ateísmo existe em dois estados: (1) Como uma absoluta falta de consciência e de compreensão da vida e das leis da natureza; (2) como uma reação à imagem de Deus supersticiosa e à autoprojeção da humanidade, que advém a reação da negação da responsabilidade. Este último estado, equivocado que é, constitui ainda um estágio do desenvolvimento superior à crença original em Deus, que se desenvolveu predominantemente a partir do medo, da evasão, do escapismo, do pensamento veleitário e da negação da responsabilidade pessoal. Por vezes, trata-se de uma transição necessária rumo a uma experiência mais realista e verdadeira de Deus, e da relação com ele. Durante esse estado, são cultivadas faculdades humanas que são da maior importância para o desenvolvimento humano.

Isso não significa que eu defenda o ateísmo, assim como não defendo uma crença infantil de apego a Deus. Ambas as coisas são estágios. Em cada um, a alma aprende algo importante que perdura por muito tempo depois que as camadas superficiais da mente foram postas de parte com os dois pólos falsos.

No segundo estado do ateísmo, as pessoas aprendem a assumir a responsabilidade. Elas deixam de lado a mãozinha almejada que lhes orienta a vida e que as poupa das conseqüências de seus próprios enganos. O ateísmo faz as pessoas desistirem da expectativa de serem recompensadas pela sua obediência às normas. A um só tempo, libera-as do medo do castigo. Em alguns aspectos, leva as pessoas de volta a si mesmas.

Indo além do ateísmo

Quando se ultrapassa, porém, um determinado ponto nesse estágio, não é mais possível continuar ateu. Porquanto todo fato científico ou filosofia induz a sua conclusão lógica, não é mais possível conservar uma inverdade ou meia-verdade – nem mesmo um estado temporário que certa vez serviu a uma função saudável. Quando as pessoas atravessam esses estágios diferentes, elas por força chegam a um ponto em que usam a mente para pôr em questão seus próprios motivos e começam a atentar para si mesmas.

As pessoas aguçam a percepção encarando a realidade dentro delas mesmas. À medida que avançam, níveis cada vez mais profundos da psique vão-se liberando. A conseqüência dessa liberação é, inevitavelmente, uma genuína experiência de Deus, muito diferente da crença infantil num Deus projetado a partir de si mesmo que a mente criou pelo medo, pela fraqueza e pelo pensamento veleitário. Vocês não precisam mais agir de acordo com o que lhes parece uma exigência ou expectativa de Deus. Vocês vivem no agora. Não têm medo de suas imperfeições nem do castigo de Deus por causa delas. Podem ver a imperfeição sem se exasperarem.

Quando as pessoas compreendem a imperfeição sem ter medo dela, elas percebem que não é a imperfeição em si que é tão nociva, mas a falta de consciência dessa imperfeição, o medo de ser punido por ela, o orgulho de querer estar acima dela. Quando essas pessoas param de exasperar-se quanto a superar essa imperfeição, elas se sentem calmas o bastante para observá-la e compreender por que existe. Nesse processo, elas a superam. À medida que as pessoas cultivam essa atitude, elas podem de fato ter a experiência de Deus. Além disso, o vislumbre ocasional da imperfeição enseja a atitude correta com respeito a si mesmo.

A verdadeira experiência de Deus é a experiência do *ser*. Deus não é percebido como agindo – distribuindo castigos ou recompensas, ou orientando vocês de um modo específico para que possam evitar o esforço humano. Vocês simplesmente compreendem que Deus *existe*. Essa experiência é muito difícil de ser expressa por palavras, meus amigos, mas essa é a única maneira pela qual posso expressá-la. Vocês não podem ter o sentimento de que Deus *existe* se não encararem primeiramente o que nesse momento se encontra em vocês mesmos, por mais imperfeito, defeituoso ou infantil que seja.

Seria enganoso admitir que cada um dos estágios que descrevi grosseiramente se seguem harmoniosamente uns aos outros. Eles estão imbricados. Nem sempre se sucedem nessa ordem, porque a personalidade humana é constituída de mais de um nível, os quais, como vocês sabem, entram em conflito. Camadas diferentes da personalidade expressam atitudes em qualquer momento. Portanto, é possível que num período da vida vocês possam estar de maneira consciente num estágio e inconsciente em outro. Só depois que vocês avançam numa senda de autoconhecimento como essa é que o estágio inconsciente vem à tona. Eis por que, num estágio posterior, algo muitas vezes aflora e parece pertencer a um estágio anterior. Isso também ocorre quando certo estágio necessário não foi vivido plenamente, mas reprimido por causa de influências e pressões externas. Assim, minha descrição é só um esboço geral. Tenham cuidado com julgar-se a si mesmos ou julgar os outros de acordo com o que vêem.

O ser na consciência

Posteriormente, a consciência de si mesmo deve levar a um estado mais geral do *ser na consciência*. Ao mesmo tempo, uma nova relação com Deus passa a existir. Deus agora é sentido como um *ser*. Repito, vocês não podem entrar nesse estágio se primeiro não conhecerem os aspectos negativos da realidade das suas tendências. Tampouco podem ter acesso a essa realidade por meio do aprendizado de conceitos, da observação de filosofias e práticas ou da obediência às doutrinas. Se vocês não estão inclinados a passar pela experiência das confusões, erros e sofrimentos atuais, encarando-os e compreendendo, vocês não podem jamais *existir* em Deus. Ou, para expressar de outra maneira, vocês não podem existir num estado de felicidade, paz ou criatividade, sem luta, se não deparam com a realidade provisória, às vezes desagradável. Só então a realidade superior pode ser vivida. A princípio, ocorrerá ocasionalmente, em vagos vislumbres, mas até mesmo isso dará a vocês uma nova abordagem de Deus e uma nova relação com ele. Isso não só transformará as atitudes e idéias de vocês com respeito a Deus, mas também suas convicções sobre vocês mesmos e seu lugar na vida.

É desnecessário dizer que, na relação que vocês têm com Deus, a sua oração — ou seja, sua fala para Deus — também expressa as diversas fases. Com freqüência, dá-se que, como com tudo o mais na Terra, por vezes vocês estão verdadeiramente preparados interiormente num novo estágio, ao passo que exteriormente vocês ainda se apegam a velhos hábitos. Isso pode aplicar-se não só ao modo como rezam, mas também a certas idéias a que aderem. A mente, de maneira intrínseca, é formadora de hábitos, mas a experiência do *ser* nunca forma hábitos. A memória e a tendência que a mente tem de formar hábitos são uma fonte de perigo para a verdadeira experiência espiritual. Quanto mais flexíveis vocês são, menos chances terão de cair na armadilha dos hábitos, do apego a velhas idéias que um dia lhes proporcionaram uma experiência que vocês gostariam de recriar apegando-se a ela.

Se vocês treinam com empenho para encarar o que se acha dentro de vocês agora, vocês se livram dos hábitos que os impedem de ser produtivos na vida, de conhecer as experiências verdadeiras, quer isso signifique Deus, a vida, vocês mesmos – tudo é a mesma coisa. É ser. Não teria sido o hábito a causa de certas experiências se terem arraigado tanto na mente de vocês, que tornaram-se imagens rígidas? Não é o hábito que os faz apegar-se a idéias equivocadas, a generalizações que, no melhor dos casos, sempre são meias-verdades? Isso diz respeito a muitas coisas, meus amigos.

Uma vez mais, gostaria de enfatizar que, sempre que descobrirem essas atitudes enganosas em vocês mesmos, atentem para o sentimento de culpa, de desvario, de que "aquilo não deveria ter sido feito". Essa atitude é o maior obstáculo de todos.

Livre-arbítrio e predestinação

E agora, meus amigos, voltemos às perguntas de vocês.

PERGUNTA: Tentei explicar o que vocês nos disse sobre o espírito e o livre-arbítrio para duas pessoas – uma bastante religiosa, a outra um cientista. Essas pessoas então perguntaram, "Se Deus é onisciente e benigno, ele conhece também o futuro? Se conhece, enquanto nos deu o livre-arbítrio, ele deve saber o que vamos fazer com ele". E isso eu não posso responder.

RESPOSTA: Em primeiro lugar, o futuro é um produto do tempo. E o tempo é um produto da mente. Portanto, na realidade, o futuro não existe, assim como o passado não existe. Compreendo que isso é impossível à compreensão da maior parte das pessoas. Do lado de fora da mente, há o ser – nenhum passado, nenhum presente, nenhum futuro, só o agora. No melhor dos casos, isso pode ser vagamente percebido pelo sentimento, em vez de pelo intelecto.

Ademais, essa pergunta advém da mesma idéia totalmente equivocada que descrevi nesta mesma palestra e que propõe a noção de um Deus que age, faz. A criação é, no sentido verdadeiro, não uma ação, e com certeza não uma ação limitada pelo tempo. Quando Deus criou o espírito, foi fora do tempo, da mente, no estado do ser. Cada espírito é, nesse sentido, semelhante a Deus, e cria sua própria vida. Deus não subtrai nem acrescenta.

Além disso, devo acrescentar que é uma ilusão completa acreditar que o sofrimento e a dor são terríveis em si mesmos. Por favor, procurem entender o que estou dizendo. O medo imoderado da humanidade com respeito à dor é totalmente fantasioso e, uma vez mais, um produto enganoso da mente. As pessoas têm medo do sofrimento e da dor, sobretudo porque acreditam que nada têm a ver com eles – por outras palavras, que eles são ou injustiça ou triste coincidência.

A verdadeira dor é muito menos assustadora do que o próprio medo dela. Em pequeno grau, muitos de vocês já passaram por essa experiência. Passam por ela quando sentem medo antes de uma coisa acontecer: parece muito pior do que quando vocês verdadeiramente têm a experiência dessa coisa. E vocês também têm reconhecido de que modo criaram esses acontecimentos. Se vocês observarem essa cadeia de eventos interiores, abrindo mão do perfeccionismo, do moralismo e das justificativas, o sofrimento diminui imediatamente, mesmo que a situação exterior continue a mesma. Quando vocês ficam em paz com a sua realidade, podem também aceitar a imperfeição da vida. Quando param de se revoltar com a imperfeição, muitos modelos se alteram, e vocês causam menos padecimentos a vocês mesmos; mas a expectativa consciente ou inconsciente de vocês de que a vida seja perfeita faz com que vocês se revoltem e levantem barreiras, o que gera mais imperfeição e padecimento do que a vida de outra forma geraria.

Assim, é a atitude de vocês em face do sofrimento, da vida e de si mesmos que determina a experiência que vocês têm do sofrimento. Se a atitude de vocês, no que concerne ao sofrimento, fosse menos deturpada do que comumente é, vocês achariam que os problemas que têm de resolver na conquista da mente e da matéria são belos problemas.

São as coisas mais belas na sua vida terrena. Só superando a própria resistência e cegueira, a falta de consciência de si mesmos, é que vocês conhecerão a experiência da beleza da vida, mesmo que às vezes passem por períodos de dificuldade.

Quando as pessoas estão prestes a compreender isso, perguntas sobre livre-arbítrio e determinismo jamais podem ser feitas. Essas perguntas são tão confusas, trazem em si tanta cegueira e falta de consciência da realidade, mostram tamanha imaturidade espiritual, que não podem ser respondidas de nenhuma forma que faça sentido a quem pergunta. Vocês não podem entender com a mente o que está além do domínio da mente. Para isso, uma outra faculdade é necessária; porém, enquanto a existência de semelhante faculdade for negada, como poderão vocês orientar a pessoa a uma compreensão posterior?

Essa pergunta também apresenta um eterno conflito entre conceitos religiosos. Por um lado, postula que Deus é um Pai onipotente que age à vontade, que recompensa quando vocês lhe obedecem as leis, que os guia sem a participação ativa de vocês na própria vida interior, contanto que vocês humildemente o convidem. Por outro lado, postula que os seres humanos têm livre-arbítrio, que eles dão forma ao seu próprio destino, que são responsáveis pela própria vida. Enquanto a religião professa o último postulado, a um só tempo ela aniquila o livre-arbítrio e a responsabilidade pessoal, obrigando as pessoas a obedecer a determinadas regras prescritas. As pessoas são confundidas por esses dois conceitos que, aparentemente, excluem-se um ao outro. A pergunta que vocês fizeram caracteriza essa confusão.

Um Criador onipotente e a responsabilidade humana se excluem mutuamente só quando percebidos em tempo pela mente e quando esse Criador é percebido como agindo à semelhança de um ser humano. Vocês ainda não chegaram ao estado da consciência capaz de perceber que, na realidade, não existe nenhum conflito entre ambas as coisas. Tudo o que vocês têm de fazer é deparar com vocês mesmos sem resistência, sem a pretensão de serem mais do que são, sem se esforçarem para ser mais perfeitos do que lhes acontece ser neste momento. Cada aspecto individual que percebem em si mesmos com essa liberdade os põe nesse momento num estado de ser, e vocês interiormente percebem a verdade de Deus como sendo sem contradições do tipo formulado na sua pergunta. Então, vocês haverão de saber, profundamente, que a total responsabilidade não é apanágio de um Ser Supremo. Uma pessoa que não está pronta interiormente com certeza não pode compreender o que estou dizendo aqui.

Os estágios da oração

PERGUNTA: Poderia discorrer sobre o sentido da oração nos diferentes estágios?

RESPOSTA: A oração será adaptada aos conceitos conscientes de qualquer fase dada. Logo no primeiro estágio, quando as pessoas ainda estão no estado de ser sem consciência, não há nenhuma oração, porque não existe nenhum conceito de Deus. No estágio seguinte, quando as pessoas começam a formular perguntas, essa sensação de assombro serve de oração ou de meditação. O estágio seguinte pode ser a compreensão de uma inteligência suprema. Nesse estágio, a oração assume a forma da admiração das maravilhas do universo e da natureza. Essa admiração é culto. No estágio seguinte, quando a confusão, unida à imaturidade e à inadequação, causa o medo, a desesperança e a dependência, a oração assume a forma da súplica, do pensamento veleitário e da negação da realidade. Quando a oração parece ser atendida nesse estado, não é porque Deus age, mas porque, de algum modo, as pessoas são sinceras, apesar de todas as suas ilusões e enganos e, assim, abriram um canal através do qual o poder das leis do ser pode aflorar. Essa é uma distinção importante que só será percebida num estágio posterior.

Quando as pessoas compreenderem sua participação depois que suas orações foram atendidas, elas perderão a sensação de desesperança diante de um Deus voluntarioso e arbitrário, a quem devem adular por meio de normas criadas pelo homem e impostas; contudo, eu também poderia acrescentar que o que parece uma oração atendida é, por vezes, a conseqüência de se ter resolvido conflitos interiores, pelo menos por enquanto.

Quando as pessoas entram no estágio da independência e deixam de lado esse Deus imaginário que pune, recompensa e lhes orienta a vida, elas se descobrem no estágio do ateísmo, da negação de qualquer ser superior, e não rezam, evidentemente – pelo menos, não no sentido convencional. Talvez meditem; pode ser que olhem para si mesmas com sinceridade, e isso, como todos sabem por ora, é oração no sentido verdadeiro. No estágio ateu, as pessoas, todavia, também podem ser completamente irresponsáveis e não conseguir pensar em si mesmas, tampouco olhar para si mesmas. Em vez disso, podem fugir de quem verdadeiramente são, a exemplo da pessoa que usa a idéia de Deus como uma escapatória.

Quando as pessoas chegam ao estágio da autocompreensão ativa, da constatação de quem verdadeiramente são, elas podem, a princípio, ainda estar acostumadas à velha oração para pedir ajuda, para pedir a Deus que faça por elas o que elas mesmas evitam fazer; no entanto, a despeito desse hábito, elas começam a se encarar. Só depois de chegar a níveis mais profundos de semelhante constatação é que as pessoas aos poucos evitarão o tipo de prece a que estão acostumadas. Elas podem até mesmo passar por um estágio em que não rezem de maneira nenhuma, no sentido comum. Mas elas meditam – e às vezes essa é a melhor oração. Meditam, atentando para as suas reais motivações, deixando que os seus verdadeiros sentimentos aflorem e pondo-os em questão. Nesse tipo de atividade, a oração no seu antigo sentido passa a ser cada vez menos significativa e mais contraditória. A oração é, de fato, o ato da autoconsciência e do olhar para si mesmo de modo franco. A oração é a intenção sincera de encarar o que talvez seja o mais desagradável. Isso é oração, porque traz em si a atitude de que a verdade, pelo seu próprio bem, é o limiar do amor. Sem a verdade e sem o amor, não pode haver nenhuma experiência de Deus. O amor não pode se desenvolver a partir da tentativa de simular uma verdade que não é sentida; mas pode se desenvolver a partir do enfrentamento da verdade, independentemente de sua imperfeição. Essa atitude chama-se oração. Franqueza consigo mesmo é oração; o alerta com respeito às resistências de alguém é oração; o reconhecimento de algo que se escondeu por vergonha é oração. Quando isso acontece, o estado do ser aos poucos vem à luz, embora talvez com interrupções. Então, *no estado do ser, a oração não é mais um ato de proferir palavras ou pensamentos. Ela é um sentimento de ser no agora eterno*; de fluir numa corrente de amor com todos os seres; de entendimento e percepção; de estar vivo.

Essas coisas compreendem a oração no sentido mais elevado. A oração é a consciência de Deus na sua realidade; entretanto, essa espécie de oração não pode ser imitada nem aprendida através de quaisquer ensinamentos, práticas prescritas, tampouco de disciplinas. Trata-se da conseqüência natural da coragem e da humildade de encarar-se completamente e sem rebuços. Antes que vocês tenham chegado a esse nível mais elevado de relacionamento com Deus, um estado de ser no qual a oração e o ser são uma coisa só, tudo o que vocês podem fazer é praticar a melhor oração do mundo, renovando constantemente a intenção de se encararem a si mesmos sem nenhuma reserva, de acabarem com toda pretensão no que tange ao que vocês querem ser e ao que verdadeiramente são, e então acabar com toda pretensão. Esse é o sentido do caminho, meus amigos.

Depois de dizer isso, abençôo cada um de vocês. Tentem sentir o amor, o carinho e a verdade que advêm do mundo do ser, que pode ser de vocês sem lhes custar coisa nenhuma. Vocês são os detentores da chave neste momento. Façam uso dela! Estejam em paz, estejam em Deus.

Parte Três

A Grande Transição do Egocentrismo para o Amor

"Deus não lhes pede nada mais, a não ser que vocês se libertem e deixem que Deus seja ele mesmo em vocês."
– *Meister Eckhart*

O *Pathwork* propõe uma metáfora forte para o nosso trabalho ao falar da "grande transição". Em um lado da grande transição está o nosso trabalho para nos tornarmos seres humanos tranqüilos, satisfeitos e livres. No outro, está a libertação de tudo isso para tão-somente entrarmos em harmonia com a vontade de Deus.

Evidentemente, uma vida de trabalho com nós mesmos não refletirá exatamente essa transição conclusiva de um estado para o outro. No fundo de nossa alma, sempre tivemos lugares em que não há medo, mas harmonia com a vontade de Deus. E talvez tenhamos problemas pessoais aborrecidos que nos obrigarão a continuarmos com o nosso exame e o nosso trabalho com respeito a eles por toda a nossa vida. As palestras do *Pathwork* são um reflexo dessa natureza entretecida e cíclica do trabalho, que alterna instruções básicas no tratamento de problemas sérios de personalidade enquanto também nos acena com a possibilidade da entrega total ao Divino. O espírito abrangente das palestras, contudo, jamais se afasta da premissa de que o nosso objetivo final vai muito além do mero aperfeiçoamento de si mesmo.

O primeiro capítulo do primeiro livro de *Pathwork*, *The Pathwork of Self-Transformation*, oferece um contraste útil entre esse trabalho e a psicoterapia de *mainstream*: "É essencial lidar com a confusão, com as idéias equivocadas, com as atitudes destrutivas, com as defesas que são produtos da alienação, com as emoções negativas e com os sentimentos de paralisia, tudo o que a psicoterapia também tenta fazer e até mesmo propõe como sua meta fundamental. Em contraste com isso, o *Pathwork* só entra na sua fase mais importante depois que esse primeiro estágio termina. A segunda fase mais importante consiste em aprender como ativar a consciência superior que habita toda alma humana". (*From Pathwork Lecture nº 204*)

Qual é essa "consciência superior que habita cada alma humana"? Ela é a capacidade de amar, de estar enamorado ["in" love], em Deus. O *Pathwork* enfatiza que o amor não é algo que podemos nos obrigar a sentir, nem que podemos sentir por decisão do intelecto. O amor nem ao menos é um sentimento. É um estado de ser, de entrega, de perfeita fé, que transcende e pode aguçar todos os sentimentos. O amor implica renúncia a toda sorte de separação, quanto a qualquer parte de si mesmo, a outros seres humanos, ao mundo natural e aos domínios do espírito. O amor é eterno e também se gera a cada momento. Em sua base, todos os ensinamentos espirituais verdadeiros visam nos ajudar a entrar nesse momento eterno do amor.

Antes da grande transição, eu ainda acredito que estou melhorando. Estou envolvido no desenvolvimento pessoal. Estou me realizando. Descobrindo e expressando todos os meus sentimentos. Reclamando o meu corpo. Expandindo-me até o meu mais pleno potencial humano.

Estou recuperando partes de mim mesmo de que anteriormente aprendi a abrir mão. Nesse sentido, estou no processo de me tornar "maior".

Quando verdadeiramente faço a grande transição, sinto o tapete ser puxado de sob o meu eu cuidadosamente formado e realizado. Esqueço-me da idéia de que estou "crescendo". Em vez disso, por algum tempo, pode ser que eu tenha a impressão de que esteja me perdendo. Em vez de continuar a me tornar maior, tenho a impressão de estar me tornando menor, insignificante até, à proporção que meus objetivos pessoais se desvanecem e parecem irrelevantes.

A transição pode ser descrita como uma passagem do isolamento egocêntrico para um estado de união; mas essa não é a "união" que fantasio enquanto ainda estou vivendo na condição de isolamento. Enquanto vivo no meu estado de acreditar de que sou um eu separado, posso pensar que tenho certa idéia do que significa estar em união. Posso até me convencer às vezes de que cheguei a esse estado; entretanto, nesse momento, alguma experiência me desengana quanto a essa idéia e eis-me de volta ao que é claramente uma existência isolada e voltada para si mesma.

Paradoxalmente, contudo, quando humildemente aceito me tornar pequeno, faço a transição para me tornar de novo "maior", mas de uma perspectiva inteiramente nova. O velho "grande" me ocorreu por meio da reincorporação de bloqueios de mim mesmo, da formação de crenças positivas e hábitos que substituíssem minhas crenças e costumes antigos e limitadores, e todo o outro trabalho de fortalecimento e melhoria do eu. Pelo contrário, agora me torno maior encurtando as minhas fronteiras, dando-me de todo ao fluxo infinito das energias espirituais dentro de mim e que me cercam, renunciando por completo a qualquer idéia de que estou no comando ou de que sei qual é o projeto de Deus para mim ou para o mundo.

Na linguagem do *Pathwork*, um traço perceptível do trabalho nesse nível é que ele não envolve mais a máscara. Esta é uma criação da personalidade, e por meio desse aspecto em nossa jornada teremos trabalhado substancialmente sobre os problemas da personalidade que criaram e conservaram a máscara idealizada do nosso eu.

A conseqüência equivale a expor em flagrante evidência o conflito entre o eu inferior e o ser superior no nível da alma. Como temos visto desde o início, o eu inferior apresenta o isolamento e o medo; o eu superior revela o amor e a verdade. Ora, no nível da alma, essa cisão se torna muito mais clara. O compromisso do eu inferior com o negativo e dual liga-se agora às forças destrutivas muito maiores do que qualquer coisa que existe em nossa personalidade simples. É aqui que devemos enfrentar os arquétipos negativos, os impulsos demoníacos, as distorções profundas nas energias masculinas e femininas fundamentais — o verdadeiro mal.

Aqui também, contudo, o Eu superior revela seu poder verdadeiro, com seu compromisso infinito com a unidade, a graça, a criação. Temos a experiência de nosso ser superior como sendo profundamente digno de confiança à medida que ele cria dons pessoais do espírito, gera um equilíbrio fecundo do masculino e do feminino e inclui a ajuda de impulsos angélicos e guias espirituais. A expressão máxima do eu superior é Cristo – não como figura histórica, nem como símbolo religioso, mas como a ajuda fundamental, a força de cura disponível a nós como dádiva de Deus. À proporção que nos entregamos cada vez mais a Deus, como indivíduos e como espécie, o eu inferior coletivo, para cuja criação cada um contribui em parte, curar-se-á e voltará ao amor e à alegria no centro da criação.

Uma vez mais, essa grande transição não acontece apenas uma vez para mim. Ou melhor, ela pode precisar acontecer apenas uma vez no nível espiritual; mas pode ser necessária toda uma vida de trabalho para harmonizar o meu eu físico, mental e emocional com esse limiar que já transpus alegremente em minha alma.

No início, é possível que se tenha a impressão de que *as fronteiras de todos e de tudo se tornaram um pouco mais flexíveis.* Minha mulher e eu descobrimos que, mesmo quando não falamos um com o outro durante uma hora ou mais, cada qual fica pensando a mesma coisa ao mesmo tempo. O sentimento que tenho pela dor dos outros no mundo vai além da empatia comum, e a mim me parece que estou verdadeiramente sentindo o sofrimento alheio de modo tão agudo como se eu mesmo estivesse sofrendo. Percebo cada vez mais que os sentimentos que tenho não são verdadeiramente os *meus*; e, em vez disso, tenho a experiência do modo como simplesmente entro em sintonia com certa banda na rádio das emoções que faz parte de todos os seres humanos. Ou, o que ainda é mais estranho, posso de repente ter um vislumbre de um ser angélico postando-se ao meu lado.

Obviamente, essas coisas são apenas indicações iniciais. Não significam necessariamente que eu levei a cabo a grande transição, mas indicam que estou me deslocando continuamente nessa direção. Se reajo a esses acontecimentos com calma e confiança, posso aprender mais sobre como dar continuidade ao processo de dilatar minhas fronteiras e compreender que agora estou trabalhando, não para mim, em primeiro lugar, mas para todos os seres humanos. Posteriormente, posso dedicar o espaço do meu coração ao amor de Deus, dentro de mim e fluindo através de mim, na fé de que posso ser ao mesmo tempo grande o bastante e pequeno o bastante para deixar que esse amor guie o meu destino e o do planeta.

Os três capítulos seguintes descrevem essa grande transição do egocentrismo para o onicentrismo, ou teocentrismo. Transpor essa linha divisória, passar do trabalho do eu para o trabalho de Deus é o procedimento mais importante na senda espiritual de cada ser humano.

D. T.

Capítulo Seis

A Grande Transição no Desenvolvimento Humano

Saudações, queridos amigos. Bênçãos a vocês todos. Abençoada seja esta hora.

Do isolamento à união

Há duas tendências fundamentais no universo. Uma é a força do amor, que se doa, comunica e se ergue acima do eu pequenino. Na verdade, esse ego pequenino que se considera o centro de todas as coisas não passa na verdade de uma parte de um todo magnífico. O verdadeiro eu de vocês jamais o considera o fim máximo. Quando vocês levam ao máximo as suas capacidades, vocês não sentem mais a vida como estando limitada ao obstáculo das crenças e das idéias falsas. Então, vocês descobrem a união com todas as pessoas. Sentem, pensam e têm experiências de um modo inteiramente novo. Tornam-se pessoas diferentes, e a um só tempo continuam a ser essencialmente as mesmas pessoas.

A segunda força fundamental é o princípio egocêntrico invertido, pelo qual a maior parte dos seres humanos ainda vive. Nesse estado, vocês sofrem e "usufruem" apenas a vida. Não importa o número de pessoas queridas que estejam a volta de vocês, amando-os e partilhando coisas com vocês: a experiência de vida é essencialmente única e peculiarmente de vocês, não passível de ser partilhada nem transmitida. Vocês são os únicos que sentem esse sofrimento particular ou essa alegria da mesma forma. É possível que não pensem assim, sempre de modo consciente. Com efeito, o conhecimento exterior que vocês têm pode contraditar esse estado interior de experiência da vida; entretanto, quando ele chega aos seus sentimentos verdadeiros, dá-se o modo pelo qual vocês sentem a vida enquanto ainda se encontram no estado do isolamento egocêntrico.

A transição do isolamento egocêntrico para o estado de união com tudo é o passo mais importante no caminho da evolução de uma entidade espiritual individual. Em algum momento, numa ou noutra vida, *essa transição deve ocorrer.* O momento exato em que isso ocorrerá varia com cada pessoa; porém, nesse caminho, chegará um momento, mais cedo ou mais tarde, e esperemos que ele chegue enquanto vocês estiverem ainda nesta encarnação particular, quando vocês passarão de um estado a outro.

As palavras não lhes transmitirão o sentido real dessa mudança. Muitas vezes, vocês deram ouvidos a filosofias e doutrinas. É possível que até mesmo sejam capazes de discutir o tema de modo bem inteligente. Em momentos isolados, também é possível que tenham tido a experiência do que estou lhes descrevendo; mas a experiência se vai, e vocês voltam ao antigo estado de isolamento. É necessário muito trabalho para tornar essa transição permanente, e o pré-requisito mais importante para a permanência é descobrir e resolver os conflitos ocultos em vocês mesmos.

Ademais, é de importância vital que vocês compreendam que o objetivo máximo da senda espiritual é levar a cabo a transição de um estado a outro. Para que possam fazer isso, devem tornar-se inteiramente conscientes de que ainda vivem naquele estado antigo e indesejável. Enquanto tiverem ilusões no que concerne a isso, ou enquanto estiverem confusos e nem ao menos souberem que existem dois estados diferentes, vocês passarão por momentos de dificuldade muito maior.

Quando vocês vislumbram pela primeira vez um novo estado de ser, vocês sentem uma impressão de libertação dos muros confinantes do egocentrismo. Sentem um objetivo mais importante na vida, na sua vida, em toda forma de vida. Compreendem o objetivo de todas as experiências, as boas e as ruins, e valorizam-nas de um ponto de vista completamente diferente. Sentem no fundo do coração a união com todos os seres, e percebem a importância dos objetivos deles, bem como dos seus. Uma nova alegria e sensação de segurança tomarão conta de vocês como nunca. Essa nova sensação de segurança não será acompanhada da ilusão de que nunca mais vocês sofrerão, mas vocês não se curvarão diante desse sofrimento. Terão consciência de que ele não pode prejudicá-los.

Vocês não geram os seus sentimentos

Uma primeira experiência comum no novo estado é a sensação de que qualquer experiência que vocês tenham no momento também é sentida por milhões de outras pessoas. Foi sentida por milhões no passado e será sentida pelo mesmo número de pessoas no futuro. Desde que o mundo da matéria teve início, todos esses sentimentos – bons ou maus, positivos ou negativos, de prazer ou de pesar – existiram, e as pessoas os sentiram. Que vocês pareçam gerar um sentimento não significa que vocês verdadeiramente façam isso. O que vocês geram é a condição de sintonia com uma força ou um princípio determinado de uma emoção que já existe. Essa distinção pode parecer demasiado sutil, mas não é. Perceber a vida de um ângulo novo é uma experiência essencialmente diferente. Enquanto vocês alimentarem a ilusão de que estão gerando a emoção respectiva ou a experiência vital, vocês ainda são únicos, sozinhos e isolados. Quando vocês começam a sentir que estão se sintonizando com algo que já existe, imediatamente se tornam parte do todo e não podem mais ser os indivíduos isolados que sempre julgaram ser.

Eu não espero que essas palavras ensejem de imediato essa nova condição em vocês; mas o trabalho que vocês realizam ao longo do caminho progride constantemente, e se vocês exercitarem a percepção interior meditando sobre essas palavras e tentando senti-las, vocês podem acelerar a transição. Reconhecer a sua condição comum a todos os outros dilatará consideravelmente os seus horizontes; dar-lhes-á uma nova perspectiva quanto às tristezas passageiras e ajudá-los-á a fazer um uso construtivo de quaisquer aspectos negativos que vocês descobrirem em si mesmos. Além disso, aumentará as capacidades criativas de vocês.

O anseio fundamental da humanidade é participar verdadeiramente do novo estado de ser que se segue à transição. É possível que vocês lhe resistam e tenham medo dele em sua ignorância, mas esse anseio sempre permanece. Pois, no estado natural a todas as criaturas de Deus – o estado de união – não há mais solidão. No estado atual de vocês, todos se acham essencialmente sós. O melhor a que vocês podem chegar, algumas vezes, é à compreensão de que os outros passam por experiências semelhantes e se sentem da mesma forma; mas isso não é, de maneira nenhuma, o novo estado.

Nele, vocês terão plena consciência de que todas as coisas, sentimentos, emoções, pensamentos e experiências já existem, e que vocês partilham todas as tendências existentes por causa das condições que se geram a si mesmas. Essas forças e princípios atuam à volta de vocês e dentro de vocês. Cabe a vocês mesmos concluir qual os afetará.

Visualizem todas as experiências emocionais, das inferiores às superiores, como rios ou córregos. Em conformidade com a constituição pessoal da mente de vocês, com o estado da emoção, o desenvolvimento geral, as tendências características, bem como os estados de espírito passageiros e outros fatores, vocês se sintonizam com uma dessas correntes, enquanto podem ao mesmo tempo entrar em sintonia parcial com uma outra corrente, esta conflitante. Com essa abordagem, uma mudança drástica deve ocorrer em todo o campo de visão interior e exterior de vocês. De seres isolados e egocêntricos, vocês devem se tornar, passo a passo, os seres que na verdade são.

Vocês imaginam com a capacidade limitada de pensamento de vocês que só como indivíduos únicos é que têm dignidade e certa oportunidade para ser felizes. Também sentem – às vezes inconscientemente – que, por não serem mais que um parafuso numa engrenagem, vocês não contam. Padecem ainda da ilusão de que são apenas um dentre bilhões e que, portanto, sua felicidade não importa. Uma outra ilusão interpreta equivocadamente o direito à individualidade; afirma que vocês são seres separados e que, portanto, se encontram essencialmente isolados, sós e singulares. No melhor dos casos, vocês acreditam que os outros possam estar numa situação difícil como a de vocês. Isso é uma ilusão, mas existe na maioria de nós em certa medida. Enquanto esse engano continuar, vocês travarão inconscientemente uma batalha desnecessária e trágica. Vocês crêem que devem ser contrários a desistir do direito natural de ser felizes e de valor. Se esse erro – o de que estão lutando pela individualidade e felicidade quando, na verdade, lutam para preservar o seu isolamento – fosse reparado, a batalha seria mais fácil.

O abandono do isolamento

A verdade – e vocês a conhecerão um dia – é esta: no novo estado, vocês perceberão que ser nada mais e nada menos do que uma parte de um todo, e partilhar com muitas outras pessoas o que já existe, faz de vocês pessoas mais felizes. Vocês têm o direito à felicidade, e têm mais dignidade e individualidade por causa desse fato. A dignidade de vocês aumentará no grau em que o orgulho de vocês quanto ao isolamento diminuir. A plenitude e a riqueza da vida aumentará no grau em que vocês deixarem seu estado de isolamento no qual admitem que, a fim de ter mais para si mesmos, vocês têm de tirar dos outros. Eis o erro e o conflito. No antigo estado – eis onde isso principia. No novo estado, isso não é verdadeiro. A importância do bem-estar de vocês é infinitamente maior justamente porque vocês são uma parte de um todo. No momento em que tiverem ao menos um vislumbre momentâneo da verdade, nunca mais ver-se-ão dilacerados pelo antigo conflito de que podem ter uma felicidade egoísta ou, se quiserem recuar desse "egoísmo", a felicidade de vocês não importa.

Essa compreensão inata dá origem a uma culpa profunda na alma humana, porque vocês não sabem o que fazer com o desejo de serem felizes. O conflito se dissipará no momento em que orientarem a sua visão de mundo quanto a absorver a nova abordagem. No momento em que passarem pela experiência desse primeiro vislumbre do entendimento, vocês reconhecerão como estavam atolados na condição de isolamento. No instante em que as idéias lhes ocorrerem, vocês perceberão verdadeiramente que o antigo estado de isolamento era e ainda é o seu mundo. Então, o desejo consciente de deixar o antigo mundo aumentará.

Quando uso a palavra egoísmo, não faço isso numa atitude moralista, de recriminação nem de advertência, mas à maneira filosófica. Ela indica um estado fundamental de ser do modo como se opõe a um estado inteiramente diferente de ser; um mundo, ou um princípio da alma, em comparação com um outro.

À proporção que vocês forem, aos poucos, realizando essa transição, os seus valores morais por força mudarão. Seus objetivos e idéias sobre a vida vão mudar. Essa mudança não será a adoção superficial de novas opiniões, mas um desenvolvimento natural, gradual e orgânico, interiormente. A mudança se mostra lenta; trata-se de uma mudança interior em vez de exterior. Amiúde ocorre que as opiniões exteriorizadas por vocês não precisam passar por uma revisão severa. Elas podem continuar as mesmas, essencialmente: são vocês que as sentirão de maneira diversa.

As pessoas têm muito medo das mudanças; mas vocês nada têm a temer. A vida e as opiniões de vocês em grande parte podem continuar as mesmas, enquanto vocês mudam. Isso parece um paradoxo, meus amigos, mas não é. Continuar a ser o mesmo e, no entanto, mudar é possível, de um modo bom, construtivo e natural, porque o apelo da vida é desenvolver-se ao máximo; no entanto, é também possível mudar e continuar o mesmo de um modo insatisfatório e destrutivo.

Na verdade, vocês não têm nada a temer ao se aproximar dessa grande transição, pois aquilo que for válido e importante, o que for essencialmente vocês mesmos, continuará o mesmo, só vindo a ser aperfeiçoado. Apenas o que não for essencialmente vocês mesmos se desgastará aos poucos, como uma velha capa puída. As forças criativas das quais vocês não têm ainda nenhuma consciência fluirão de vocês mesmos.

O sentido das tendências mais profundas de vocês será invertido quando vocês chegarem ao novo estado de unidade. No estado atual de isolamento, muitas forças criativas, tais como o amor ou os talentos, procuram fluir de vocês; porém, devido ao seu estado interior de isolamento egoísta, elas retornam. Depois do esforço inicial de fluir, alcançando o cosmo e ensinando os outros, essas forças recuam, são contidas e tornadas inativas. A natureza de vocês se revolta com essas grandes frustrações porque elas justamente são contrárias à natureza, à criação e à harmonia.

Essa revolta fundamental da natureza interior de vocês acarreta muitos conflitos que nunca podem ser resolvidos inteiramente por meio do reconhecimento de suas imagens e conflitos, criados que foram pelas condições da infância. Enquanto a dissolução dos conflitos na infância é essencial para levar a efeito o novo estado de ser, é importante reconhecer que acabar com os conflitos da infância não constitui uma finalidade em si mesma. Se o objetivo de vocês for abeirar-se de resolver os conflitos da infância e corrigir desvios psicológicos, vocês são obrigados a fracassar no que concerne a satisfazer a si mesmos. Em muitos casos, vocês não serão nem mesmo bem-sucedidos em resolver de fato esses conflitos, se a solução deles não for um meio para o objetivo maior: a transição do estado de egoísmo e isolamento para o estado de união com todos. Isso inclui o reconhecimento de vocês mesmos como parte integrante da Criação que se esforça o tempo todo para uma realização maior.

Só quando vocês consideram como objetivo pessoal o intento superior de união com todos é que vocês são capazes de se realizar totalmente. Nessa condição, vocês desenvolverão todas as capacidades, e então a grande fonte de vida, de saúde e força fluirá através de vocês. Quando o campo máximo de visão de vocês quanto à vida é distorcido ou não é claramente formulado, as forças criativas e de saúde não podem se regenerar em função do grande rio cósmico. As forças cósmicas são constantemente bloqueadas pela ignorância, pela confusão, pela falta de consciência ou pela perspectiva equivocada de vocês sobre o sentido real da vida. Com o ponto de vista adequado, vocês são obrigados a avançar e, ao fim e ao cabo, realizar a transição.

No novo estado, as forças criativas fluirão de vocês naturalmente, permitindo que as forças cósmicas fluam continuamente para vocês, renovando e regenerando todo o seu ser. Suas forças em movimento influenciarão outros seres que a elas se sintonizarem, estejam onde estiverem e independentemente de quem sejam.

Sei que esse tópico é difícil de entender. É abstrato e não pode ser posto facilmente em prática. Ele requer todos os seus sentidos interiores, sua natureza intuitiva, bem como seu desejo sincero de compreender de fato o sentido mais profundo dessas palavras. Por via do estudo e da meditação, da tentativa de sentir e usar suas próprias descobertas interiores com a ajuda dessa visão panorâmica, vocês chegarão ao ponto em que essas palavras constituirão uma revelação para vocês mesmos. Então, uma nova porta se abrirá, através da qual vocês entrarão felizes. E reconhecerão, nesse momento, quanto tempo se empenharam em cruzar esse portal.

O cultivo dessa nova abordagem da vida posteriormente lhes revelará um entendimento, não só de vocês mesmos e dos outros, mas também do objetivo de vocês no universo e da função de vocês nele. Nada mais pode lhes dar a real segurança que vocês ainda estão procurando.

Todos os grandes mestres e sábios falaram, de diversas maneiras, sobre essa grande tradição. Vocês, que estão nesse caminho, deverão pensar sobre ela, imaginá-la e ter consciência que o momento dela há de vir.

Como a alma humana se bate contra isso, o destino máximo de cada ser! Como tem medo de deixar o estado de infelicidade em troca de uma condição de felicidade e segurança! Como é estúpido, da parte de vocês, ter medo, no fundo do coração, de que ao deixar o antigo mundo e ao chegar ao novo vocês terão de deixar para trás algo precioso! Tentem descobrir esse medo irracional, essa resistência. Ela está bem aí, em vocês. Tudo o que vocês têm a fazer é olhar para ela. Não têm de ir longe nem mergulhar fundo para encontrar esse medo. A resistência fundamental à transição se exprime em inúmeros modos delicados na vida cotidiana de vocês. Encontrem-na, e descobrirão uma chave de valor. Primeiramente, é necessário que vocês tomem consciência de como estão se esforçando para conservar a vida isolada, e que, no melhor dos casos, vocês querem partilhar essa vida com algumas poucas pessoas que escolheram. Se vocês podem ter algum gesto de amor para com esses poucos eleitos, já deram um passo além de muitos que não conseguem fazer isso.

Espero que minhas palavras não sejam mal compreendidas, e que as pessoas não pensem que vocês deveriam levar a efeito uma mudança drástica na sua vida exterior. A transição é muito mais sutil do que isso. Uma vez que vocês começam a reconhecer os sintomas do seu tipo de vida antigo, egoísta e isolado, vocês são obrigados a perceber de que modo todo impulso relacionado com essa perspectiva cria o medo e a insegurança e não tem utilidade nem sentido. O novo estado é de alegria constante e de profunda segurança. Não quero dizer que dificuldades não possam vir a fazer parte do caminho de vocês. Eu afirmei isso muitas vezes, e não quero jamais ser mal compreendido a esse respeito. Ninguém deveria contemplar esse caminho e o desenvolvimento nele com a idéia de que, se vocês avançam a contento, as dificuldades diminuem. Obviamente, essa expectativa é totalmente fantasiosa e enganosa, enquanto vocês estão encarnados em seres humanos. Como eu disse antes, contudo, aquilo pelo que vocês precisam passar não causará mais medo. Fará sentido a vocês, que passarão por isso com coragem, desenvolvendo-se com isso e a partir disso. Vocês aceitarão tudo como uma parte da vida, em vez de recuar dela.

Assim, meus queridos amigos, vocês percebem que o que a humanidade está verdadeiramente empenhada em preservar é um estado de trevas e isolamento. Trata-se de uma batalha sem sentido da qual vocês colhem a infelicidade, e só isso demonstra que a direção está errada e que é preciso procurar outro caminho. As conseqüências da mudança em sua orientação interior são a liberdade e a alegria, o objetivo e a segurança. É como se vocês estivessem desistindo de algo a que verdadeiramente se apegam freneticamente, mas, uma vez que resolvem deixar que se vá, vocês descobrem que não tiveram de desistir de nada.

Os primeiro passos experimentais na transição de um estado ou mundo para outro são o autoconhecimento e o entendimento dos seus problemas, idéias e atitudes inconscientes. O autoconhecimento e a autoaceitação são os pré-requisitos. Tudo o mais aflora disso. Vocês também têm de compreender que há uma outra meta além da simples dissolução dos seus problemas interiores. Ou, para expressar de modo diferente, vocês não podem na verdade resolver esses problemas a não ser que vislumbrem essa grande transição fundamental.

Se um dia vocês puderem sentir o que tentei transmitir-lhes nesta palestra, talvez lhes seja útil abrir uma janelinha a partir da qual vocês podem ter uma nova percepção. Deixo-os agora, desejando-lhes força e amor, e faço votos para que vocês possam continuar a batalha nesse caminho único, nesse caminho de descoberta e de desenvolvimento pessoal para se tornar quem vocês estão destinados a ser. Pois nada é mais digno e propositado de se fazer enquanto se é verdadeiramente honesto consigo mesmo. A honestidade consigo mesmo é o primeiro passo rumo ao amor. Dessa maneira, sejam abençoados, meus queridos! Estejam em paz, estejam em Deus!

Capítulo Sete

O Processo de Desenvolvimento da Dualidade para a Unidade

Saudações, meus caros amigos. É costume que eu comece essas preleções dando uma bênção. Ora, o que significa a palavra "bênção"? Ponderemos sobre o seu sentido mais recôndito.

"Bênção" significa toda a vontade para o bem, vinda do eu mais profundo, do ser divino interior. Quando essa vontade livre flui diretamente para as regiões mais profundas da consciência de uma outra pessoa, uma energia vibrante se cria, e ela afeta a consciência da outra pessoa.

De agora em diante, sempre que vocês ouvirem a palavra "bênção" será muito útil lembrar que é necessário que vocês reajam para que a bênção se torne eficaz. A disponibilidade, a boa vontade e a total cooperação são necessárias para fazer com que duas forças se encontrem, de vez que a bênção unilateral não é bênção.

No momento, nosso tema é o processo do desenvolvimento, do modo como ele se relaciona com a *unidade e a dualidade**. Existem duas maneiras básicas de abordar a vida e o eu. Ou, para expressar de modo diferente, existem duas possibilidades fundamentais para a consciência do homem: o plano dualista e o unificado. A consciência humana, a percepção e a experiência em geral são organizadas para o princípio dualista. Isso significa que tudo é percebido na forma de opostos – bom ou mau, desejável ou indesejável, vida ou morte. Enquanto a humani-

* Ver Glossário para definição de *Unidade e Dualidade*.

dade viver nesse dualismo, o conflito e a infelicidade deverão persistir. A verdade absoluta, universal e cósmica é sempre unificada e transcende os opostos na compreensão de que neles a crença é ilusão.

Unificação não significa, todavia, que o *bem* do "ou" dualista é compreendido. As pessoas que acreditam nessa falsa idéia trilham um caminho equivocado: esperam lograr um dos opostos ilusórios como sendo a "salvação". Enquanto a pessoa se opõe a um lado e se apega a outro, a autocompreensão ou libertação – isto é, o princípio de união – é inalcançável.

O bem desse princípio de união é de natureza inteiramente diversa da do bem do dualismo. O primeiro concilia ambos os lados, ao passo que o último os separa. Isso pode ser testificado em qualquer problema pessoal, uma vez que é completamente entendido. Esse aspecto é de extrema importância para a compreensão, meus amigos. Pois, quando vocês buscam um lado de um par de opostos, vocês devem opor-se ao outro lado. Nessa oposição, a alma não está tranqüila e tem medo, e nesse estado vocês jamais podem chegar à unidade.

A consciência dualista e o desenvolvimento

Apliquemos essa distinção no que concerne ao processo do desenvolvimento. Enquanto a consciência do homem é organizada com vistas à dualidade e não a pode transcender, o processo de desenvolvimento é muito problemático. O desenvolvimento é o movimento no tempo e no espaço; por conseguinte, *o desenvolvimento no plano dualista automaticamente passa de um extremo ao seu oposto.* Desde o momento em que vocês nascem, vocês se movem rumo à morte. Desde o momento em que vocês se desenvolvem rumo à realização, tem início a curva descendente da destruição. Desde o momento em que vocês se esforçam por algum tipo de felicidade, vocês devem temer o seu oposto. No ritmo sempre mutável, o movimento cíclico, eterno do desenvolvimento deve abeirar-se inevitavelmente de seu oposto. Ele se desloca da vida para a morte e desta para a vida, e vice-versa; da construção à destruição, e desta de novo à construção. Uma coisa gera a outra.

É importantíssimo compreender esse conceito pois ele é uma das razões principais por que vocês resistem ao desenvolvimento. Essa crença causa uma resistência profunda, além dos cacoetes psicológicos da neurose. Essa oposição fundamental ao desenvolvimento ainda é percebida depois que as neuroses foram superadas e curadas. Isso explica por que, enquanto vocês percebem a vida em termos dualistas, têm medo do desenvolvimento; pois temem que alcançar uma meta acarretará a destruição dela mesma. Vocês se enganam lutando contra o tempo, "postergando" a realização e, dessa forma, também o seu oposto, de que têm medo. O *status quo*, a estagnação, cria a agitação, ou o movimento no sentido distorcido.

Enquanto o desenvolvimento se dá no plano dualista, existe sempre um cume a ser alcançado e, depois desse cume, uma queda. Assim, no plano dualista, todos os seres vivos deslocam-se num ciclo perpétuo de vida e morte, de construção e destruição, de ser e de vir a ser. Na natureza, as plantas crescem na primavera para frutificar no verão. Morrem aos poucos no outono. No inverno, não existem mais. Só o seu potencial de vida latente é que dormita no chão, à espera de que a semente cresça de novo na primavera. Esse é o processo do crescimento. O júbilo durante a curva ascendente nunca pode ser pleno e livre de inquietações, sem ansiedade, porque, antes de o cume ser alcançado, a descida já é antecipada.

O plano unificado

No plano unificado da consciência, devido ao fato de não haver mais opostos a temer, a dicotomia não existe mais. A autocompreensão sempre leva à experiência e à percepção do estado de união. De modos opostos, o estado de união não pode acontecer senão por meio da autocompreensão.

Esta significa pôr de lado as camadas do erro para que o eu real, o ser divino e eterno, venha à luz. Vocês só poderão se despojar dessas camadas de sofrimento, engano, perplexidade e limitação no momento em que não fogem mais de vocês mesmos; quando estão dispostos a encarar-se a si mesmos como realmente são, em vez de como querem ser; no instante em que aceitam-se a si mesmos, quando não lutam contra o estado em que se acham temporariamente, mesmo quando compreendem os erros cometidos nesse estado. Tal é o trabalho que vocês estão realizando nesse caminho.

É inteiramente enganoso admitir que a percepção da união não possa ocorrer no plano terreno. *É* possível, totalmente possível, a qualquer um inclinado a expandir a sua consciência. A expansão é um processo muito simples que envolve questionamento da veracidade de suas idéias limitadas, a correção do que vocês supõem seja inalterável. Isso, por sua vez, só pode ser realizado quando vocês encaram honestamente os seus estados de espírito e reações mais sutis, e quando os traduzem de modo conciso. Vocês então descobrem que essas reações e reflexos, essas emoções e estados de espírito, se baseiam em certas suposições que vocês nunca questionaram, de vez que tudo é conservado na escuridão da vagueza e da racionalização fácil.

Eis por que o seu *Pathwork* é de altíssima importância; pois, sem reconhecer as pequenas formas diárias de desonestidade, o engano de si mesmo e as suposições equivocadas, vocês não as podem questionar nem podem se libertar delas para abrir espaço a uma nova realidade. Sempre que uma perturbação vaga é examinada e verbalizada honestamente, a idéia em que se baseia essa perturbação pode ser revelada e posta em questão. Esse passo aumenta a percepção de vocês, dandolhes condições de transcender o dualismo e perceber o estado de união. Isso deve ser levado a efeito em cada área da consciência, em todos os aspectos da existência, pois é possível compreender o princípio de união em algumas áreas, ao passo que outras ainda estão mergulhadas na ilusão e no sofrimento do dualismo. Voltaremos a esse assunto posteriormente.

Nunca será demais enfatizar que a libertação de si mesmo, ou a transição do estado dualista para o de união, não pode ser realizada pelo conhecimento acumulado nem pelo raciocínio teórico, tampouco por meio do estudo ou da aspiração a uma meta exterior. Não pode advir da vontade de ser diferente, do esforço de chegar a um estado que já não existe em nós. Só pode vir por meio do estar no agora, da descoberta de que tudo já existe dentro de nós, por trás da confusão e do sofrimento. E esse estado que está por trás da condição que transmite a impressão de uma experiência intensa e momentânea só pode ser liberado e pode vir à luz quando se entende o nível de confusão e sofrimento de maneira clara.

O fluxo cósmico natural, que existe na psique de todo ser humano, em tudo o que vive à volta e dentro de vocês, é um rio vital borbulhante, que os leva automática e naturalmente rumo ao estado da compreensão de si mesmos, no qual não há mais nenhuma oposição, nenhum conflito que traga a dor. Esse é o estado natural: desse modo, a natureza está a favor de vocês. Ao confiar-se ao fluxo vital, ao deixar-se perceber esse fluxo, as pessoas contribuem para o desenvolvimento do seu destino natural.

O problema de menor importância pode revelar a vocês de que modo acolhem o engano e a oposição, uma não-tendência, em função do medo e da ignorância. Esse problema pode mostrar como vocês detêm o movimento cósmico natural do qual são parte integrante, ao mesmo tempo em que ele é uma parte integrante de vocês. Apenas por meio de uma visão pessoal das suas reações aos fatos do dia-a-dia é que vocês podem fazer dessas palavras uma verdade oriunda de uma experiência pessoal. Isso não pode acontecer por meio de afirmações "da boca para fora" com respeito ao princípio que está por trás das palavras, mesmo que vocês compreendam o que estou dizendo. O intelecto não será suficiente para fazer com que vocês realizem a transição do dualismo para a unidade.

O desenvolvimento no plano dualista sempre deve estar cheio do medo quanto ao oposto indesejável. Portanto, o processo de crescimento de vocês será tolhido enquanto vocês considerarem o objetivo de crescimento como sendo algo bom, em oposição ao que é ruim.

No plano da união, o desenvolvimento não encontra ameaça de nenhum oposto; portanto, não é preciso ter medo dele, nem opor-se a ele. O desenvolvimento, contudo, não pode advir de uma oposição à oposição; ele só se dá quando o oposto de que se tem medo pode ser figurado e aceito se for necessário.

Quando vocês não têm mais medo de nenhum oposto, quando não se apegam temerosos a um outro oposto, podem chegar ao estado de união; mas não podem fazer isso enquanto o medo habitar no coração de vocês.

O processo de desenvolvimento no estado de união significa promover sempre o desdobramento e a expansão. Significa a experiência em expansão de possibilidades infinitas para a beleza, a vida e a vontade; mas lembrem-se: belo não é o contrário de feio; vida não é o oposto da morte; bom não é o oposto do mau; porque, no estado de união, nunca são ameaçados por um oposto.

Indicações cada vez maiores da unidade

Ao longo da estrada de transição do estado dualista para o de união, é importante entender alguns marcos divisórios, que podem ajudá-los a compreender a sua vida atual. Quando vocês estão envolvidos numa busca severa de si mesmos, quando corajosamente encaram a si mesmos e deparam com verdades atrás de verdades, estabelecendo novas condições para o pensamento, a psique de vocês passa por sublevações profundas. O antigo estado de sofrimento, como vocês sabem, foi conseqüência de idéias falsas. À proporção que estas começam a desmoronar, a destruição pode acarretar mudanças exteriores mais ou menos drásticas.

Quando vocês estão num período de transição, é-lhes possível em alguns níveis chegar ao início da experiência de união. Vocês sentem uma paz e uma alegria profundas a cada momento, independentemente de saber se a experiência está em concordância com o bem desejado. Vocês percebem que todo momento vivo traz em si o potencial para a alegria e para a paz.

Quando são francos consigo mesmos, vocês não têm mais medo de nada, não se apegam demasiado a coisa alguma tampouco insistem em que o bem de vocês lhes seja dado. Nesse momento, estão abertos para que a fonte divina os satisfaça e transmita a realidade da vida num ponto em que nada há a temer e só o bem existe. Vocês podem procurar esse bem sem pressa e lográ-lo exatamente porque sabem que ele lhes pertence. Vocês não têm medo de o perder porque auferem a alegria de ambos os opostos do estado dualista. De maneira breve, isso é, assim como pode ser expresso, a essência do estado de união.

Ora, esse estado pode começar a existir parcialmente, em particular em certas áreas da vida da pessoa. Vocês ainda não chegaram à transição completa ao despertar, em que descobrem que a verdade da vida sempre existiu para vocês sem necessidade de temer coisa alguma nem de ansiar por algo; mas a consciência que está vindo à luz promove posteriormente um desenvolvimento e um enriquecimento cada vez maiores nas circunstâncias exteriores, e de modo tão harmonioso e orgânico, que tudo talvez pareça coincidência.

As melhorias exteriores podem ou não coincidir com idéias e ideais que vocês têm conservado no plano dualista, mas o modo como vocês alimentam essas idéias e ideais é inteiramente diferente. Por outras palavras, as metas podem continuar inalteradas, mas a experiência que vocês têm delas será distinta. Também, mesmo quando vocês não tiverem alcançado um objetivo, não sofrerão como sofreram ao perceber a realidade de maneira dualista. O desenvolvimento no estado de união se manifesta definitivamente na confiança cada vez maior no eu, na vida. O desenvolvimento também traz em si uma alegria e uma paz que tornam cada momento emocionante, interessante e isento de angústia ou de aborrecimento. Cada instante é rico em possibilidades e abriga perspectivas maiores e desconhecidas da percepção.

Ao mesmo tempo, vocês continuam a reagir da mesma forma — com medo, desconfiança, angústia, desespero e egoísmo férreo — comumente nos momentos em que a psique se vê atormentada pelas imagens, pelos padrões de comportamento neurótico e pelas idéias equivocadas, tão profundamente arraigadas, que vocês precisam de um trabalho mais prolongado e paciente para mudar sua imagem interior. O outro lado alcança muito lentamente, por assim dizer, o lado de que já está bem próximo e em parte numa nova terra, onde a luz jamais é ameaçada pela escuridão.

O erro deve desmoronar

Vocês criaram o velho estado sobre os alicerces do erro, e esses fundamentos devem primeiro desmoronar antes de se assentarem as bases dos verdadeiros conceitos. As estruturas formadas com base em conceitos errôneos inevitavelmente devem ser destruídas. Essa lei indica a falsidade do dualismo, cujo sinal inequívoco é sempre a percepção de que uma posição é linear e inalteravelmente desejável, e de que o seu oposto é indesejável. Assim, vocês se apegam à idéia de que a construção é sempre boa, ao passo que a destruição é sempre ruim. A unificação desses dois opostos só pode vir no estado de união na medida em que ambos os lados se reconciliam. Para compreender o estado de união, vocês devem reconhecer que a destruição (dos erros) pode ser desejável e a construção (dos erros) é indesejável.

Ora, a destruição sempre é um processo doloroso, seja ou não desejável. Enquanto as edificações do erro estão sendo destruídas, a vida pode estar confusa. Vocês se sentem ameaçados e em falta. Exteriormente, até os aspectos aparentemente desejáveis da existência desapareceram, e nenhuma estrutura apropriada os substituiu. Quanto maiores as construções errôneas, mais prolongados os períodos de reviravolta, naturalmente dolorosos; porém, meus amigos, esses períodos só são dolorosos porque vocês compreendem equivocadamente o que está sucedendo e acreditam que se trate de uma recaída e de inadaptação do ponto de vista pessoal. Assim, vocês perdem o estímulo, caem em desespero e resistem ao fluxo que poderia levá-los a um novo estado mental. Este, entretanto, só pode se dar por meio da destruição do antigo estado. Ao se bater contra o movimento orgânico e desejável, vocês prolongam o período de dor, o período de transição — dor principalmente por esse período não ser compreendido. Vocês pensam: "Estamos aqui nos empenhando tanto, mas veja o que acontece apesar disso: tudo parece escapar-nos pelos dedos como areia; não só não encontramos a satisfação, como também acabaram os dias de prazer."

Quando vocês percebem que o desmoronamento da antiga estrutura é desejável porque os velhos hábitos só pareciam dar-lhes satisfação, vocês não clamam por algo que não é de forma alguma uma perda. Tampouco serão levados a crer que não progrediram. Essa condição talvez seja a melhor prova possível de que, num grau maior do que aquele em que vocês podem compreender, vocês estão evoluindo para uma nova realidade, mas ainda resistem a ela porque se recusam terminantemente a deixar que a sua intuição lhe diga para onde o fluxo cósmico da vida os está levando.

Em vez disso, vocês precisam sentir profundamente que o que ocorre não é uma recaída, mas, em vez disso, a destruição do processo antigo que, de fato, é o próprio germe de uma nova construção. Vocês têm de ter consciência de que, no ato de destruir o erro, a verdade estabelece a reconciliação entre a construção e a destruição, e as torna um movimento, em vez de dois opostos em conflito. Por isso, vocês não serão mais desestimulados, nem sofrerão particularmente quando não tiverem esperanças de que sua vida seja diferente, pois terão consciência de que tudo é como deveria ser, como tem de ser; pois a real falta de um bem desejado magoa muito menos quando a pessoa não percebe essa "falta" como um sinal negativo. Quando a pessoa, contudo, acredita que "se eu estivesse onde eu deveria estar, as coisas não aconteceriam dessa forma", a perda é muito mais dolorosa. Quando, em vez disso, vocês vêem esse período de transição como um passo orgânico rumo à completude, vocês descobrem que é muito mais fácil passar pela dor.

Isso não deve ser interpretado como significando que vocês não devem procurar uma solução inteligente para um problema determinado; mas quando encontrarem todas as portas fechadas, quando a vida parecer mostrar-lhes claramente, de dentro de vocês e também do mundo exterior, que não podem achar uma saída, então vocês poderão descansar, certos de que as velhas estruturas baseadas no erro da percepção dualista estão desmoronando. Quando vocês fomentarem essa idéia em seu entendimento, aceitarão o fluxo da vida em vez de se opor a ele.

Eu irradio o desejo profundo e forte, oriundo das regiões mais remotas da consciência universal, para que ele alcance cada um de vocês. Ele os alcançará se vocês aceitarem essa força e a ela se unirem. Ao fazer isso, vocês não querem opor-se à verdade de forma nenhuma, mas buscam a sua verdade interior. Só depois começarão a sentir os efeitos desse poder; mas ele é, não obstante, muito real, em seu fluxo contínuo no fundo do coração de vocês.

Estejam em paz, naquela região profunda de si mesmos em que todas as coisas são uma coisa só.

Capítulo Oito

O Impulso Cósmico Rumo à União

Saudações, meus queridos amigos. Uma grande corrente de força divina e bênçãos flui em torno de vocês como uma força intensa. Atentem a ela, sintonizem-se com ela, e perceberão o sentido de sua realidade. Com a ajuda dela, uma compreensão profunda dessa palestra fará com que vocês dêem um outro passo à frente, na estrada rumo ao conhecimento de si mesmos.

Existe um grande impulso no universo manifesto em que vocês vivem. Esse impulso faz parte do princípio criativo. Já que toda consciência individual também faz parte do mesmo princípio de criação, é constituída da mesma substância, esse impulso deve existir em cada pessoa. Ele é dirigido para a união, do modo como o termo é usado comumente, mas os termos podem perder o seu sentido em função do uso demasiado. O que significa, de fato, união? O que quer dizer união com Deus, ou com o eu divino? Como isso se aplica a um ser humano?

Primeiramente, o projeto total da evolução visa unir a consciência individual. A união como processo cerebral, ou com um Deus intangível, realmente não é união. Só o verdadeiro contato de um indivíduo com outro estabelece as condições necessárias na personalidade para a verdadeira união interior. Portanto, esse impulso rumo à unidade se manifesta como uma força enorme, precipitando os indivíduos uns aos outros, tornando o isolamento doloroso e vazio. A força vital, pois, não consiste apenas num impulso rumo aos outros, mas também no prazer supremo. A vida e o prazer são uma coisa só. A falta de prazer é a deturpação da força vital e advém da oposição ao princípio criador. A vida, o prazer, o contato e a união com os outros constituem a meta do projeto cósmico.

O impulso rumo à união tem por escopo arrancá-los à reclusão. Ele se move rumo ao contato e à fusão. Portanto, seguir o impulso cósmico é coisa abençoada; é animador e, a um só tempo, algo que transmite paz. Contudo, a consciência individual opõe-se a essa força, em função da idéia errônea de que entregar-se a ela significa anulação. Assim, vocês estão na posição paradoxal de acreditar que a vida advém da vida oposta. Por conseguinte, vocês vivem num conflito muito profundo – mais do que os problemas psicológicos que encobrem no decorrer do exame de si mesmos.

Todos esses problemas psicológicos são importantes em si mesmos, em sua amplitude. Eles podem ser experiências negativas na infância, interpretações equivocadas de fatos nesse período, mágoas e medos que vocês não compreenderam nem assimilaram de modo apropriado. Tudo isso deve ser explorado a fim de fazer face a um conflito mais profundo, universal e de caráter metafísico – o conflito do qual ora tratamos. Ele existe porque esse impulso não pode ser eliminado. Trata-se da própria força da evolução, a realidade em tudo o que vive e respira. Ela permeia cada partícula da existência e deve, dessa maneira, existir também no fundo da psique, quer vocês se dêem ou não conta disso.

O medo do impulso rumo à união

O conflito advém do medo e da oposição a esse impulso; a personalidade resiste ao fluxo natural. No grau em que, conscientemente ou não, vocês tornam a força vital equivalente à anulação, vocês se batem contra a própria vida.

Essa é a razão mais profunda para os enganos, os falsos medos e culpas de vocês, para a negatividade e a índole destrutiva de vocês. No fundo do coração, vocês sabem que desconfiam da maior força espiritual e, por isso, da própria vida. A desconfiança gera uma culpa profunda que às vezes se manifesta na superfície na forma de culpas sem justificativas às quais vocês não podem renunciar.

O conflito também se manifesta na forma do medo dos seus instintos mais profundos, de modo que vocês jamais conseguem relaxar e estar desarmados no que concerne a si mesmos. Desde que vocês fazem parte da vida da qual desconfiam, também devem desconfiar do seu próprio ser profundo. Eis por que as pessoas insistem em dividir corpo e espírito e por que o conceito dualista é perpetuado de geração em geração. Vocês parecem encontrar a salvação justamente nessa divisão porque, por meio dela, podem justificar a rejeição do princípio vital como ele se manifesta dentro de vocês. Dessa forma, vocês rotulam aquilo de que têm medo como errado e mau, enquanto afirmam que a negação da sua verdadeira natureza é certa e boa. Vocês justificam essa atitude irracional chamando a atenção para as manifestações mais deturpadas do princípio vital, da corrente de prazer, como se constituísse a prova de sua malignidade. Assim, as pessoas têm pregado no correr dos séculos que o corpo é pecaminoso, ao passo que o espírito é, supostamente, o oposto do corpo e, portanto, bom.

Não é verdade que todas as dificuldades de vocês advêm dessas idéias enganosas, que vocês acolhem como a verdade espiritual máxima. Está mais próximo da verdade afirmar que essas idéias equivocadas derivam do profundo conflito espiritual que os motiva a culpar o grande princípio vital de ser o oposto do que ele de fato é.

O uso indevido dessa grande força de modo nenhum se revela uma aceitação dela, tampouco a confiança nela. É, em vez disso, uma variação na batalha que se dá quando a pessoa se opõe à vida com sua própria natureza. Uma parte de vocês se move rumo aos outros e aceita os seus instintos e a natureza, mas uma outra parte recua desse movimento. Seguem-se a privação, o vazio, a falta de sentido e certa sensação de desperdício. Vocês podem, então, compensar-se em demasia usando a força vital de maneira cega, errada e em função da revolta. Isso leva a experiências carentes de prazer, e parece justificar uma sensação de engano e perigo. Eis aqui, de fato, um tipo de conflito de vida e morte.

Este se manifesta de modo diferente em cada pessoa. Uma coisa, porém, é possível afirmar com certeza: quanto maior o conflito entre entregar-se à força cósmica e opor-se a ela, maior o grau dos sofrimentos e problemas de vocês.

Se vocês não podem deixar-se fluir livremente com a corrente cósmica no nível mais profundo do ser, vocês devem desvirtuar a corrente cósmica dentro de vocês. Já que se opõem à força cósmica e dela desconfiam, e já que a força cósmica se manifesta dentro de vocês, vocês não confiam em si mesmos; mas se quiserem confiar em si mesmos e na sua natureza mais profunda, deverão primeiramente confiar no impulso rumo à unidade. Portanto, quando vocês separam a natureza do princípio divino, ou a sua natureza mais profunda, da confiança no espírito, envolvem-se no maior erro, que leva à maior das confusões. Pois, de que modo a natureza poderia, incluindo a profundidade da sua própria natureza, opor-se ao projeto evolutivo divino?

É o impulso contrário nessa batalha que cria as camadas que parecem justificar a desconfiança que vocês têm quanto ao eu instintivo. Só a coragem para explorar essas camadas os levará à verdade do seu âmago fundamental, que é inteiramente digno de confiança. Isso, todavia, como eu disse, só é passível de ser vivido quando o impulso profundo da natureza, da evolução, do princípio criativo é compreendido. Conquanto o entendimento intelectual a princípio seja útil, ele é menos importante do que o entendimento intuitivo, pois só este fará com que vocês ponham fim a esse conflito.

O conflito bloqueia a força criadora, que é compatível com vocês e com o seu destino. Mesmo que vocês bloqueiem o impulso e se oponham a ele, vocês, apesar de tudo, não podem evitá-lo. Ele sempre leva ao contato com os outros. O grande medo desse contato leva algumas pessoas a recuar temporariamente. Esse recuo, é claro, pode assumir muitas formas: pode manifestar-se na vida e no comportamento de vocês, mas também pode se manifestar de um modo mais sutil. Externamente, vocês podem estar às voltas com contatos, mas, internamente, continuam sem esse envolvimento, isolados, separados. Esse isolamento não pode continuar por muito tempo, porque, em última análise, ele se tornará intolerável. Nada que se oponha ao princípio vital pode ser conservado para sempre. Apesar disso, o princípio vital representa a realidade máxima, e o medo dessa realidade baseia-se na ilusão. Esta não pode ser preservada indefinidamente. A angústia que advém da ilusão só pode ser desfeita quando esse conflito profundo é entendido e valorizado, e quando vocês finalmente se deixam harmonizar com o princípio criador.

Mesmo quando a oposição é grande, o impulso rumo ao contato e à fusão com uma outra pessoa deve permanecer, pois esse é um fato fundamental da criação; mas o impulso contrário, com seu medo, desconfiança e outros sentimentos destrutivos, deve então criar o contato negativo. Todos os seres humanos passam pela experiência de algum impulso contrário, até as pessoas que demonstram relativa integração e que são saudáveis. Ocupemo-nos, porém, das pessoas cujo impulso contrário é relativamente fraco e cuja personalidade predominante afirma a vida e seus instintos mais profundos, e que, portanto, está relativamente isento de conflito. O contato dessas pessoas com os outros será relativamente feliz e sem problemas. O princípio do prazer dessas pessoas criará o altruísmo, o amor genuíno e o supremo prazer.

No mesmo grau em que a oposição ao impulso cósmico gera bloqueios e desequilibra o fluxo cósmico, o contato negativo e doloroso tem de acontecer. O princípio do prazer será ligado a uma situação negativa, criada pelas experiências da infância. Isso torna impossível a satisfação, porque a experiência do prazer é sempre ameaçada pela negatividade que a ela se liga. O indivíduo, assim, é um grão de areia indefeso entre os dois impulsos, e é levado a um contato doloroso. Desse modo, o impulso rumo ao contato, e o medo dele — que se manifesta como um impulso para longe dele — estão ambos presentes. O segundo enseja duas reações fundamentais de defesa: o desejo de magoar ou a sensação de ser magoado, subprodutos inevitáveis do contato. De vez que o princípio do prazer sempre continua um elemento no fluxo vital, ele por força se liga à forma deturpada de contato.

O prazer negativo

O prazer incorporado na força maior da vida humana não pode ser eliminado; porém, quando essa força é desvirtuada, o prazer se torna negativo. Já que o contato parece ferir, o prazer se manifesta no ato de magoar ou ser magoado, em grau maior ou menor. O vínculo entre o pesar e o prazer gera um círculo vicioso. Quanto mais dolorosamente se manifesta o princípio do prazer do impulso cósmico, maior o medo, a culpa, a vergonha, a angústia e a tensão. A oposição aumenta, o conflito aumenta e o círculo vicioso tem prosseguimento.

O problema da evolução para cada ser consciente e singular é, portanto, compreender e viver profundamente esse círculo vicioso sem julgar erradamente a ligação negativa entre o contato, o sofrimento e o princípio do prazer. É preciso que vocês olhem além dela, comprometendo-se com buscar numa atitude aberta, a sua natureza mais profunda. Não confundam as emoções negativas com que depararem pela primeira vez, crendo que sejam a realidade máxima da vida instintiva.

A camada da destrutividade, do egoísmo cego, da desonestidade, bem como dos apegos vergonhosos do princípio do prazer quanto a situações negativas, não constitui a sua natureza mais profunda. É tão-somente uma demonstração, uma conseqüência desse conflito específico, caros amigos. Não me é dado enfatizar isso tanto quanto deveria; pois, quando vocês desconfiam da sua natureza mais íntima, desconfiam de todo o universo espiritual. Uma pessoa não pode existir sem a outra.

Uma questão vem à luz no caminho rumo à libertação quando o problema deve ser enfrentado de ambos os lados: só quando vocês têm a coragem e a honestidade de encarar aquilo de que não gostam em si mesmos é que podem descobrir que a própria energia e substância dessas atitudes é essencialmente construtiva e digna de confiança. Essa compreensão pode transformá-las. Conseqüentemente, os processos vitais tornar-se-ão dignos de confiança e não terão mais de ser alvo de oposição.

De modo contrário, quando vocês consideram a possibilidade de que todo o processo criativo seja digno de confiança, vocês desenvolvem a coragem e a honestidade para transcender os bloqueios que deformam a energia criadora e a substância divina, transformando-os de novo em criatividade.

Confie em seus instintos

É impossível confiar em Deus, na vida e na natureza se se desconfia dos próprios instintos mais profundos. Pois, de onde vêm esses instintos? Eles não podem ser esmagados, tampouco negados, desarraigados ou suplantados à força pelos elementos estranhos que parecem mais palatáveis à alma que tem medo. A única saída é compreender que os instintos mais profundos são bons quando não sofrem interferência; eles fazem parte do poder divino e de maneira nenhuma são nocivos ao desenvolvimento do espírito. Deixar de compreender isso é um dos erros mais trágicos da humanidade, pois nada protela o projeto de evolução tanto quanto essa concepção equivocada, alimentada por pessoas bem-intencionadas e, de outra forma, iluminadas. Esses instintos darão mostras de ser os sustentáculos da luz quando não forem interpretados falsamente, negados e isolados de sua origem divina, numa dualidade artificial que pressupõe que eles sejam maus e os considera opostos da vida divina, da vida espiritual.

Assim, vocês só podem mergulhar em si mesmos quando entendem isso e, por conseguinte, quando deixam de ter medo e de lutar contra vocês mesmos, contra seus instintos, contra o seu corpo, a sua natureza e a natureza como tal.

Essa é a grande luta da humanidade. Ignorar isso, prosseguir com o envolvimento cego da luta, torna-os incapazes de renunciar à sua condição de separação. Dessa maneira, vocês impedem a si mesmos de levar a cabo o seu destino espiritual. Abstêm-se da trégua com seus instintos físicos e emocionais mais profundos. A paz entre o corpo e a alma é uma conseqüência inevitável da compreensão de si mesmo. É errado acreditar que o corpo simplesmente pode ser deixado de parte na grande aventura da integração. Quando ele é posto de lado antes que a integração ocorra, esta continua incompleta.

Esse conflito é tão profundo e universal, que amiúde as pessoas mais iluminadas, evoluídas e, diferentemente da maioria, sem preconceitos, se inquietam quando percebem o conflito em si mesmas. Mesmo que não se adaptem aos pontos de vista estreitos e de negação da vida, a angústia profunda que deriva desse conflito as induz à cegueira no que concerne ao que se passa dentro delas. Sempre que a coragem de vocês vacilar ao deparar com um conflito – do modo como ele se manifesta a nu, nos recessos do seu eu – vocês continuam isolados em certo grau. Continuam envolvidos com a negatividade, a dor e a cisão em vocês mesmos, até que a sua evolução posterior os leve ao ponto em que vocês não têm mais medo do grande fluxo de que fazem parte e que é parte de vocês, da corrente que os leva na direção dos outros e que põe abaixo a muralha do isolamento e da defesa. Então, vocês descobrirão que não só não perdem a sua individualidade, mas, pelo contrário, expandem-na e se tornam mais vocês mesmos.

Agora, alguém tem alguma pergunta sobre esse tópico?

PERGUNTA: Você analisou o impulso cósmico que se torna negativo no indivíduo em certo período do seu desenvolvimento. Poderia explicar isso mais pormenorizadamente?

RESPOSTA: Quando as pessoas se opõem ao seu impulso cósmico e lhe dão combate, o conflito vem à luz. O impulso cósmico sempre continua mais forte do que o impulso contrário, de vez que é uma força primária, enquanto a luta que é travada com ele é secundária e acrescentada. Dessa maneira, vocês ainda são impelidos ao contato; mas seu impulso contrário nega a força fundamental, de modo que a negação se liga à força original, e disso se segue o contato negativo. O verdadeiro contato que ocorre expressa o impulso para os outros; o sofrimento que disso advém expressa o impulso contrário. Na medida em que vocês têm medo do impulso cósmico e do destino a que ele conduz, o amor — que só pode medrar numa atmosfera isenta de medo — deve estar ausente do contato. O medo gera as defesas, as mágoas, a revolta — tudo isso vem fazer parte do contato e se combina com o princípio do prazer.

Isso pode se dar em todo nível da personalidade. O contato negativo que se manifesta na vontade de magoar se expressa na propensão à discórdia, na hostilidade, na agressão. No nível sexual, uma pessoa nessas condições é sádica. O contato negativo que se manifesta quando a pessoa é magoada se expressa em certa tendência para ser usado; vocês sempre conseguirão pôr-se numa posição de desvantagem; vocês são levados a modelos de comportamento nocivos. No nível sexual, as pessoas assim são masoquistas. Ora, evidentemente, uma pessoa não é apenas uma ou outra coisa; ambos os elementos sempre estão representados numa personalidade, mas só um deles pode predominar na superfície. Por exemplo, pelo simples fato de você ter medo da sua crueldade, da sua necessidade de ter prazer magoando os outros, vocês podem inverter isso e voltá-lo contra si mesmos. Já que tudo ocorre num nível de ignorância e inconsciência, vocês não sabem o que estão fazendo; não sabem de que modo são levados e, assim, são incapazes de frear o processo de destruição.

Esta palestra tem por objetivo ajudá-los a compreender que a constituição psicológica de vocês tem uma origem muito mais profunda do que comumente se supõe. Essa origem mais profunda é o conflito metafísico de grandes dimensões em cada ser humano. Quando isso é percebido e vivido, é muito mais fácil eliminar os desvios psicológicos que parecem ter-se originado nesta vida. Por outro lado, é preciso que também se compreenda que a luta cósmica não pode tornar-se sequer vagamente consciente, a não ser que vocês tenham uma introvisão considerável da percepção do próprio inconsciente.

Falei-lhes sobre um tópico que vocês podem tornar de novo, se quiserem, uma incursão mais aprofundada no seu eu profundo. Usem-na, explorem-na; não tenham medo do seu eu mais profundo. Fugir dele é trágico, porque vocês impõem a si mesmos muito sofrimento desnecessário. Nada gera tanto sofrimento quanto fugir do eu. Vocês não têm nada a temer, absolutamente nada. Olhem sempre para dentro de si mesmos profundamente, sem atitudes defensivas, sem angústia. Quanto mais vocês fizerem isso, mais preparados estarão para fazer contato com os outros. Quanto mais fugirem de si mesmos, mais superficial, problemático e decepcionante será esse contato.

Fiquem em paz, meus amigos! Sejam abençoados, estejam em Deus!

Parte Quatro

A Relação do Ego com o Verdadeiro Eu

"A vida faz um apelo."

"O chamado da vida é universal no sentido de que almeja o despertar do eu verdadeiro, que é a realidade absoluta."

"O ego bloqueia o eu verdadeiro."

"A transformação do caráter é uma necessidade absoluta para se pôr de lado a identificação do ego."

Todas essas citações foram tiradas do primeiro capítulo desta seção.

O *Pathwork* ensina que é essencial aprender a confiar nos seus instintos mais profundos, porque eles advêm do "eu verdadeiro".

Enquanto eu tento descobrir o meu eu verdadeiro e vivo com mais harmonia em relação a ele, aquilo com que me deparo mais vezes é a parte de mim mesmo conhecida como ego – a função executiva em mim que escolhe, planeja e tenta sistematicamente aumentar minha satisfação pessoal. Freqüentemente, posso perceber que esse executor ocupado e determinado não é o meu eu verdadeiro; contudo, qual deveria ser a minha atitude com respeito ao ego?

Este é um desenvolvimento evolutivo nos seres humanos. Posso supor que, nos homens mais primitivos da Idade da Pedra, o ego mal estava presente. A consciência desses homens era tribal e sua consciência de si mesmos era limitada. A impressão de ser uma criatura isolada era muito mais fraca do que é em nós atualmente. À proporção que a evolução tinha curso, a consciência de si mesmo aumentava. Isso era uma coisa necessária e acertada.

À medida que se sucederam os milênios e as encarnações, a consciência que os seres humanos tinham do eu desenvolveu-se e expandiu-se. Isso foi acompanhado da consciência cada vez maior da individualidade, de um "eu" distante da tribo, um "eu" a que se pudesse referir tanto nas decisões tomadas no dia-a-dia como nas complexidades cada vez maiores da vida. Dessarte, o ego veio à luz, e com ele trouxe, a par de benefícios imensos, grandes desafios para o desenvolvimento pessoal e espiritual.

A conseqüência da presença do ego em nossa consciência moderna é o conhecimento claro de que *eu* sou responsável pela minha vida: por *toda* a minha vida, as lutas bem como as conquistas. Essa convicção é absolutamente necessária para que o desenvolvimento e a mudança ocorram. Porém, até mesmo depois que eu concordo com essa verdade, ainda pode haver grande confusão quanto a que parte de mim realiza a criação positiva da minha vida e que parte continua a me impor limites. Seria o meu ego o meu eu mais verdadeiro e real, ou seria ele um obstáculo de egoísmo e visão estreita para o conhecimento mais profundo? Eu deveria cultivá-lo ou pôr um fim a esse hábito? Ou deveria fazer alguma outra coisa?

A linguagem usada por alguns caminhos espirituais parece indicar uma atitude de que o ego é o inimigo. Fazem-se referências à necessidade de eliminar o ego ou de subjugá-lo, ou mesmo esquecê-lo.

A posição do *Pathwork* é um tanto diversa. O *Pathwork* afirma que o problema para a maioria das pessoas, pelo menos no início, é que o seu ego não é forte *o bastante*; e são dadas instruções sobre como fortalecer o ego. Não se faz isso pelo seu próprio bem, mas porque só um ego forte tem a capacidade de dar-se em entrega à liderança do verdadeiro eu.

Um ego forte é aquele que aprendeu a sê-lo num sentido positivo, em vez de ser tão-somente dominador e voltado para si mesmo. Quando tivermos desenvolvido um ego forte e positivo, a tarefa será transpor o ego e descobrir que, ao fazer isso, podemos achar uma fonte de sabedoria e felicidade muito maiores. O ego continua a ser a maior parte de nós, mas ele muda de posição. Em vez de acreditar que ele é o capitão do navio, ele passa a ser um dos leais e humildes membros da tripulação.

Nos estágios iniciais da transição para o eu verdadeiro, contudo, descobrimos que *o ego é muito relutante quanto a ser ultrapassado.* De fato, o ego não raro fará tudo o que estiver ao seu alcance para impedir que o verdadeiro eu venha à luz.

Assim, o problema passa a ser: estou trabalhando para mudar a mim mesmo. Percebo que o meu eu resiste muito a essa mudança e procura pôr a perder o trabalho a cada oportunidade. Por vezes, parece que a única coisa com que posso contar para fazer isso é o próprio eu, que também estou tentando mudar e que às vezes é muito relutante quanto a ser mudado.

Isso é uma série de enigmas, de caixinhas dentro de outras caixinhas, com que deparam todos os seriamente empenhados em seguir essa senda espiritual. É isso o que torna difícil a tarefa; mas ela não é impossível, e nos será revelada uma saída para os impasses e obstáculos.

Em última análise, tudo o que de nós se requer é um *compromisso total.* "Só os que, consciente e deliberadamente, se comprometem de uma vez por todas com viver sua vida para o propósito fundamental de animar o eu verdadeiro podem descobrir a paz interior."

D. T.

Capítulo Nove

Respondendo ao Chamado da Vida

Saudações, meus caros amigos. As bênçãos dadas são a força e o poder que emanam da sinceridade e do amor de todos os envolvidos nesta aventura.

A vida faz um apelo. Faz um pedido a cada ser humano vivo. A maioria das pessoas não percebe esse chamado. Só quando vocês se tornam conscientes das suas ilusões é que podem ao mesmo tempo tornar-se mais conscientes da verdade em si mesmos e, portanto, da vida. Por conseguinte, entenderão em cada momento o que o chamado da vida lhes quer transmitir. Como reagem a ele? Reagem com todo o seu ser? Ou reagem de modo insincero? Ou mesmo relutam em reagir, e fazem ouvidos surdos a ele? Eis a grande questão, meus amigos.

O chamado da vida se manifesta de maneira diferente para cada pessoa. Ele é a um só tempo universal e notadamente pessoal. É universal no sentido de que visa exclusivamente despertar o verdadeiro eu, a realidade absoluta. Realiza-se nisso de um modo totalmente distante do sentimental. Ele desconsidera os apegos pessoais, as considerações sociais e quaisquer outros valores periféricos, incluindo o sofrimento ou o prazer da pessoa.

Se despertar o eu verdadeiro requer o que temporariamente se afigura como destruição, esta não se tornará o trabalho de base da verdadeira vida interior, a preparação necessária para despertar o cerne interior. Se o despertar traz o que também lhes ocorre como mais prazeroso, a própria experiência do prazer testifica que vocês têm uma sintonia maior com o verdadeiro eu do que lhes é dado compreender.

As atitudes derrotistas e moralistas por vezes os induzem a rechaçar tudo o que os possa levar ao seu destino e à satisfação, justamente porque trazem alegria, visto que vocês alimentam a idéia equivocada de que a compreensão de si mesmos deve de imediato significar privação e auto-sacrifício. Se as condições de vida de vocês, mais cedo ou mais tarde, não contribuírem com a integração de vocês no verdadeiro eu, elas inevitavelmente serão eliminadas. As condições que favorecem o despertar do verdadeiro eu trazem paz, alegria, bem-estar e muito prazer. Tal é o fluxo vital, por vezes bloqueado pela resistência contumaz da humanidade no que diz respeito a encará-lo.

O chamado da vida é universal. A atitude necessária para despertar o cerne interior segue os valores universais. A verdade, o amor e a beleza são aspectos universais do fluxo vital verdadeiro. A existência do ego isolado também é um estado geral que afeta todas as pessoas; entretanto, o modo como o ego bloqueia o eu verdadeiro é um problema pessoal; o que é universal é o fato de que a transformação do caráter da pessoa é uma coisa necessária para se deixar que o fluxo da vida emane livremente. Voltaremos posteriormente ao tema da transformação.

Esses princípios universais podem ser reconhecidos intelectualmente; contudo, não são por força sentidos nem vividos. Isso só pode acontecer quando a experiência pessoal do fluxo vital é reconhecida e quando reagimos a ela. Portanto, qualquer senda que leve ao autoconhecimento genuíno deve ser sobretudo pessoal e tem de lidar com problemas notadamente pessoais.

Os que acham que assimilar a verdade geral e reunir mais crenças verdadeiras pode levar a efeito a realização do objetivo enganam-se. Assim fazem porque não querem encarar a verdade de quem são no momento; preferem uma idealização de si mesmos. Sua própria evasão os deixa mais distantes da meta do que a honesta confissão de que não querem encarar-se a si próprios, não querem ter as emoções de que têm receio ou que desaprovam, e, sobretudo, não querem corrigir os defeitos de seu caráter. A ativação real – não teórica – do verdadeiro eu, com sua vida vibrante, sua fartura sem limites, suas possibilidades infinitas para o bem, a par de sua sabedoria e alegria supremas, ocorre na medida em que você ousa dar uma olhada na verdade transitória de vocês mesmos. Isso implica sentir o que sentem; ter coragem para se transformar num ser humano melhor apenas pela vontade de contribuir com a vida, em vez de tão-só causar impressão e granjear simpatia. Quando as barreiras imediatas à transformação são superadas para o seu próprio bem, o eu verdadeiro, com todos os seus tesouros, manifesta-se claramente.

Você tem vergonha de quem você é neste momento?

Um dos obstáculos é a vergonha de ser quem você é. Essa vergonha faz com que vocês levantem uma muralha de segredos que os deixa sozinhos. A solidão pode ser negada ou racionalizada; é possível pôr a culpa em outras circunstâncias. Na realidade, vocês têm vontade de esconder de si mesmos e dos outros o eu que os separa deles. Nos recessos da mente, vocês têm medo de que sejam diferentes das outras pessoas, de que sejam piores do que elas, e a vergonha dessa diferença não pode ser exposta. Essa mesma convicção secreta os aprisiona na ilusão particular da sua condição de isolamento, privando-os de descobrir o seu caráter universal, que oferece a sua atmosfera de cura para a psique. Uma vez mais, isso não pode ser realizado pela compreensão teórica, mas só por meio da experiência real daqueles aspectos que vocês ainda escondem de si mesmos. Estes são precisamente as principais barreiras que os separam do fluxo da existência. A solidão da condição secreta não pode ser aliviada, independentemente do quanto as circunstâncias exteriores são favoráveis. Essa solidão só pode ser aliviada quando vocês sobrepujam o orgulho oculto pela vergonha. O trabalho pessoal de dominar o orgulho leva à compreensão dos valores universais que, sozinhos, podem dar-lhes a coragem para acompanhar o fluxo da vida.

O eu universal por vezes contradita as regras exteriores que advêm do eu-ego da humanidade. Portanto, não importa quantas pessoas se revoltam com a conformidade e com as leis sociais, elas ainda estão limitadas ao eu-ego, profundamente mergulhadas na luta dualista da conformidade (e na submissão que ela requer) *versus* rebelião e enfrentamento. A verdadeira emancipação das leis exteriores do ego não requer conformidade nem revolta. Ela age sobre os valores interiores que podem ou não coincidir com os ditames da sociedade. Em nenhum dos casos a pessoa que cultiva os valores interiores será prejudicada. Ela tornar-se-á mais íntegra, mesmo em épocas de revolução transitória.

A chave não está tão escondida quanto parece. Apenas perguntem se vocês estão motivados pelo amor e pela verdade, e se têm um total compromisso com vocês mesmos quanto ao desenvolvimento da honestidade e da integridade nessa questão particular, independentemente da opinião pública. Vocês esquecerão o medo, o orgulho, o egoísmo e lutarão para conseguir a voz do divino em vocês, uma vez mais, independentemente das aparências? Esse caminho sempre está aberto, e, toda vez que optarem por ele, ele os libertará da luta com o ego. Suas soluções lhes causarão menos sofrimento e angústia. Vocês inevitavelmente terão respostas que reconciliarão seu conflito e lhes trarão paz.

O chamado da vida despreza a moralidade superficial a que aderem ardentemente a maioria das pessoas, ou a que ardentemente dão combate. Essa moralidade baseia-se no medo da desaprovação. As pessoas podem combatê-la porque, em sua mente, bondade é sinônimo de privação. O chamado da vida despreza as aparências exteriores e o sentimentalismo estreito. Ele surge com vistas a levar as pessoas ao que lhes pertence de direito, visto que se baseia inteiramente em valores universais. Tudo o que importa está presente nele.

Por que a humanidade trava essa batalha contra a satisfação do seu destino, quando este não lhe traz senão o bem? Por que vocês relutam em dar ouvidos ao chamado da vida, já que ele lhes traz tudo o que é seguro, bom, produtivo e alegre? Essa é a batalha trágica da humanidade. Por um lado, vocês estão bastante perturbados em função da insegurança da existência. Vocês percebem o desperdício da sua vida enquanto aderem exclusivamente ao eu exterior e, portanto, a valores exteriores. Por outro lado, vocês fazem tudo que está ao seu alcance para conservar a própria infelicidade. Com efeito, procuram cada vez mais meios de reforçar sua identificação com o ego: mais caminhos exteriores, mais atividades exteriores, mais crenças e válvulas de escape exteriores. Por vezes, vocês podem ser bem-sucedidos apenas em fazer ouvidos moucos à voz que vem do mais fundo de vocês mesmos. Outras vezes, sentem uma enorme inquietação, mas se recusam a compreendê-la.

Vocês precisam se comprometer inteiramente

Só os que consciente e deliberadamente tomam a decisão e se comprometem de uma vez por todas com viver a vida segundo o objetivo fundamental de despertar o verdadeiro eu podem encontrar a profunda paz interior, que existe mesmo quando as ilusões ainda impedem o total conhecimento de si mesmos.

Que cada um de vocês que lêem estas palavras questionem por que estão nesse caminho. Qual é a missão de vocês na vida? Vocês só vivem para tirar proveito ao máximo? Prosseguem com o trabalho nesse caminho porque existem certos sintomas que vocês gostariam de debelar e que vocês sentem que interferem desagradavelmente na vida de vocês? Com certeza, vocês estão livres para agir assim; mas compreendam o sentido mais profundo que está por trás disso. Enquanto visam tão-somente acabar com certos efeitos da identificação com o seu ego, porque ignoram ou temem a ativação do verdadeiro eu, outros sintomas dessa doença fundamental aparecem. O bem-estar total não pode se dar, mesmo que vocês tenham êxito em debelar os estados de sofrimento e de privação passageiros. Há uma grande diferença entre essas duas metas. Enquanto vocês não conseguem orientar-se completamente com vistas a ativar o seu verdadeiro eu, não podem conhecer a verdadeira segurança, a verdadeira paz e o verdadeiro bem-estar. Tampouco podem usar o armazém de potenciais que existe em vocês, ou ser livres para se valer das fontes ilimitadas do universo em seu próprio benefício. Não ser capaz de fazer qualquer uma dessas coisas, não poder ser o que se pode ser, é um sofrimento terrível que a pessoa tem de aceitar viver conscientemente a fim de ter o estímulo para fazer algo sobre isso.

Em comparação, a procura do ego, independentemente da magnitude dos seus empreendimentos, nunca lhes dará paz e segurança, tampouco a sensação de serem vocês o melhor que podem ser. O impulso do ego pode dar-lhes a impressão de lhes conferir poder sobre os outros, mas não pode dar-lhes autonomia e independência, de modo que, mais cedo ou mais tarde, a ilusão de poder sobre os outros se revela falsa.

Advirto todos os que procuram ajuda para definir seus objetivos muito claramente. Qual é a meta de vocês? Até onde planejam ir? Comprometem-se inteiramente? Visualizem os sintomas específicos que querem eliminar. Qualquer perturbação é tão-só um sintoma do mal fundamental que advém da identificação exclusiva com o ego, independentemente do nome que vocês lhe dêem: neurose, doença, distorção, infelicidade. Vocês simplesmente estão livres para acabar com esses sintomas. Considerem o que a eliminação dos sintomas significa por si só para o futuro de vocês. O que vocês podem antever depois disso? O que mais vocês podem imaginar como possível? O que é esse mais? Como seria sua vida com esse mais? Ou vocês se comprometem totalmente com descobrir quem na verdade são, o que lhes é possível?

Eu acho que os que realmente pensam sobre isso e se aferram adequadamente a todo o sentido dessa importante pergunta, questionando claramente a si mesmos sem ilusões, reagirão à vida com todo o seu ser. Vamos analisar esse compromisso com o eu real.

É possível que vocês tenham percebido em certo grau, depois de fazer algumas meditações, que o universo traz em si o bem ilimitado, disponível a vocês, se estiverem abertos a isso. Há momentos em que vocês sentem vivamente essa verdade e sabem, sem sombra de dúvida, que sua experiência não é coincidência e tampouco ilusão; vocês sabem que é um fato. Quando as coisas são assim, toda a atitude de vocês é transparente, livre e tranqüila. Vocês estão profundamente convencidos da sua verdade e nela confiam; sentem-se merecedores e, portanto, não recuam da satisfação; por isso, ela chega. Todo o ser de vocês está em harmonia com uma vibração positiva e construtiva, sem perturbação nenhuma. Vocês não se sentem egoístas por quererem a beleza; tampouco reprimem o que têm de melhor.

Entretanto, também há ocasiões em que as coisas não ocorrem dessa maneira. Mesmo que em certas áreas da vida vocês já tenham passado pela experiência dessas manifestações positivas, em outras áreas vocês não podem ir até o fim. Não adianta tentar chegar a esse bem indiferenciado com o eu-ego de vocês. Quando o verdadeiro eu está bloqueado, as portas para o seu universo benigno estão fechadas. Isso não se dá porque algum censor resolveu que vocês não são dignos dessa ou daquela satisfação determinada; isso ocorre apenas porque algo em vocês barra a passagem, e esse algo deve ser encontrado para que vocês o possam eliminar.

Seja qual for o bloqueio, ele faz com que vocês tenham medo de se livrar do ego, de modo que vocês continuam concentrados nele, voltados para ele. Esse ego é incompatível com o mundo unificado de todo bem, de vez que ele está apartado desse mundo na dualidade. Ele só pode estar aberto ao bem parcial, para o qual existe – como sempre, na dualidade – um outro lado, indesejável. Este pode enfraquecer a vontade para o bem – de modo inteiramente inconsciente. Além disso, tudo o que se posta no caminho da libertação quanto ao ego é sempre, quando totalmente revelado e compreendido, algo que prejudica a integridade da pessoa e desvirtua a formação do caráter. Daí, a consciência interior profunda sente-se indigna de todo bem e dele se afasta. Essa própria insegurança da integridade faz com que a personalidade seja incapaz de suportar o bem mesmo quando ele existe.

Só o eu total pode se relacionar com o bem total e unir-se a ele. Vocês podem pôr isso à prova neste momento. Pensem em algum problema em que estão trabalhando, seja ele um problema exterior que vocês querem mudar, ou uma condição interior que querem superar. Meditem, expandam-se e empenhem-se em favor desse objetivo. Afirmem essa meta como um todo. Quantas vezes lhes acontece sentir que é impossível fazer isso! Façam a experiência.

Embora realmente queiram afirmar seus objetivos, vocês ainda os consideram impossíveis. Há alguma parede que os impede de atravessar. Em nenhuma circunstância, essa parede deve ser desprezada ou esquecida. Vocês jamais devem valer-se da pressão da vontade para superar o "não" dessa parede. Forçar as coisas dessa maneira os deixará mais longe do seu eu real e, portanto, da realidade da vida em que todo bem se acha disponível. Em vez disso, vocês têm de interpretar o sentido da parede. Traduzam-no em palavras claras. Quer vocês duvidem que podem alcançar sua meta, quer se sintam culpados sobre alcançá-la, quer tenham a impressão de não a merecer, ou tenham medo das exigências da vida quando a tiverem alcançado, essas coisas não contribuem para a resposta final. Essa reserva em vocês deve-se ligar a um desvio do caráter que vocês ainda não descobriram e tampouco querem descobrir, porque não querem desistir dele.

A transformação do caráter é uma necessidade absoluta para abandonar a identificação com o ego. Quando eu digo "abandonar", não entendo a palavra no sentido de abandonar o ego, mas de usá-lo como um instrumento para encontrar o ser interior e depois fazer com que o ego se integre nele. Dever-se-ia entender que essa integração só é possível quando certos defeitos de caráter já foram transformados ou quando a pessoa está verdadeiramente disposta a transformá-los com toda a sinceridade e sem rebuços. Deve haver um compromisso total, sem fingimento nem teatro. Quando essa é a sua reação à vida como um todo, o fluxo vital se torna discernível, e sua orientação e significado passam a ser uma presença importante na vida de vocês.

O conflito profundo do dualismo

Ora, por que vocês estão com tanto medo desse compromisso total com a vida?; de deixar de lado a identificação com o ego?; das manifestações positivas que podem torná-los pessoas melhores? Por que vocês relutam com relação ao bem e se empenham em conservar a luta dolorosa e o conflito insolúvel? Por que vocês têm medo do bem que pode libertá-los? E por que depositam sua fé no ego que aprisiona o pequeno eu exterior e os pequenos valores exteriores? Existem várias respostas para essas perguntas, a depender do ponto de vista. Adotemos a seguinte abordagem.

Quando vocês duvidam de uma realidade mais ampla e não lhe dão uma oportunidade, permanecem num mundo de dualidade. Como sabem, esse mundo dualista é caracterizado pelo conflito seguinte: "Se eu for altruísta, acabarei sofrendo. Não quero sofrer. Mas se seu for egoísta, serei rejeitado, desprezado, não serei amado, vão me deixar sozinho. E isso é, também, sofrimento." Nessa batalha, vocês avançam e recuam, procurando uma saída. Quanto mais acreditam na "verdade" inevitável dessas duas alternativas, mais são obrigados a passar por experiências na vida de acordo com elas. Vocês não ousam ser altruístas; não conseguem querer inteiramente ser altruístas, já que isso significa desistir do que vocês acreditam seja a satisfação pessoal e a felicidade. Tampouco são capazes de se comprometer inteiramente com a vida egoísta – em parte, devido à existência sempre presente do verdadeiro eu de vocês, em parte porque têm medo da opinião dos outros. Essa é a tragédia dessa luta sem sentido. Vocês não podem se desembaraçar de suas meadas enquanto se identificam com os valores, com as regras e conceitos da lógica do ego, e enquanto confiam neles.

Quando quiserem se transformar, terão de desistir do egoísmo e do desejo de malbaratar a vida, de enganar-se a si mesmos e aos outros. Vocês não podem se arriscar a tanto, porque isso implica o sacrifício de tudo o que querem; contudo, o estado de maior sofrimento é a indecisão, e isso é verdadeiro em todos os níveis. Trata-se do destino de vocês enquanto vocês não tiverem transcendido o nível egóico da realidade. Vocês não podem reconciliar satisfação e altruísmo, de modo que continuam indecisos; continuam a vacilar entre dois campos. Se muitas pessoas fossem totalmente capazes de se comprometer com uma vida de egoísmo, em pouco tempo sairiam dela porque reconheceriam que tal existência não leva a parte alguma, não leva à salvação que elas buscam de maneira frívola em ambos os campos.

Todos vocês fazem parte dessa luta, cada um de vocês. Todos os problemas de vocês são uma expressão e uma conseqüência direta dessa dualidade. Atentem para os seus problemas, mergulhem fundo neles, e verão que as coisas são realmente assim. Vocês têm medo dos impulsos do eu maior e mais sábio, mas não podem querer comprometer-se com ele apaixonadamente enquanto acreditam que alguma desvantagem será conseqüência dessa decisão.

Que vocês só são capazes de alcançar e de receber o bem do universo quando as suas faltas forem superadas pode, à primeira vista, parecer a idéia que envolve recompensa e castigo. Eu posso dizer que essa idéia é uma deturpação do processo que expliquei. A recompensa e o castigo pressupõem uma autoridade exterior que distribui o que cabe a cada pessoa pelas suas ações e atitudes. Supõe-se, por vezes, que a recompensa ou o castigo só acontecem numa vida futura.

Vocês não podem ter o melhor a menos que dêem o melhor

O que explico, contudo, é um mecanismo que ocorre na personalidade. O eu mais íntimo está consciente da incoerência de procurar o melhor enquanto existe a recusa de dar o melhor. Ademais, conseguir o melhor é um fardo de que a pessoa tem medo quando não está disposta a também dar o melhor. De modo inverso, dar o melhor de si é impossível quando a pessoa associa isso ao sacrifício e à desvantagem. A própria existência de uma crença no castigo e na recompensa encobre o fundo desespero de que o altruísmo traz a privação, de modo que a pessoa é obrigada a refrear todo o desejo de amar e doar-se. As recompensas e castigos, independentemente de suas formas, são compensações para a realidade intolerável, percebida na dualidade.

Quando o eu verdadeiro é ativado, esse conflito não existe mais. É possível ativar o eu real quando esse conflito particular é revelado em vocês. Na realidade do centro interior, essa cisão não existe mais. Vocês descobrirão que é igualmente possível dar de si mesmos inteiramente, amar, ser altruístas, humildes, renunciar ao egocentrismo da criança assustada, deixar que os outros sejam livres, independentemente do que isso signifique para vocês, e, no entanto, não serem perdedores. Em pouco tempo, o sentimento de não ser necessariamente um perdedor se transformará na convicção de que é possível ser um vencedor. Primeiramente, vocês entenderão que ser um vencedor é possível; depois, que isso está inextricavelmente ligado à bondade. Tudo isso acontecerá, porque vocês estão livres para querer ambas as coisas.

Quando vocês assumirem a transformação dos próprios defeitos, gostarão de si mesmos o bastante para se abrirem a todo o bem que aspira vir a vocês. Quando começarem a ser bem-sucedidos nessa transformação, serão fortes o suficiente para suportar a felicidade. Vocês podem se afirmar mais quando estão no processo de transformar tudo o que os faz não gostar de si mesmos, estejam ou não conscientes desse desgosto por si mesmos, estejam ou não projetando ainda o ódio de si mesmos nos outros. Então, vocês compreenderão a verdade da realidade absoluta e do seu verdadeiro eu, a verdade de que não existe nenhum limite para a expansão. Por meio desse desdobramento, a intuição de vocês se tornará forte e confiável. Vocês atentarão para as exigências do fluxo vital na vida de vocês. Vocês terão coragem para seguir com ele, quer se conformem ou não com as suas expectativas, regras e valores. Enquanto estiverem muito determinados a seguir os valores interiores, os valores exteriores deixarão de ser importantes, quer na sua mente, quer nas manifestações exteriores da existência. Portanto, vocês não terão mais medo quando a vida não se adaptar à convenção. Em pouco tempo, a vida exterior lhes parecerá propícia e sem nenhum conflito. Vocês e o mundo estarão em harmonia.

As duas chaves importantes

Há duas chaves importantes para vocês nesta palestra, chaves que vocês podem estar procurando com o objetivo de sair de algum apuro momentâneo. Vou recaptulá-las brevemente:

1. Qual é o objetivo de vocês na vida? Qual o objetivo de vocês neste caminho? Até onde pretendem ir? Estão interessados em apenas acabar com alguns sintomas? Ou querem o total autoconhecimento, a ativação de um centro interior em que há todo o bem, toda a proteção contra a angústia, a insegurança e a confusão? Se vocês querem, estão dispostos a pagar o preço da perseverança, do total compromisso? Este lhes revela grandes possibilidades. Os potenciais ilimitados do ser mais íntimo de vocês permitem-lhes compreender o bem ilimitado.

2. Determinem o momento exato em que os desejos positivos de vocês são bloqueados, e, então, procurem descobrir que defeito de caráter não lhes permite deixar de lado as atitudes destrutivas e de negação de si mesmos. Afirmem claramente que vocês querem descobrir isso. Quando o perceberem, ainda haverá tempo para decidir se querem ou não desistir disso. Se não quiserem, descubram por quê. A insistência em apegar-se a algo que lhes viola a integridade e a bondade reprime o que vocês têm de melhor a oferecer, a melhor parte de quem vocês são. E isso abala o respeito que vocês têm por si mesmos. Talvez não seja uma manifestação exterior bombástica; talvez seja um ligeiro desvio oculto que não parece prejudicar ninguém, mas que sempre prejudica, estejam ou não conscientes disso.

O progresso vivido intensamente por alguns de vocês está em exata proporção com a boa vontade e disponibilidade de vocês. Não há mistério algum sobre o que traz o progresso, pois ele se dá quando existem boa vontade e disponibilidade. Aqueles dentre vocês que não estão satisfeitos com o seu progresso deveriam questionar-se profunda e sinceramente: "Onde vacilei? Em que ponto eu não quis seguir em frente? Quando foi que perdi a lucidez quanto aos meus objetivos? A que altura da vida perdi o vínculo com o objetivo como agora, por não querer me expor?" Vocês evitam encarar o fato de que hesitam com medo e com vergonha; essas coisas são obstáculos desnecessários que vocês usam para fechar as portas à libertação.

Aqueles dentre vocês que fizeram progressos e vivem a emoção de uma nova vida por vir têm de procurar muito mais, pois agora vocês haverão de consolidar as suas forças. Vocês serão capazes de ativá-las cada vez mais a fim de superar os obstáculos das ilusões que ainda nutrem e de se orientar para o que é eterno dentro de vocês mesmos, o que sempre é infenso a conflitos e dores. Vocês aprenderão a sentir isso como uma realidade viva.

Sejam abençoados. Recebam o fluxo da força e do amor. Fiquem em paz. Fiquem com Deus!

Capítulo Dez

A Verdadeira Função do Ego

Saudações, meus caros amigos. Possam as bênçãos e a força, a compreensão da verdade e o fluxo vital da energia universal encher o coração de vocês e ampará-los.

A consciência de nossos medos

Nesse caminho difícil da autocompreensão, muitos de nossos amigos chegam a encruzilhadas em que deparam com uma antiga paisagem interior – o medo: da vida, da morte, do prazer, de perder o controle das coisas, dos sentimentos – o medo de *existir*, como tal. Como vocês sabem, estar consciente desses medos requer certa dose de embate consigo mesmo. Esses medos comumente estão encobertos, mas, apesar disso, são reais.

À proporção que aumenta a consciência desses medos, a pessoa, lenta e involuntariamente, também se torna consciente dos efeitos que esses medos, até agora inconscientes, têm sobre sua vida – daquilo a que eles obrigam a pessoa a fazer e do modo como fazem alguém fugir da vida. A pessoa começa então a compreender esses sentimentos vagos de perder oportunidades na vida, que afloram sem que se saiba por quê, e também começa a entender quanto está perdendo.

A fonte de todos esses medos é a compreensão equivocada da função do ego e de sua relação com o eu verdadeiro. É extremamente difícil e delicado traduzir essa relação em palavras, pois, como com todas as verdades da vida, ela está cheia de aparentes contradições na medida em que vocês se pegam pensando e vivendo dualisticamente. No momento em que transcendem esse dualismo, dois aspectos opostos e talvez mutuamente excludentes se tornam verdadeiros. Isso se aplica ao ego com relação ao eu real. É acertado dizer que a predominância do ego, sua força exagerada, é o maior obstáculo para a vida produtiva. É também correto dizer que um ego fraco é incapaz de ter uma vida saudável.

A ignorância do eu verdadeiro

As tristezas da humanidade se devem sobretudo à sua ignorância sobre o verdadeiro eu. No melhor dos casos, os seres humanos mais iluminados aceitam-lhe a existência na forma de um preceito filosófico, mas isso é totalmente diferente da experiência – a experiência viva, dinâmica – de sua existência. Se as pessoas fossem criadas com a idéia e o objetivo de que trazem em si mesmas algo no fundo do coração, algo que é infinitamente superior ao ego-eu, elas teriam a oportunidade, por meio da experimentação e da exploração, de procurar a comunicação com esse núcleo. Tornar-se-iam capazes de chegar ao seu verdadeiro ser interior.

Já que não é esse o caso, as pessoas se tornam cada vez mais limitadas em seus conceitos e objetivos. Elas ignoram que existe algo mais vivo nelas mesmas, além do ego. Mesmo aqueles dentre vocês que por anos formaram uma idéia do verdadeiro eu, da substância criadora que revitaliza todo ser humano, em noventa e cinco por cento da vida cotidiana esquecem que esse ser criador vive e se move em vocês, e que vocês vivem e se movem nele. Vocês esquecem que ele existe. Não se esforçam para alcançar a sua sabedoria, depositando toda a sua confiança no seu ego exterior limitado. Deixam de se abrir para a verdade mais profunda do eu e dos sentimentos. Seguem placidamente como se não houvesse mais nada senão a mente consciente, o ego-eu, com seus processos de pensamento e com sua força de vontade de acesso imediato. Com essa atitude, vocês se enganam a si mesmos.

Esse esquecimento tem inevitavelmente várias conseqüências. A primeira é o problema da identificação. Quando vocês se identificam exclusivamente com o ego ou com o eu consciente exterior, quando o sentido que têm está predominantemente associado às funções do ego, vocês se tornam completamente desequilibrados e a vida de vocês se esvazia de substância e significado. Já que o ego não pode substituir os muitos recursos do verdadeiro eu, e tampouco pode se aproximar dele, é inevitável que essas pessoas – e elas englobam a maior parte dos seres humanos – se tornam muito medrosas e inseguras. Elas têm a impressão de que estão no lugar errado, e o seu sentido da vida, do modo de viver e do eu torna-se monótono e sem atrativos. Então, a pessoa busca freneticamente prazeres substitutos – que são vazios e a deixam esgotada e insatisfeita.

O ego não pode acrescentar à vida sentimentos profundos e o gosto de viver. Tampouco pode gerar a sabedoria profunda e criadora. O ego só faz memorizar, aprender, coletar o conhecimento de outras pessoas, repetir e copiar. Ele está preparado para lembrar, selecionar e escolher, para constituir a mente, mover-se em dada direção – para fora ou para dentro. São essas as suas funções; mas não é função do ego sentir, passar por experiências profundas e conhecer profundamente, o que equivale a ser criativo. Cada ato da vida pode ser criativo, contanto que vocês sejam ativados pelo verdadeiro eu. Todo ato não é criativo quando vocês estão apartados do verdadeiro eu, independentemente do esforço que despendam nele.

Voltemos aos medos fundamentais das pessoas. Fiz uma lista deles, e os considero à luz dessas informações. Como já disse, esses medos afloram como conseqüência do isolamento do verdadeiro eu e da ignorância, das falsas idéias. Comecemos com o medo da morte, já que é esse medo particular que lança sua sombra na vida de todas as pessoas. Se vocês se identificarem predominantemente com o próprio ego, o medo da morte que terão será realmente justificado, pois o ego, na verdade, morre. Isso pode parecer uma afirmação um tanto assustadora a quantos não passaram pela experiência da verdade e da realidade de seu ser interior. Assustadora principalmente pela razão que acabo de mencionar, a saber, a de que certo sentido de ser, de existir, de que certo sentido do eu existe para muitos por meio da identificação exclusiva com o ego. Eis por que nenhum ser humano que tenha ativado o seu eu real e tenha a experiência dele como uma realidade do dia-a-dia receia a morte. A pessoa sente a sua natureza imortal, tem conhecimento dela, está repleta de sua qualidade eterna; essa natureza só pode ser um *continuum*, pois essa é a sua essência natural. Isso não pode ser explicado pela lógica a que o ego está acostumado; semelhante lógica é por demais limitada para compreender isso.

Eu gostaria de acrescentar aqui que certa aceitação intelectual do verdadeiro eu como um preceito filosófico não diminuirá o medo da morte, porque não pode dar a razão da realidade e da verdadeira experiência do eu real. Isso requer mais. Implica uma compreensão das faculdades do eu verdadeiro.

O medo da vida e do prazer

O medo seguinte na lista seria o medo da vida. Quem quer que tenha medo da vida forçosamente terá medo da morte, e todos os que temem a morte necessariamente temem a vida, porque, na verdade, ambos são o mesmo. Essa afirmação só pode ser verdadeiramente entendida quando a pessoa passa pela experiência do eu real, que reconcilia todos os opostos visíveis. Então, a pessoa percebe que a vida e a morte são os lados iluminados e sombrios de uma dada manifestação da consciência; nada mais, nada menos.

Ora, o medo da vida se jutifica quando o sentido de identificação da pessoa está ligado exclusivamente ao ego, pois as capacidades do ego quanto a fazer face à vida e a vivê-la de maneira produtiva são extremamente limitadas. Com efeito, elas são notadamente insuficientes, e devem deixar a pessoa confusa, insegura e inadaptada. O verdadeiro eu, por outro lado, sempre tem respostas, sempre apresenta soluções, independentemente de qual seja o problema; ele sempre acaba por transformar toda experiência, independentemente de quão desnecessária e fútil ela possa parecer, num degrau importante rumo a uma maior expansão. Ele aumenta a experiência da vida e a compreensão dos potenciais inatos da pessoa. Portanto, tem a capacidade de torná-los mais cheios de vida, mais satisfeitos e cada vez mais fortes.

Com certeza, nada disso se pode dizer acerca do ego. Este constantemente é pego em problemas aparentemente insolúveis, sempre às voltas com conflitos. O ego está adaptado exclusivamente para o nível da dualidade: uma coisa *versus* outra, o certo *versus* o errado, o preto *versus* o branco, o bom *versus* o mau. Como vocês sabem, isso não é adequado para abordar a maior parte dos problemas da vida. À parte o fato de que nenhuma verdade pode ser descoberta se a pessoa olha para um lado como sendo preto e para outro como sendo branco, as dimensões desses problemas incluem muitas outras considerações. O ego é incapaz de transcender o nível dualista, de pôr em harmonia a verdade de ambos os lados, por assim dizer. Por conseguinte, ele não pode encontrar soluções, e se vê eternamente numa armadilha, presa de angústias. Assim, a identificação com o ego imediatamente traz em suas águas o medo da vida.

O próximo na lista pode ser o medo do prazer. Às pessoas dentre vocês cujo exame de si mesmo ainda não chegou a um estágio avançado, essa afirmação pode parecer totalmente absurda – assim como falar em medo de ser feliz. Vocês poderiam dizer a si mesmos, "Isto não serve para mim"; contudo, permitam-me dizer que todos – no grau em que se sentem infelizes, insatisfeitos e vazios – têm medo da felicidade, da satisfação e do prazer, independentemente do quanto se empenhem para senti-los e do quanto anseiem por eles no nível consciente. Assim deve ser; trata-se da equação que deve ser exata. Sua vida demonstra o fato, pois ela jamais é produto das circunstâncias além do seu controle, ou das causas além daquelas que vocês internamente põem em movimento. Ela é sempre a conseqüência da consciência interior.

O medo do prazer, da felicidade e da satisfação é uma realidade aplicável a todos os seres humanos. A princípio, trata-se apenas da questão de se ligar conscientemente a esse medo. No momento em que vocês fazem isso, percebem, por fim, por que sua vida não lhes concede aquilo por que outra parte de vocês tanto anseia. Quanto mais o ego se limita a conseguir o que vocês querem conscientemente, esquecendo que não é ele sozinho que vai obtê-lo, menos possível se torna a satisfação; no entanto, não é o ego consciente que necessariamente cria os bloqueios, mas alguma outra parte do ser, que não é nem o ego nem o eu verdadeiro. O ego consciente, todavia, às vezes é levado cegamente a agir da forma ditada pela parte que nega a vida, a parte inconsciente e que tem medo. Então, isso é racionalizado e explicado inteiramente. Mesmo quando a pessoa adere apenas ao ego-eu ativo com sua consciência, esse ego-eu é apenas um agente passivo, quer vocês saibam ou não disso. A questão é apenas sobre se o ego segue os impulsos destrutivos e enganosos, ou se ele é ativado pelo eu real.

Portanto, é absolutamente essencial que vocês estejam abertos às suas próprias reações interiores que fogem diante da felicidade e do prazer. Para compreender isso nesse contexto, eu gostaria de lhes dizer o seguinte: se vocês tiram o sentido do eu apenas das faculdades do ego, desistir dele deve parecer muito assustador. Eis o ponto em que vocês se vêem num conflito de difícil solução enquanto estão presos a ele: o desenvolvimento e o prazer, a satisfação e a vida criativa, o contentamento e a felicidade só podem existir quando o verdadeiro eu é ativado, quando vocês não se identificam exclusivamente com o ego, mas quando estão ligados e identificados com o eu verdadeiro, com a substância eterna e criadora do ser. Chegar a isso requer deixar de lado o controle imediato do ego. Requer confiança e coragem para se entregar a um movimento interior que não reage ao pensamento exterior e às faculdades da vontade.

É fácil testificar a verdade dessa afirmação quando vocês consideram por um minuto os momentos iluminados da vida. Tudo o que era verdadeiramente agradável, inspirado, natural, sem medos, criativo e de extrema alegria se devia exatamente a esse desprendimento e ao fato de estar animado por algo além das faculdades sob a determinação direta do eu exterior. Assim, a felicidade não é apenas possível, mas também um subproduto natural. Vocês não podem ser o eu verdadeiro sem ser felizes, e não podem ser felizes a não ser que estejam integrados no eu real e animados por ele. Esse é o tipo de felicidade que ignora o medo do fim, da perda ou dos subprodutos indesejáveis. Trata-se do tipo de felicidade que é, a um só tempo, dinâmica, estimulante, animadora, cheia de vida e de paz. Não há mais nenhuma cisão em função de separar esses conceitos e torná-los mutuamente excludentes, que é o que o ego dualista faz. Nessa maneira bipartida de ver a vida, a paz exclui a animação e gera o tédio. A animação exclui a paz e traz a angústia e a tensão. Vocês deparam, como em tantos outros casos, com uma escolha que não é mais necessária quando vocês penetram o domínio do verdadeiro eu unificado.

De que modo vocês podem aceitar sem medo um estado que deve prescindir das faculdades do ego, já que a impressão que vocês têm de estarem vivos parece advir exclusivamente dessas faculdades do ego? É nesse ponto que vocês se vêm apanhados. A não ser que considerem esse medo da felicidade sob essa luz, não encontrarão um modo de sair dessa armadilha. Estarão constantemente vacilando. Por um lado, terão medo de esquecer o ego. Por outro, estarão numa condição constante de desesperança cada vez maior ou menor, uma condição que pode ser mais ou menos consciente. A sensação de estar perdendo oportunidades na vida, de não ter algo essencial, irá assombrá-los, porque o que é necessário para mudar essa situação não pode ocorrer enquanto vocês não fugirem ao domínio do ego.

Só aos poucos é que vocês se acostumarão às novas condições, às novas vibrações, aos novos modos de funcionamento do verdadeiro eu; mas isso certamente é compatível com a vida num corpo nesta esfera terrena. De fato, é. Isso significa tão-somente o trabalho harmonioso entre o ego e o eu verdadeiro. Significa ter consciência das funções do ego, de suas limitações, bem como de seu poder.

A sabedoria e o êxtase da energia vital

O eu real transpira e transmite um fluxo vital de energia, consistindo em muitas correntes distintas. Trata-se do que comumente eu chamo de força vital. Esta não é apenas um imenso poder, ela é a *consciência*. Traz em si a sabedoria profunda e a lei inexorável, eterna e imutável. É preciso investigar e entender essas leis. Tal entendimento enriquece a vida de modo espantoso, num grau em que vocês não podem imaginar.

Negar a intensidade do êxtase dessa força vital, que se manifesta em alguns aspectos de maneira mais forte do que em outros, em todos os níveis da existência, implica cortejar a morte em graus variados. Aceitar essa força vital implica viver sem a morte. A negação do supremo prazer da vida é a morte. O fato de que o ego veio a ser significa que a morte veio a existir. O ego é uma partícula destacada da consciência maior, que ainda continua em todas as pessoas. A menos que essa parte destacada se integre em sua origem, ela morre. Portanto, apartar-se e morrer são coisas relacionadas, assim como a reunificação e a vida estão relacionadas e são mutuamente dependentes. A existência do ego, a condição de prazer e a morte estão diretamente ligadas, assim como o eu verdadeiro, o supremo prazer e a vida apresentam estreita relação. Portanto, quem quer que tenha medo de deixar de lado o ego, que tema e negue o prazer por causa desse medo, cortejará a morte. Esse é o verdadeiro sentido dela. A morte é a negação da verdadeira semente da vida.

Tudo isso, meus amigos, pode levar à compreensão equivocada de que se deve prescindir do ego. Infelizmente, muitas doutrinas espiritualistas cometeram esse erro e, assim, causaram confusão a seus adeptos. Fazer isso simplesmente levaria ao extremo oposto, e ambos os extremos são sempre igualmente errados, prejudiciais e perigosos.

As pessoas que, ao longo de toda uma vida – ou melhor, por vezes durante diversas vidas – enfatizaram em demasia o ego, baseadas na idéia equivocada de que ele não é apenas a segurança mas a própria vida, acabaram se cansando. Cansaram-se, porque todo movimento da alma baseado em idéias equivocadas causa esgotamento pela sua própria natureza.

Os diversos modos falsos do alívio quanto às limitações do ego sempre significam o enfraquecimento desse ego. Se, por um lado o ego é demasiado forte, por outro ele inevitavelmente será muito fraco. Procuro ser prático no uso dos termos para vocês, que estão trabalhando nessa senda: o medo que vocês têm de deixar de lado o controle do ego, porque alimentam a falsa idéia de que fazer isso os enfraquece, é proporcional à incapacidade que vocês têm de se afirmar, justamente porque estão com medo. Quanto mais capazes vocês são de capitular aos próprios sentimentos, ao processo criador, às qualidades desconhecidas da própria vida, a um companheiro – mais fortes vocês devem ser. Vocês não terão medo de tomar decisões, de cometer erros, de enfrentar as dificuldades. Contarão com seus próprios recursos, com a integridade de seus próprios pontos de vista, pagarão o preço pela sua personalidade, afirmarão seus direitos à proporção que cumprirem suas obrigações livre e voluntariamente, não em função do medo da autoridade ou das conseqüências da desaprovação. A força do ego dessa afirmação pessoal e saudável torna possível a entrega.

De modo contrário, a fraqueza de um ego que tem medo da responsabilidade torna a renúncia, e, assim, o prazer, impossíveis. A pessoa que com freqüência sobrecarrega e esgota as faculdades do ego acaba procurando um alívio enganoso. Este pode assumir diversas formas. Uma delas é a loucura, quando o ego se vê totalmente incapacitado. Em diversos casos, ela assume a forma de manifestações neuróticas, nas quais o ego é incapaz de usar suas faculdades de força, de personalidade e de responsabilidade. Ou pode assumir a forma do alcoolismo, do vício pelas drogas e de todos os modos artificiais de conseguir alívio de um ego por demais tenso e privado do prazer, porque tem medo demais para se entregar ao processo criador.

O ego como um servo apropriado

Portanto, é de fundamental importância compreender as faculdades do ego, a maneira de usá-las, e identificar as limitações desse ego. Daremos adiante mais pormenores a respeito; tudo o que eu gostaria de dizer no momento é o seguinte: o ego precisa saber que ele é apenas um servo do ser superior que habita dentro de nós. Sua principal função é procurar deliberadamente o contato com o eu superior que está dentro de nós. Ele deve ter consciência de sua posição. Deve saber que sua força, sua potencialidade e sua função é procurar o contato, a ajuda do eu superior, o intercâmbio contínuo com ele. Além disso, a tarefa do ego é descobrir os bloqueios entre ele e o eu superior. Aqui, sua tarefa também é limitada. A compreensão sempre vem de dentro, do eu real, mas vem como uma reação ao desejo que o ego tem de compreender e de mudar a falsidade, a destruição e o engano. Por outras palavras, a tarefa do ego é formular o pensamento, a intenção, o desejo e a decisão; mas sua limitação está na execução do pensamento, da intenção, do desejo.

Depois que o ego cumpriu sua tarefa de optar pela veracidade, pela integridade, pela honestidade, pelo esforço e boa vontade, ele deve fazer uma pausa e deixar que o verdadeiro eu aflore com sua intuição e inspiração, que estabelecem o ritmo do caminho individual e o dirigem. O ego deve, repetidas vezes, selecionar, tomar decisões, planejar, a fim de acompanhar esse desenvolvimento. Deve ter boa vontade para aprender a partir do interior e para compreender a linguagem mais profunda do inconsciente, que a princípio é demasiado obscura mas que, posteriormente, se torna cada vez mais clara. Deve aprender a interpretar as mensagens do inconsciente destrutivo, bem como do eu verdadeiro ainda mais inconsciente, com toda a sua espantosa criatividade e capacidade de construção. O ego tem de conceder seu apoio sincero, seu esforço voltado numa só direção, sua atitude mais construtiva e sua atenção total para a senda interior. Ele precisa conhecer suas limitações quanto à sabedoria profunda, quanto ao ritmo individual da senda, à sincronia, à força para perseverar em momentos difíceis, e convocar os recursos ilimitados do verdadeiro eu. É-lhe necessário desenvolver certa *finesse* para perceber o intercâmbio sutil do ego cada vez mais alerta e do verdadeiro eu cada vez mais manifesto, de modo que possa aprender quando ser forte e positivo ao sobrepujar os obstáculos, ao revelar desculpas e racionalizações, e quando fazer uma pausa e adotar uma atitude mais passiva, de ouvinte que aprende. O ego pode ser igualado a mãos e braços que se estendem para a fonte da vida e sustam o movimento quando sua função é apenas a de receber.

Possam vocês beneficiar-se verdadeiramente desta palestra. Meditem com o desejo de aproveitá-la, não apenas compreendendo-a teoricamente, mas também procurando sinceramente em vocês mesmos, o aspecto eterno, que é verdadeiramente apropriado, e que sempre causa arrebatamento, êxtase e prazer. Pois isso é um direito natural de vocês.

Fiquem em paz, sejam abençoados, fiquem com Deus!

Capítulo Onze

O Fenômeno da Consciência

Saudações, meus caros amigos. O amor, a verdade e as bênçãos lhes são dados em fartura. Abram seus canais interiores e deixem a corrente fluir de vocês e para vocês. Nesta palestra, eu gostaria de abordar o fenômeno da consciência, tão difícil de explicar à condição humana da consciência.

A consciência perpassa o ser, a criação, a existência – tudo o que existe. No domínio dualista de vocês, todos falam da consciência e da energia como se elas fossem dois fenômenos distintos. Isso está errado. A consciência é criadora da energia, e esta deve trazer em si diversos aspectos da consciência, talvez "variações" dela, bem como graus. Não existe nenhuma energia física, biológica, elétrica ou atômica que possa estar em algum lugar próximo tão potente quanto a energia da consciência imediata. Por esta eu entendo a energia do pensamento, do sentimento, da intenção, da atitude e da crença.

O pensamento é energia e tem sentimento

Todo pensamento é energia. Vocês vivem essa energia como sentimento. Não pode haver um pensamento – mesmo o mais mecânico, sem vida, estéril, isolado – que não contenha também sentimento. O pensamento puro, abstrato, pode parecer totalmente divorciado do conteúdo do sentimento. Isso não ocorre. Na verdade, quanto mais abstrato e puro é o pensamento, mais o sentimento deve ser proporcional a ele. Vocês também devem diferenciar entre o pensamento isolado e o pensamento abstrato. Convém não confundi-los. O pensamento isolado é uma defesa contra os sentimentos e aspectos indesejados do eu. O pensamento abstrato é conseqüência de um estado integrado, espiritual; mas até mesmo o primeiro jamais pode se afastar do sentimento, ou seja, do conteúdo da energia. O sentimento fundamental pode ser o medo, a apreensão, a angústia sobre a complexidade do que o eu suspeita que existe e do que pretende evitar. A raiva consigo mesmo, e uma gama de outros sentimentos que vocês já conhecem, podem coexistir com isso.

Na forma de sua corrente energética fundamental, o pensamento abstrato traz em si um sentimento de profunda paz, de uma compreensão intrínseca da lei universal, que leva por força à alegria e à suprema felicidade. Um pensamento puramente abstrato haveria de criar esse tipo de experiência energética ou de sentimento. Quanto mais subjetivo for o pensamento, tanto mais o sentimento se torna influenciado pela negatividade. Um pensamento subjetivo é aquele criado a partir do desejo pessoal e do medo, a partir de um estado de egoísmo e separação — eu *versus* o outro. Portanto, nunca tem razão.

Examinemos, por exemplo, o desejo. No domínio da dualidade, como tudo o mais, o desejo desempenha um papel dual. De um ponto de vista espiritual, o desejo, pode ser "indesejável". Porque o desejo excessivo, forte, subjetivo — o que deriva do ego e de suas deturpações — priva-os do âmago do seu ser. Esse desejo por vezes traz em si o orgulho, a obstinação, o medo, a falta de confiança no universo. Cria um sistema tenso e limitado de energia, além de impedir o fluxo da força vital. Daí os ensinamentos espirituais amiúde defenderem um estado de ausência de desejo como um pré-requisito necessário para ligar-se ao eu divino. Trata-se de um estado a ser cultivado para a compreensão de si mesmo.

Ao mesmo tempo, é igualmente verdadeiro que, se não existe desejo, não pode haver expansão. Não pode haver o aventurar-se a um novo terreno, a novas formas de compreensão e aos estados da percepção. Não pode haver nenhum desenvolvimento nem purificação. Pois, o que motivaria uma pessoa a concentrar a coragem, a perseverança e a constância necessárias para tentear o caminho que leva além das trevas e do sofrimento? Só o desejo faz isso. Esse tipo de desejo traz em si a coragem, a paciência, o compromisso e a fé na possibilidade de alcançar um estado melhor.

Aqui, vocês têm um exemplo característico da confusão dualista que vem à tona quando vocês dizem que é certo ou errado ter desejo, dependendo de qual aspecto dele vocês percebem. Vocês só podem transcender a condição de dor, de confusão e limitação da consciência dualista quando vêem além do "ou isso, ou aquilo", e quando percebem as verdadeiras e as falsas possibilidades de ambos os opostos aparentes. No momento em que vocês percebem isso, os opostos deixam de existir. Então, vocês penetram num estado mais profundo e amplo de consciência, no qual compreendem além do estado dualista limitado. Isso se aplica a muitas manifestações da vida. Raramente, se é que alguma vez, qualquer coisa em si mesma é boa ou má. Isso depende do modo como essa coisa se manifesta, de quais são as motivações fundamentais. O desejo deve existir no coração humano a fim de superar os obstáculos, as tentações quanto ao derrotismo, que bloqueiam o caminho para o conhecimento abstrato do universo. Isso não significa, repito, abstração no sentido do pensamento mecânico, sem vida, alienado, superficial, insensível ou defensivo.

De que modo pode o conhecimento, ou o ato de conhecer – o que é consciência – ser insensível? Até mesmo o conhecimento insensível, o que nesta era vocês chamam de "conhecimento intelectual", tem de apresentar algum conteúdo de sentimento. Isso enseja certas reações em cadeia. E mesmo que esse conhecimento possa estar fragmentado, além do fato de as pessoas poderem usá-lo para escapar à energia ou ao sentimento da vida, ele, não obstante isso, traz em si o sentimento, como eu disse antes, embora esses sentimentos não sejam reconhecidos. Assim, a consciência é sempre um sentimento, uma manifestação da energia, independentemente de vocês estarem ou não conscientes disso. Até o pensamento mais mecânico, fragmentado e isolado gera uma série de reações energéticas em cadeia em todo o sistema psíquico de vocês. O poder de determinar qual pensamento pensar advém dos movimentos fortes da energia e resulta no afeto. Portanto, a consciência deve estar unida à energia.

Na condição humana comum, isso não parece verdadeiro, à primeira vista; contudo, quando se examina mais profundamente, somos obrigados a perceber que todo o conhecimento que armazenamos apresenta um conteúdo de sentimento definido. Como eu disse – e repito-o propositadamente, porque nunca é bastante enfatizá-lo nesse sentido –

o conhecimento estéril, isolado, também deve trazer em si os sentimentos. O sentimento fundamental pode ser o medo. O estado energético mais superficial pode ser o tédio. Este também é um estado energético, embora um estado negativo – negativo no sentido de que a falta de algo não significa que aquilo que está ausente não esteja presente intrínseca e essencialmente. Trata-se de algo que se tornou ausente apenas em caráter provisório. Se vocês se empenharem na busca do estado do tédio nos recessos da substância anímica, descobrirão que sempre, em alguma parte, existe o medo: o de conhecer tudo o que vocês podem conhecer agora, sobre si mesmos e sobre a relação que mantêm com o universo.

Esta passa a ser cada vez mais óbvia à proporção que vocês se descobrem a si mesmos, que se tornam mais francos com vocês mesmos, à medida que param de representar. Os estados da consciência podem ser distinguidos grosseiramente nos três estados seguintes: torpor, consciência de si mesmo e consciência cósmica.

O estado de torpor

O primeiro e menos desenvolvido é o estado de torpor, no qual um ser não sabe que existe. Ele não tem consciência de si mesmo. É-lhe dado sentir, deslocar-se e desenvolver-se, até mesmo, em certo grau, pensar, como se no limiar da consciência de si mesmo, na forma de mineral ou planta. Os organismos que estão abaixo do estado da consciência de si mesmos apresentam, não obstante, formas interiores de criação, de autocriação, pelas quais determinado organismo passa de um modo muito significativo e intencionado, sempre compatível com sua legitimidade particular. Esses estados são os da consciência, mas não são estados da consciência de si mesmo. Tome-se como exemplo a vida de uma planta: ela segue o seu planejamento interior. Só a sua consciência em torpor momentâneo poderia criar esse planejamento, a marca com todos os seus ciclos legítimos pelos quais o organismo vive, se expande, morre, se reincorpora, dá à luz a si mesmo, se expressa e continua nesse mesmo ciclo. Isso requer um projeto muito inteligente, que só a consciência poderia elaborar. Uma coisa assim não pode acontecer "por si mesma", não pode ser um processo morto, sem relação com coisa nenhuma.

A aparente falta de relação da matéria inanimada é apenas a consciência congelada temporariamente. Quando a consciência cria em certa direção, a centelha da vida dardeja cada vez mais lentamente, até o fluxo energético se petrificar. Ele se condensa numa crosta tão espessa, que a energia fundamental é invisível; ou seja, não é visível ao olho humano. Entretanto, os seres cujo estado ampliado da consciência os torna capazes de perceber além da superfície, podem observar muito claramente a energia de extrema potência na matéria inanimada, que não apresenta nenhuma consciência manifesta; mas esses seres também podem perceber o conteúdo da consciência nessa energia potente, a consciência contida no material exteriormente "morto".

O que essa consciência "diz" quando está dormente? Ela talvez diga: "Não quero saber; não quero me conhecer — a mim, com relação ao mundo que me cerca." Essa afirmação é um núcleo criativo — uma afirmação feita pela consciência, pela opção e inclinação deliberadas. Essa afirmação realiza uma cadeia inexorável de acontecimentos, levando aos poucos, mas constantemente, à "crosta" enrijecida e aparentemente morta. É disso que se compõe a matéria. A seqüência dos acontecimentos que levam ao estado da matéria inanimada e enrijecida deriva de uma afirmação negativa, de negação da vida e da verdade. Apesar disso, já que o processo de enrijecimento está em ação, a própria matéria pode ser usada pela consciência com o objetivo positivo de afirmar a vida. A consciência liberta pode, assim, "se comunicar" com a substância vital e com a consciência na matéria enrijecida.

Dou-lhes essa explanação breve para que vocês possam ter alguma idéia sobre o fato de que a consciência existe até mesmo nos objetos inanimados. Dentre vocês, os cientistas atualmente já se certificaram de que a energia existe na matéria, de modo que esse aspecto dificilmente lhes deve parecer novo. Vocês ainda têm de se certificar de que o mesmo é verdadeiro para a consciência.

Esta, nos objetos inanimados, é passível de ser alcançada pela consciência muito mais forte e ativa da mente humana, embora num grau menor do que a consciência das plantas, dos animais ou de outros seres humanos. A matéria é ainda maleável e pode ser impressa pela consciência humana. De vez que a consciência é capaz de inventar e criar, ela pode moldar, formar e criar formas a partir das substâncias da matéria. Tomem, por exemplo, a necessidade de fazer um móvel, ou um prato, um copo ou uma jóia, qualquer objeto inanimado. Essa necessidade – esse desejo de criar esses objetos, molda a energia, e a consciência contida, como a matéria inanimada, recebe as impressões de uma consciência diretriz mais forte e mais ligada, e se funde com ela de modos determinados. Assim, o objeto é criado.

Desse modo, todo objeto que vocês vêm, de que usufruem ou necessitam cumpre a sua tarefa. O núcleo mais íntimo de consciência desse objeto, que sempre busca a expressão com vistas ao divino, ao serviço, à verdade, ao amor, a estar quite nesse estado amortecido e separado, "responde" à criação da mente e, desse modo, cumpre um propósito no grande projeto da evolução. Até o mais morto dos seres em meio à matéria morta não está, na verdade, morto. Os seres espirituais, que usufruem uma posse maior de suas faculdades divinas inatas e não estão limitados a manifestações puramente exteriores como estão os seres humanos, podem perceber a forma energética e a expressão da consciência dos objetos inanimados. Esse objeto também traz em si um campo energético, que é a sua antena, a sua estação de recepção, de modo que deve se tornar um reator. O conteúdo de sua consciência ainda é demasiado limitado para ser mais do que um reator. Ele não pode ser, até o momento, um iniciador, um criador como o estado humano é, mas é definitivamente um reator.

Às vezes, vocês podem achar que têm certas relações com objetos. Há alguns objetos que vocês estimam, de que necessitam e usufruem. Eles lhes fazem bem. Vocês talvez pensem que gostam deles porque eles lhes fazem bem e lhes são úteis, ou porque lhes transmitem beleza e alegria; mas esse é um daqueles ciclos benignos, quando é difícil dizer o que ou quem o pôs em funcionamento. Tomem, por exemplo, um carro, ou uma máquina que vocês usam, como um toca-disco, ou seja lá o que for. Vocês gostam da máquina. Podem até usá-la para o seu desenvolvimento espiritual, de um ou de outro modo; assim, o objeto puramente utilitário não é, de fato, tão utilitário assim. Vocês cuidam dele. O fato de o apreciarem faz com que a máquina responda, até mesmo com seu núcleo extremamente limitado e reduzido de consciência, que só é gerada para reagir e responder, para receber impressões e ser moldada. O campo de energia da máquina será afetado. Com outros objetos, dá-se o contrário. Eles nunca funcionam bem. Você tem raiva deles, está farto deles e eles respondem de acordo.

A separação da consciência que vocês sentem é, portanto, uma separação muito passível de controvérsia. Quando falamos do fato de que todo o universo é permeado de consciência, dizemos uma verdade. Os organismos isolados, os objetos e as entidades são separados apenas no nível da superfície. Mas no interior e abaixo dessa superfície há uma constante interação.

Comecei a falar sobre os três estágios da consciência. Demorei-me muito no primeiro estágio: a consciência sem a percepção de si mesma. Os animais, as plantas, os minerais e a matéria inanimada entram nessa categoria. Eu quis mostrar que tudo o que existe tem consciência. Obviamente, isso é muito mais fácil de perceber com animais e plantas que apresentam seus processos de desenvolvimento e mudança.

O estado da consciência de si mesmo

O segundo estado é a percepção de si mesmo, que começa no nível humano. O que significa percepção de si mesmo? A percepção do "eu sou", do "eu existo", do "eu posso pensar", "posso tomar uma decisão", "meus sentimentos chegam aos outros seres". Em termos gerais, esse é o segundo estado. Nele, tem início a responsabilidade pessoal. A percepção de ter um efeito sobre o mundo ao redor do eu deve resultar na responsabilidade e na seriedade da escolha de pensamentos, atitudes, ações e reações. Esse estado de consciência, em virtude de sua percepção expandida, encontra muitas alternativas novas que faltam no estado de cegueira e de mais limitações. O estado da consciência no limiar da percepção de si mesmo não pode tomar decisões. Ele acompanha cegamente a forma interior implantada na sua substância. O estado humano é capaz de recriar o projeto, e cada vez mais pode se aproveitar das possibilidades mais amplas da auto-expressão proporcional ao seu próprio desenvolvimento.

É óbvio que, no estado humano da consciência, da percepção de si mesmo, existem muitos, muitos graus e variações. Alguns seres humanos até agora não tiveram consciência de si mesmos, de seu poder de criar, de mudar e de afetar as coisas. Sua capacidade de discernimento ainda é limitada; seu poder para pensar e agir independentemente é igualmente limitado. Para eles, palavras como essas seriam sem sentido e dificilmente fariam mais sentido do que para um animal. Há outros seres humanos cuja consciência se acha muito mais desenvolvida. Eles sabem muito bem que têm a capacidade de escolher, de criar e de afetar o curso das coisas. São responsáveis e conscientes quanto às suas decisões de pensar de uma forma em vez de outra. Para estes, essas palavras fazem sentido e são fonte de inspiração e de coragem. Evidentemente, há muitos graus de consciência entre essas duas categorias de pessoas.

Entretanto, mesmo os seres humanos cuja consciência é menos desenvolvida estão cientes de que existem. Sabem que têm necessidades e podem, até certo grau, imaginar de que modo satisfazer essas necessidades. Sabem que podem agir. Talvez seu objetivo seja mais limitado do que o escopo e o poder de afetar de uma personalidade humana mais desenvolvida, mas, não obstante, há uma imensa diferença entre eles e o estado de consciência animal mais desenvolvido. Este pode ter certa capacidade de pensamento em processo de despertar, mas a consciência de si mesmo, no sentido em que a descrevi, está completamente ausente.

Como em muitas áreas do desenvolvimento, existe certa semelhança entre o ponto da curva inferior e o superior, ponto que, nesse caso, é o estado do ser. A matéria inanimada, os minerais, as plantas e os animais não vivem no tempo. Existem num estado do ser intemporal, mas não têm a consciência de si mesmos, a determinação, a iniciativa que impele a si mesma. O estado humano da consciência existe no tempo. Portanto, não se encontra no estado do ser, mas no de vir a ser, embora já esteja em plena posse da percepção de si mesmo. No ponto mais alto da curva, voltamos ao estado intemporal do ser, mas com um alto grau de consciência.

A consciência cósmica

Esse terceiro estado é o mais importante dos três. Podemos chamá-lo de consciência universal ou, talvez, de consciência cósmica. Nesse estado, todas as coisas são uma coisa só, não existe nenhuma separação. Nesse estado da consciência, tudo o mais é conhecido. O eu mais íntimo é conhecido, bem como o Deus-eu. O Deus-eu da entidade pessoal, assim como o das outras entidades, também é conhecido. A verdade do ser é conhecida. Nesse estado da consciência, vocês vivem num estado do ser; porém, nesse nível do desenvolvimento, o estado do ser ultrapassa a percepção de si mesmo. Ele alcançou a percepção universal. Para explicar de outra maneira, possivelmente mais exata: o eu é reconhecido como ser em tudo o que existe.

Se vocês meditarem sobre o sentido mais profundo desses três estados, perceberão muitas coisas e entenderão muito mais acerca da vida superior da qual vocês compõem uma parte. O estado "inocente" do ser só pode existir na pureza. Esta pode existir em alguém que ainda tenha percepções cegas, em alguém que esteja inconsciente e fraco, em alguém que tenha resgatado o estado da inocência por meio do descenso laborioso e da ascensão simultânea da purificação de si mesmo. Então, o poder se funde com o estado intemporal do eterno agora.

Há uma legitimidade que se protege a si mesma na falta da percepção da potência inata da consciência enquanto a alma não está purificada. Como vocês podem observar de modo inteiramente claro no seu caminho, esse poder aumenta em proporção exata à sua capacidade de ser verdadeiros com vocês mesmos e também com os outros.

Por injusta que possa parecer-lhes agora qualquer manifestação do mal, ela se dá dessa forma só porque no seu estado limitado e preso ao tempo vocês não estão na posse das ligações. Estivessem vocês conscientes, e veriam que todas as manifestações negativas, independentemente do quanto se mostram cruéis ou injustas, são o remédio criado por si mesmo com o objetivo da purificação máxima e da suprema felicidade. O mal não destrói, não pode fazer isso — só pode fazê-lo temporariamente e segundo a estrutura do que acabei de mencionar. Se a consciência pudesse se expandir sem a expansão simultânea dos agentes purificadores de si mesmos, o mal poderia destruir o divino. Dessa maneira, como um mecanismo que interiormente se proteja a si mesmo, a negatividade fecha os órgãos da recepção: seguem-se a cegueira, a surdez, a mudez e o torpor. A única forma de sair desse estado de ignorância, de limitação, de fraqueza, de ver-se abalado no núcleo em que habita a vida de total união, é por meio da tentativa constante de ter consciência de onde se está no momento – não ter consciência do universo ou de qualquer coisa à nossa volta. Isso vem por último –, por assim dizer, gratuitamente. Concentrar-se nisso seria alimentar uma ilusão.

Conhecer-se a si mesmo é um processo lento e gradativo. Não requer sempre um feito impossível por parte de vocês. Na verdade, exige apenas o que lhes é possível – lidar com algo que está bem na frente dos seus olhos, bastando para isso que se disponham a vê-lo. Vocês podem usar sua vontade e sua intenção para descobrir o que devem saber acerca de si mesmos a cada passo do caminho. Não existe nenhuma fração de tempo na sua vida, meus amigos, em que isso não seja possível. Vocês podem estar seguros de que, quando se encontram num estado de desarmonia, não estão tão conscientes quanto poderiam estar. Tornar-se mais consciente por vezes requer muitas tentativas e buscas. Isso, na verdade, faz parte da missão de vida de vocês. Vocês muitas vezes podem olhar para a direção errada à procura da resposta para a desarmonia que vivem no momento. De fato, freqüentemente vocês resistem porque têm medo de alguma coisa muito pior do que a que realmente existe. Vocês descobrirão isso se tiverem a coragem e a determinação de seguir o caminho até o fim, todas as vezes.

O estado de desarmonia, os estados de angústia, infelicidade, depressão, intranqüilidade, medo, negatividade, sofrimento e limitação, são sempre um reflexo de algo que vocês poderiam saber neste momento mas preferem – sim, literalmente preferem – ignorar. Essa escolha cria um campo energético muito negativo. Esse caminho os ajuda a desativar esses campos energéticos negativos com mudar-lhes o conteúdo da consciência. O primeiro passo vital aqui seria transformar o "não quero saber" em um "quero saber", e acompanhá-lo até o fim. Vocês podem proporcionar a si mesmos essa aventura da descoberta.

Nos estágios preliminares dessa fase do desenvolvimento evolutivo, vocês devem eliminar a cegueira acerca do eu, de modo que ele possa descobrir as respostas sobre si mesmo. Vocês não podem despertar para um estado superior enquanto não tiverem consciência do que escolhem, pensam, sentem, necessitam e desejam. Quando vocês têm consciência disso, já aumentaram a própria capacidade de alterar o que é destrutível e indesejável.

À proporção que vocês avançarem nesse caminho, dia virá em que conhecerão a si mesmos muito bem; contudo, vocês ainda não têm consciência plena dos outros. Dessa maneira, vocês tateiam, no que concerne à manifestação dos outros. Em sua cegueira com relação à negatividade de outra pessoa, ou quanto à verdadeira natureza dessa negatividade, vocês podem amiúde perder-se, ficarem confusos e sem equilíbrio. Um trabalho mais honesto os levará a uma percepção mais clara dos outros. Isso lhes trará paz e mostrará o modo de lidar com as situações. Ao longo do caminho, descobrirão novos aspectos, por vezes muito positivos, sobre si mesmos. Muitas vezes, só uma crise com os outros pode trazer à luz esses aspectos antes ignorados.

O eu, os outros e o universo

A primeira fase, como vimos, envolve exclusivamente o exame de si mesmo. A segunda – por vezes imbricada na primeira – se estende ao conhecimento dos outros. A terceira fase leva ao conhecimento universal além do estado humano. Esse é o desenvolvimento orgânico dessa senda. Quando digo conhecimento, meus amigos, não se esqueçam de que existem diversos modos de interpretar essa palavra. Vocês podem ter conhecimento num nível puramente mecânico. Esse conhecimento não é a visão aguda, a sabedoria, a verdadeira percepção. Ele não lhes dá um sentimento de assombro e pasmo, tampouco deixa-os repletos de paz e de alegria. Trata-se do conhecimento estéril, isolado. Estou falando sobre um tipo diferente de conhecimento, no qual ocorre uma espécie de compreensão que une o entendimento fragmentado. Trata-se de um conhecimento profundo e sensível que, na verdade, transmite paz e alegria, espanto e animação. Certa revelação toma conta de vocês e acaba com toda desavença. Vocês têm experiências e vivem relacionamentos de maneira nova; isso, entretanto, só ocorre muito depois no caminho, meus amigos. A princípio, vocês passarão pela experiência desse tipo de conhecimento só de vez em quando.

Quanto mais vocês se expandem, mais esse tipo de conhecimento é absorvido pela mente. À proporção que isso tem continuidade, gradativamente, o conhecimento cósmico ocorre. Ele vem de alguma coisa no fundo de vocês mesmos. Transcende o pessoal. É intemporal e lhes dá uma percepção profunda da vida em prosseguimento e sempre presente, a vida que vocês *são* e que *é* todas as coisas. Isso os deixa repletos de uma alegria indescritível, de uma sensação de paz, segurança e gratidão pelo que existe. Vocês devem conseguir essa percepção, meus amigos, pois não podem almejar diretamente a consciência cósmica, que é o estado final da percepção desenvolvida de si mesmo que foi cultivada nessa estrada.

O que eu lhes disse nesta palestra visa particularmente fazer com que vocês tenham consciência do poder do pensamento, de cada pensamento que vocês resolvem pensar, de cada atitude que vocês resolvem tomar. O pensamento criará as experiências e as reações, e também criará dentro de vocês. Então ele criará um novo campo energético ou reforçará, reafirmará e consolidará um campo antigo, a depender de o pensamento ou intenção ser novo ou uma repetição do antigo. Obviamente, ambas as alternativas podem aplicar-se a campos energéticos reais ou falsos, construtivos ou destrutivos. Quando vocês estão verdadeiramente conscientes dessa potência, vocês se tornam mais sensíveis e mais capazes de criar. Abordam o estado em que sabem que a consciência de Deus está dentro de vocês. O ego decide apenas que rumo tomar. Exatamente nesse momento, na mente pensante de vocês, acha-se o potencial para exprimir a consciência de Deus de qualquer forma que vocês escolherem. Quando a experiência de vocês é negativa, estejam certos de descobrir o que a criou e como foi criada.

Vocês podem descobrir a verdade do poder da consciência comprometendo-se agora, repetidas vezes, com estar na verdade com vocês mesmos em suas preocupações cotidianas, em suas reações, em experiências que os deixam perturbados, confusos ou intranqüilos. Quando sentirem dificuldade, admitam-na, em vez de a encobrirem, como podem ver-se tentados a fazer. Tenham fé na verdade. Cada vez mais, vocês se tornarão livres e alegres, e se libertarão dos grilhões que ora os retêm confinados num estado inferior ao que lhes é de direito natural. Comprometam-se com a verdade em cada situação possível, sobre qualquer incidente concebível.

Com essa mensagem e com essa sugestão, eu os abençôo a todos com amor profundo — o amor do universo — meus queridos amigos. Estejam em paz.

Parte Cinco

O Tempo Anterior ao Nascimento e Posterior a Ele

"O tempo não está nos segurando;
Ele não está no nosso encalço."
– *David Byrne* e *Talking Heads*

As palestras de *Pathwork* oferecem idéias e introvisões que verdadeiramente expandem a consciência, ao mesmo tempo que, de maneira condescendente, admitem que nosso eu mais sábio e mais profundo é perfeitamente capaz de entender verdades espirituais as mais radicais. O tópico do tempo é, particularmente, um tema instigante: em que ele consiste, na Terra e no domínio espiritual, e de que maneira a experiência que temos dele na nossa vida se relaciona com nossa tarefa de transformação.

Nós, seres humanos, parecemos estar continuamente tentando escapar ao momento presente, precipitando-nos no futuro ou recuando ao passado. A primeira palestra nos convida a utilizar por inteiro cada fragmento do tempo disponível a nós, e demonstra a todo momento as conseqüências de não se fazer isso. Quaisquer sentimentos de impaciência, apatia, ressentimento, hostilidade e muitas outras emoções negativas podem ser identificadas diretamente no fato de não usarmos o tempo de maneira correta. Em última análise, nosso movimento constante de avançar ou recuar no tempo pode dar-se em função de nosso medo reprimido da morte. Quando deparamos com isso em nós mesmos, e usamos com coragem cada momento como uma oportunidade para o exame de nós mesmos e para o nosso desenvolvimento, tornamo-nos mais cheios de vida, mais alegres, aptos a nos harmonizar inteiramente com o presente e a celebrá-lo.

Ao começar esta encarnação, viemos à vida num estado de esquecimento – com todas as lembranças de nosso passado intemporal apagadas. Com freqüência, só num período bem posterior da vida é que alguns de nós começamos a nos lembrar de quem de fato somos e de qual é o nosso verdadeiro objetivo durante nossa estada aqui na Terra. Essa amnésia anterior ao nascimento cumpre um grande objetivo, ao fazer com que aflorem partes de nós mesmos até então não purificadas, a fim de serem transformadas. Esta palestra revela por que essa autopurificação não poderia acontecer de nenhuma outra forma, e de que modo nosso nascimento num estado de amnésia serve verdadeiramente para ajudar em nossa evolução espiritual.

D. T.

Capítulo Doze

A Relação da Humanidade com o Tempo

Saudações, meus queridos amigos. Bênçãos a todos vocês. Bênçãos ao trabalho de vocês nesta senda.

Possam vocês inundar-se com a onda de esperança e segurança que vocês vivem num universo benigno, onde nada têm a temer.

Agora, analisaremos um novo tópico: a relação que a humanidade guarda com o tempo. O que direi talvez pareça inteiramente não passível de aplicação com respeito à vida de vocês a princípio, em função da natureza abstrata do assunto; contudo, se tiverem paciência e tentarem seguir o sentido mais profundo de minhas palavras, em pouco tempo perceberão que elas têm uma aplicação bem prática.

Na Terra, a existência humana é limitada pelo tempo. Este é uma criação da mente. Sem ela, o tempo não existe. Na sua dimensão, o tempo, o espaço e o movimento são três elementos separados que fazem parte da realidade. Quando a humanidade chega a um grau mais elevado de consciência e, por causa disso, há uma dimensão expandida, o tempo, o espaço e o movimento começam a se integrar cada vez mais, até que se tornam uma coisa só; todavia, é um erro acreditar que a dimensão superior seguinte seja a intemporalidade. Existem muitos "tempos" dilatados, se é que posso fazer uso dessa expressão, nos domínios superiores do ser, muito antes de vocês chegarem ao estado intemporal do ser. Até hoje, foi impossível à humanidade apreender isso com segurança. O melhor que vocês podem fazer é sentir essa verdade de vez em quando.

Os limites do tempo

O tempo é uma modalidade existencial limitadora. Ele é um fragmento, destacado da dimensão mais ampla e livre da experiência. O fragmento limitado, a que se chama tempo, está à disposição dos seres humanos para que eles possam se desenvolver, se satisfazer, viver experiências e alcançar a liberdade e a felicidade até o limite compatível com esta dimensão. No grau em que realizam esse potencial por meio do desenvolvimento interior, a vida de vocês é uma experiência dinâmica e plena na qual a limitação do tempo não se constitui numa dificuldade.

A esta altura, por ter uma relação direta com esse tópico, eu gostaria de acrescentar uma vez mais que é possível estar numa senda de autodesenvolvimento e, não obstante, perder muitas oportuniddes para se desenvolver. Quantas vezes lhes ocorre pegarem-se a si mesmos num estado de espírito negativo, sem que aprendam a lição profunda que está por trás dele e sem que percebam o significado disso para o seu ser mais íntimo? Em vez disso, vocês simplesmente ficam esperando que esse estado de espírito passe por si mesmo. Nesses momentos, vocês não fazem um bom uso do tempo, e ele se torna um fardo e uma fonte de conflito. Se vocês usarem cada uma dessas oportunidades de desenvolvimento para ir à raiz do estado de espírito negativo ou da situação difícil, terão a experiência do entendimento e da libertação profunda. Então, a animação e a confiança na vida e em vocês mesmos, as quais vocês agora sentem apenas de vez em quando, se tornarão um estado permanente. Nesse momento, vocês estarão em união com o elemento temporal da sua dimensão, e por isso desenvolvendo-se organicamente numa dimensão temporal dilatada.

A apatia, a depressão, a impaciência, o nervosismo, a angústia, a tensão, a frustração, o tédio e a hostilidade — todas essas emoções e muitas outras são, em última análise, uma conseqüência do mau uso do tempo. Quando vocês não se esforçam ao máximo para entender a si mesmos e pôr um fim ao conflito e à confusão, não podem evitar as emoções negativas que se desencadeiam quando não se aproveita bem o tempo.

Aos meus amigos que se libertaram dessas emoções sob o influxo da força e da alegria interior, sentindo que estão em harmonia com a vida, eu lhes digo: vocês podem repetir essa experiência sempre que não se esquivarem ao trabalho de mergulhar fundo em vocês mesmos, até descobrirem a origem de todas as emoções negativas. Quando vocês recordam esses momentos de libertação, sabem que eles sempre estiveram ligados a esses esforços da parte de vocês. E àqueles dentre vocês que até agora não passaram por essa experiência, porque talvez apenas tenham começado a trilhar essa senda, eu lhes digo: vocês poderão avançar muito, se fizerem o que é preciso.

O conhecimento vago de que o tempo à disposição de vocês é limitado nesta dimensão terrena cria uma tensão particular. Vocês, portanto, se esforçam para se livrar dessa limitação do "tempo", precipitando-se como um cão à frente da correia. O tempo os conserva em seu poder, e vocês se sentem prisioneiros de uma parcela da realidade. O inconsciente ainda tem a memória da grande experiência da intemporalidade, e tenta voltar à liberdade sem limites. Isso, porém, só pode acontecer pela aceitação e compreensão plena do fragmento a que vocês chamam de tempo. Então, a transição para a liberdade será um fluxo orgânico com um mínimo de conflito. Ou vocês podem, evidentemente, resistir opondo-se à transição e não usando o tempo do modo como descrevi e do modo como todos os verdadeiros mentores espirituais relatam. Então, inevitavelmente, os conflitos e as tensões vêm à tona.

Fugindo ao agora

Analisemos o conflito particular que os seres humanos têm com relação ao tempo. Cada um de vocês pode descobrir a verdade do que digo, contanto que tomem as medidas necessárias no que concerne ao exame de si mesmos. Como já indiquei, os seres humanos se esforçam para alcançar uma dimensão mais livre do tempo. Traduzindo isso para a vida prática, tal fato ocorre quando nos esforçamos com vistas ao futuro. Se vocês se observarem atentamente desse ângulo, descobrirão que isso é verdadeiro em muitos casos. Vez ou outra, esse fato é óbvio porque os pensamentos de vocês estão na superfície; outras vezes, essa impressão toma conta de vocês na forma de um estado de espírito vago e geral e, portanto, não reconhecível facilmente.

As pessoas lutam pelo futuro sobretudo por duas razões: por não gostarem do presente e por esperarem algo melhor do futuro; ou então por terem medo de certo aspecto da vida e por quererem esquecer o passado. As esperanças vagas dessas pessoas com relação ao futuro e o estado de mal-estar e insatisfação do presente são as razões que elas têm para se afastar do presente rumo ao futuro. Assim, evitam viver no agora. Se, contudo, elas quisessem explorar em si mesmas os motivos de sua insatisfação e das dificuldades que as fazem se desviar dessas razões, seriam capazes de viver plenamente no agora, de modo significativo e dinâmico, auferindo todas as muitas alegrias de que se descuidam a cada momento. Se cada segundo fosse vivido ao máximo, essas pessoas já teriam chegado a uma dimensão dilatada do tempo, ao mesmo tempo que ainda continuariam nesta dimensão terrena. A verdade é que só se utilizando plenamente das dimensões em que vocês vivem é que é possível transcendê-la. Usufruir de tudo o que cada momento contém fará com que vocês parem de se desviar do caminho; em função disso, vocês imediatamente se descobrirão fluindo na que será a próxima dimensão do tempo de vocês.

Como sempre, a percepção é o primeiro passo. Assim, estejam alertas ao impulso interior de se afastar do agora, e descobrirão que vocês se opõem ao agora porque realmente não descobriram nem resolveram os problemas que os fazem precipitar-se no futuro.

A imagem é inteiramente oposta no outro extremo do conflito. Os seres humanos têm medo do futuro enquanto se precipitam para ele, porque o futuro também significa morte e decadência. Enquanto se lançam no futuro, à procura da satisfação, a um só tempo se empenham em deter a onda do tempo, desejando sustar-lhe o movimento, ou até mesmo voltar à juventude. As pessoas querem duas coisas impossíveis: a satisfação do futuro no passado ou, pelo menos, no presente. Esse desejo gera dois movimentos anímicos contrários: um se lançando à frente, o outro para trás. É desnecessário dizer que a alma padece da tensão, um desperdício de energia inútil e destrutivo.

Há algum tempo, analisei o medo da morte, uma parte integrante do conflito com o tempo. O medo da morte causa um movimento para trás, contrário ao movimento natural do tempo, um fluxo contínuo e harmonioso. Se puderem sentir-lhe o ritmo, estarão em harmonia. Vocês podem fazer isso estando no tempo de maneira significativa, usando cada momento e cada acontecimento para se desenvolver. Sem se esforçar pra fugir do futuro, vocês não terão de ter medo dele. Não precipitar-se para além do presente lhes permitirá fazer um bom uso dele, de modo que não lhes parecerá desejável fugir dele. Isso é *ser*, mesmo que não constitua ainda o estado superior do ser. É o estado do ser proporcional à dimensão do tempo em que vocês vivem.

Seguindo a onda do tempo

Quando se acham nesse estado, vocês seguem o fluxo natural. A onda do tempo os levará natural e tranqüilamente à dimensão dilatada seguinte, que vocês tanto temem por não poderem ainda demonstrar-lhe a realidade. A ânsia de penetrar nessa nova dimensão, de um lado, e o medo do desconhecido, por outro, são reações ao que parece incerto a uma parte da sua personalidade. Com essas reações, vocês limitam o movimento natural e criam a tensão, pondo as forças da alma para trabalhar em direções opostas. O resultado disso é a estagnação do desenvolvimento, bem como a falta da experiência plena de cada "agora".

Depois que vocês determinam o movimento duplo interior, sutil e distinto, vocês descobrem um valor psicológico na compreensão da natureza das emoções e atitudes responsáveis pelos movimentos anímicos contraditórios.

A *recapitulação do dia* que defendo é uma* das melhores formas para viver plenamente cada dia e cada hora. Ouso dizer que todos os meus amigos que trabalham diligentemente nessa senda passaram, pelo menos algumas vezes, pela sensação de paz repleta de vivacidade, tão dinâmica quanto pacífica, depois de terem reconhecido em toda a sua profundidade um desvio ou uma atitude negativa neles mesmos. Se todos os benefícios presentes no reconhecimento derivaram disso, então essa sensação maravilhosa de vitalidade tem de se manifestar.

Que o próprio reconhecimento possa ser pouco promissor e sem ilusões sobre vocês mesmos, e por vezes até doloroso, não diminuirá a

* Ver Glossário para definição de *Recapitulação do Dia.*

grande experiência desse reconhecimento completo. Pelo contrário, isso pode fornecer a melhor prova da verdade de minhas palavras. Uma vez mais, vocês talvez usem a experiência da paz como padrão de comparação. Sempre que o embate com vocês mesmos, ao fim e ao cabo, não tiver como conseqüência uma experiência edificante, vocês não terão descoberto tudo o que devem descobrir.

Já pensaram, meus amigos, por que é que, depois de um reconhecimento nada promissor ou doloroso — contanto que vocês mergulhem fundo e não parem na metade do caminho — vocês sentem esse estado dinâmico de harmonia e vitalidade? Só o sentem porque, nesses momentos, vocês compreenderam inteiramente o que lhes foi dado, o fragmento do tempo à disposição de vocês. Quando vocês estão apáticos e deprimidos, ou infelizes por qualquer motivo, a coisa está ali, bem diante de vocês; vocês fazem parte dela, mas são cegos a isso. Não concentram a atenção nela. Tão-somente procuram sair desse "agora" sem a utilizar. Esse é o movimento para a frente, que também os faz ter medo de se desenvolverem rumo à morte — que é, na verdade, o limiar da vida. Portanto, vocês se retêm enquanto se precipitam para a frente.

O medo da morte existe em muitas formas e modos. Toda crença espiritual ou religiosa, quando é imposta de fora e não é vivida interiormente, é tanto uma parte do medo da morte quanto o protesto violento da descrença. Tanto uma coisa como a outra não passam dos lados diferentes da mesma moeda.

A única forma de ter a experiência do fluxo do tempo que não conhece nenhum tipo de interrupção, que os leva a dimensões muito amplas, é utilizar cada momento de vida do modo como vocês o aprendem nessa senda. Então, vocês não precisam mais lidar com conceitos que adotem ou rejeitem, com que concordem ou de que discordem. Uma experiência interior do tempo só é uma faceta de mais uma matriz do tempo; trata-se apenas de um fragmento de um todo maior. Isso, em si mesmo, traz o conhecimento de que a morte é apenas uma ilusão. Ela é simplesmente uma manifestação da transição para uma outra dimensão; contudo, estas palavras só podem ter sentido quando vocês tornam possível a experiência da realidade delas.

Alguém tem perguntas a fazer sobre este tópico?

PERGUNTA: Você diz que quando a pessoa deixa esta dimensão do tempo, ela entra num outro tempo que envolve a unificação do espaço, do tempo e do movimento. Poderia explicar mais essa afirmação?

RESPOSTA: Sim, vou tentar. Na sua dimensão, tempo e espaço são dois fatores separados. Dou-lhes um exemplo prático: vocês se encontram em determinado espaço, requerem tempo para chegar lá. Para transpor a distância, precisam do movimento. Dessa forma, o movimento é a ponte que combina tempo e espaço. Na dimensão seguinte, onde existe um fragmento maior do que vocês podem chamar de tempo – o que ainda está muito longe da intemporalidade – movimento, tempo e o espaço são uma coisa só. Em outras palavras: vocês se encontram num espaço único. Pensam no espaço em que querem estar. O movimento necessário para vencer a distância é o pensamento. Ele apresenta um período de tempo e um movimento menores. O pensamento, que é moção, leva-os a uma outra área do espaço, independentemente da distância, do modo como ela é medida na sua dimensão. Entendem o que eu estou dizendo?

PERGUNTA: Sim. Mas duas perguntas me ocorrem. A primeira é: isso pode acontecer na Terra? E a segunda: há pouco tempo, vi um programa na tevê, que explicava que, no nosso espaço exterior, segundo o conhecimento que hoje temos dele, essa adaptação ocorre por meio do movimento que atravessa o tempo e o espaço, de modo que o tempo muda de acordo com o grau de velocidade com que vocês estão viajando pelo espaço. Eu não entendo muito bem esse aspecto.

RESPOSTA: Transpor a distância com o pensamento não é possível com os recursos materiais da Terra. O espírito, a psique, é, evidentemente, capaz de ter essa experiência. De fato, ele passa por isso constantemente, mas o cérebro vigilante raramente tem consciência disso. O corpo físico é incapaz dessa experiência porque foi feito e preparado para a dimensão limitada em que a separação entre tempo e espaço existe, e a ponte entre essas coisas é o movimento.

Quanto à segunda pergunta: quando os meios materiais e técnicos foram inventados para se deixar essa dimensão, uma vaga idéia desse fator torna-se acessível ao conhecimento do cérebro material; porém, que essa descoberta seja ou não compreendida em seu sentido mais profundo depende, evidentemente, da pessoa – da capacidade e da boa vontade de compreender. Eu poderia acrescentar que o conhecimento técnico que trouxe essa verdade cósmica ao mundo material – a mesma verdade que abordei aqui de um ângulo diferente – é conseqüência de uma prestância geral e total dessa esfera terrena de apreender a verdade superior. Se, apesar da possibilidade para o crescimento que levou essa verdade superior a ser apreendida, a humanidade ainda não compreende o sentido mais profundo disso, ela fica estagnada. Dá-se exatamente o mesmo processo com a pessoa. Alguém que tenha o potencial de se desenvolver mas não se vale desse potencial será uma alma mais perturbada do que aquela que pode verdadeiramente despender menos esforço na direção do desenvolvimento individual mas que esteja mais próximo do dado potencial. Isso explica por que é impossível julgar e comparar.

Voltando à sua pergunta: as descobertas técnicas são um modo de ajudar a humanidade a conseguir um conhecimento mais amplo das coisas; todavia, se uma descoberta técnica não levar a uma compreensão mais ampla e profunda, essa descoberta não será apenas inútil; será também destrutiva. O caráter construtivo e o benefício de cada descoberta depende de a humanidade como um todo entender ou não a lei espiritual e cósmica, num nível mais profundo do que o do seu entendimento antes que essa descoberta seja feita. Se isso acontecer, ajudará a humanidade a criar mais liberdade, a desenvolver-se mais rápido e, portanto, ajudará a criar o espaço exterior e a justiça com menos limitações.

Se a história for observada desse ponto de vista, descobrir-se-á que cada revolução por que a humanidade tem passado na Terra é conseqüência do conhecimento mais amplo usado sem a compreensão apropriada. Os vínculos entre o novo conhecimento em certas eras e as revoluções subseqüentemente devidas à ignorância do sentido real do conhecimento poderiam ser estabelecidos se os historiadores, empreendendo essa busca, estivessem eles próprios num processo vital de pleno desenvolvimento. O conhecimento novo não é necessária e exclusivamente de natureza técnica. Ele pode ser um influxo na arte, na filosofia ou em qualquer domínio da experiência. Os vínculos não são muito visíveis, mas estão lá. Isso poderia ser um estudo interessante para um historiador que tenha bagagem interior para ver aquilo que a princípio parece obscuro, mas que se mostra claramente quando a atenção das pessoas se volta para a direção certa.

O que vocês mencionaram na segunda pergunta é, em termos técnicos, a mesma coisa que eu expliquei em termos filosóficos e psicológicos.

Meus caros amigos, sejam abençoados todos vocês. Que estas palavras não venham apenas a fazer parte momentaneamente dos seus pensamentos. Que elas possam verdadeiramente dar-lhes o incentivo para ouvir a voz no fundo de vocês mesmos a fim de que se afastem um pouco de si mesmos. Só logrando mais objetividade é que vocês podem se sentir mais à vontade com vocês mesmos e com a vida neste fragmento do tempo, de maneira a poderem utilizá-lo com coragem, sem se precipitar para o futuro nem se opor a ele. Portanto, vocês estarão em harmonia com o fluxo do tempo. Assim, aos poucos, por meio das descobertas sobre os hábitos e emoções mais íntimos e ocultos de vocês, vocês se descobrirão fluindo com a onda do tempo, em harmonia com ela, vivendo plenamente o agora. Possam todos os meus bons amigos, os presentes e ausentes, os que são novos e hesitam, os que podem contemplar para começar um novo caminho da vida interior – possam eles todos encontrar o seu verdadeiro eu e, depois, superar os obstáculos que os faz tender à manifestação visível, enquanto se mostram cegos às causas dela.

Estejam em paz. Possam vocês encontrar a força e a realidade: a ajuda que tento lhes dar tem esse intuito. Sejam abençoados. Estejam em Deus!

Capítulo Treze

Redespertando da Anestesia Anterior à Encarnação

Saudações. Bênçãos de amor estão brotando para todos vocês!

Nesta palestra, falarei de novo sobre o fenômeno da consciência, particularmente em relação ao processo evolutivo e com o sentido da vida individual.

Todo o conhecimento está em vocês. Tenho afirmado isso repetidamente, mas o assunto raramente é entendido. Antes de vocês nascerem nesta vida, um processo de anestesia estava em curso. Há uma razão específica para tanto. Vocês despertam dela, quando saem da infância, com uma consciência limitada. O despertar é parcial e gradual. À proporção que crescem física, mental e emocionalmente, vocês tentam redescobrir seu conhecimento interior. A princípio, fazem isso de maneira limitada, concentrando-se na vida material. Aprendem a andar, a utilizar os objetos, a falar; aprendem a ler, a escrever, a fazer contas, tomam conhecimento de certas leis fundamentais da vida exterior, da matéria física que os cerca e que vocês precisam usar.

Quando o conhecimento material é dominado ou redespertado, o conhecimento mais profundo é readquirido, contanto que o processo de conhecimento ocorra conforme o que foi planejado. Quando uma pessoa está num processo de crescimento intenso, isso acontece numa profundidade cada vez maior e com um objetivo cada vez mais amplo. Se a pessoa interrompeu o movimento do processo de desenvolvimento – o "curso de sua vida" – essa interrupção impedirá o resgate do conhecimento que ela tem em estado potencial.

A razão para a anestesia

A esta altura, é inevitável que vocês perguntem, "Por que a anestesia se estabelece?" Na verdade, a anestesia é aplicada bem antes de dar-se o nascimento. Na sua realidade espiritual, a que pertence à entidade total que vocês são, vocês se decidem acerca de um reaparecimento nesta dimensão. Esse é o momento em que vocês ficam anestesiados deliberadamente. Depois que todos os projetos para a sua vida no plano material são cuidadosamente analisados e assimilados, vocês perdem a consciência. Uma pessoa que passe por uma cirurgia conhece um processo semelhante. De fato, o processo da anestesia é uma cópia da vida espiritual, lembrada e redescoberta na existência terrena. Na Terra, seu objetivo é impedir a dor durante uma operação. No caso do processo de encarnação, o motivo é diferente.

Antes que o eu espiritual entre na posse do corpo humano no processo do nascimento, a entidade já está num estado de sono, anestesiada e inconsciente. No nascimento, há um despertar em grau mínimo – mínimo em relação ao seu verdadeiro estado. A parte limitada da entidade que toma posse do corpo infantil está desperta para as sensações e o funcionamento físico, a certa percepção limitada e à consciência; a nada disso se pode ter acesso pleno, nenhuma dessas coisas pode ser interpretada ou assimilada. Isso ocorre posteriormente. O estado da percepção depois do nascimento aumenta, mas ainda é muito limitado. Tornar-se consciente e desperto é um processo gradual. Os primeiros anos – mais ou menos o período dos primeiros 22 a 25 anos, embora isso não possa ser generalizado – estão fundamentalmente concentrados na aquisição do conhecimento exterior. Contanto que esse processo seja significativo e orgânico, a concentração deve prosseguir na aquisição do conhecimento que transcende a realidade física: o conhecimento interior e espiritual. Isso só pode acontecer primeiramente num nível psicológico. Incluo o conhecimento psicológico quando falo do conhecimento espiritual, pois ele concerne às leis e aos processos do eu interior.

Algumas pessoas muito desenvolvidas e com capacidade para a realização espiritual muitas vezes, embora nem sempre, despertam para a realidade interior mais cedo, e isso pode coincidir com a aprendizagem exterior. Isso pode acontecer porque o conhecimento está próximo da alma, na verdade, está arraigado nela. Em vidas anteriores, ele se tornou parte integrante da entidade, parte cujo novo despertar é mais fácil nessa entidade do que em outras pessoas sem um desenvolvimento anterior como esse, pessoas que ainda devem passar pelos processos do desenvolvimento, da busca e da luta antes que o conhecimento interior lhes penetre cada partícula da alma. Evidentemente, é sobre isso que versa a vida. Tudo isso é necessário: o processo que implica tentar, o que implica julgamento e erro, busca, confusão constante e desconhecimento, e o de lidar com o não-conhecimento de modo construtivo. A pessoa terá de detectar o equilíbrio, por vezes precário, entre a paciência e a humildade, em benefício do conhecimento para se comunicar, de um lado, e do compromisso sério, do empenho, da concentração da vontade e da agressividade saudável, de outro. Esse processo é a chave.

Agora, volto à pergunta sobre o motivo de a anestesia temporária ocorrer. Recapitulo brevemente: a personalidade manifesta ignora que sabe. O conhecimento, em qualquer grau que exista, é apagado; é "esquecido". Independentemente do estado de desenvolvimento em que se encontrem, vocês começam com a "ficha limpa": começam sem saber de coisa alguma. O conhecimento que está em vocês aparentemente não está em vocês. Ora, por que tem de ser assim?

Numa palestra sobre o processo evolutivo,* analisei de que modo a "massa" da consciência se estende, preenchendo o vazio. À proporção que faz isso, as partículas da consciência se perdem. A consciência divina essencial, em sua beleza, sabedoria e poder divino, funciona de um modo limitado e distorcido. As partículas isoladas devem procurar se unir de novo com esse movimento de precipitação para a frente, de extensão, característico do estado divino da vida que preenche inexoravelmente o vácuo. Nesse processo, as partículas separadas – que são entidades individuais – terão de encontrar o caminho de volta por si mesmas, à força de redespertar os potenciais divinos sempre presentes, mesmo nos aspectos mais separados.

Permita-me tentar esclarecer um pouco mais o assunto. Suponham que vocês conscientemente tivessem de saber agora tudo o que sabem

* *Pathwork Guide Lecture nº 218.*

no nível profundo. Os aspectos não desenvolvidos em vocês não descobririam, sob sua própria névoa, a essência que lhes é inata. Eles seriam, por assim dizer, levados pelos aspectos que já conhecem, já são desenvolvidos. Portanto, sempre representariam um elemento com que não se pode contar. Essencialmente, embora não de modo necessariamente manifesto, eles empanariam a beleza, a vitalidade, a criatividade e a sabedoria do restante do seu ser. Seriam carregados pela onda de glória do Deus-consciência, mas não estariam de todo imbuídos dele. A purificação e a evolução implicam que todo aspecto mínimo de tudo o que é esteja imbuído de sua própria essência.

Apliquemos essa explanação um tanto metafísica e generalizada ao estado atual de vocês ao seu dia-a-dia e à luta na senda. Vocês não só vão entender melhor o que estou dizendo como também se beneficiarão pessoalmente disso.

O pior precisa vir à tona

Na sua senda, vocês às vezes descobrem aspectos da negatividade, da irracionalidade, da infantilidade, do egoísmo e da destrutividade. Vocês sabem que esses aspectos se desencadeiam automaticamente num estágio inicial do desenvolvimento, sem serem provocados de fora. Esses aspectos são tão fortes, que vocês os ativam, dando início à negatividade, independentemente de qual seja a situação exterior. À medida que o desenvolvimento prossegue, isso muda. Os aspectos negativos deixam de se manifestar por si mesmos. Eles precisam de algo que os provoque exteriormente. Vocês reagem com eles à negatividade que se inicia por parte dos outros que estão à volta de vocês; contudo, vocês vivem num mundo da matéria, em que, até mesmo nas melhores circunstâncias, a vida não é fácil. A matéria obstrui e frustra. O próprio fato de viver nessa dimensão da realidade – que é a produção, evidentemente – é sempre um desafio. Imaginem que vocês viveram em circunstâncias tão favoráveis, propícias e felizes que até mesmo o pior em vocês não encontraria ocasião para aflorar. Então, o pior em vocês continuaria adormecido, sem se expor, e não passaria por um processo necessário de purificação.

Às vezes, vocês estão convencidos – e em parte é certo que estejam assim – de que, se os outros não fizessem isso ou aquilo, vocês estariam bem, estariam numa situação de harmonia e felicidade. As áreas encobertas em vocês continuariam, contudo, latentes, porque, sem a manifestação delas, vocês não lhes conheceriam a existência. Elas precisam exatamente ser despertadas, precisam expor-se e ser provocadas. Pelas mesmas razões, se vocês devessem ter consciência de tudo o que sabem, sem serem provocados de fora, os aspectos não desenvolvidos não se desencadeariam e não adquiririam seu próprio conhecimento inato. Eles seriam afetados tão-somente pelo que os aspectos desenvolvidos já sabem.

No caminho, vocês tiveram a experiência de, ao trabalhar com êxito nessas áreas encobertas, tornar-se absolutamente seguros, independentemente do que os outros fizeram ou deixaram de fazer, não importando como reagissem. Vocês continuam essencialmente íntegros, essencialmente não influenciados. "Não influenciados", não no sentido de estarem distantes e sem que houvesse sentimento. Entendo pela expressão que a negatividade particular em vocês, na qual trabalharam, não existe mais e, portanto, não pode desencadear-se quando os outros fazem o mal em seu lugar. Vocês podem se magoar ou ficar com raiva, mas de um modo inteiramente diferente do de quando os defeitos e problemas não resolvidos de vocês vêm à tona por meio de circunstâncias exteriores. *Assim, vocês não dependem mais da perfeição com o objetivo de não encarar as suas imperfeições.* O efeito da destrutividade alheia não os fará perder a sua resistência ou o seu centro se as suas áreas encobertas tiverem sido purificadas e eliminadas.

O mesmo princípio vale para a relação entre as imperfeições anteriores de vocês e suas partes já purificadas. Se vocês nascessem sabendo tudo o que sabem, as áreas não purificadas dependeriam das purificadas e não se tornariam íntegras em si mesmas. Se os aspectos de sabedoria e conhecimento de vocês estão adormecidos, esse sono é necessário para fazer com que as áreas encobertas se desenvolvam por si mesmas, com a ajuda do conhecimento que já se encontra essencialmente em vocês. Assim, pela falta de conhecimento, o conhecimento se desenvolve. Por causa da escuridão é que a luz também se desenvolve. Até mesmo a parte mais obscura e de maior ignorância é a essência do conhecimento e da luz. Essa essência deverá expressar-se de dentro de si mesma, não de um aspecto exterior a si mesma, já na posse da sabedoria e da luz. Assim, quando o conhecimento e a luz nascem do interior de suas próprias limitações, a purificação é completa, é real e é possível contar com ela. Então, a verdadeira independência do ambiente que nos cerca está sendo estabelecida e, com ela, a verdadeira liberdade. Então, cada partícula, cada aspecto da consciência, realizou a sua própria "Divindade minúscula", por assim dizer. E esse é o sentido da anestesia com que vocês nascem. Essa é a luta pela luz essencial que aos poucos e constantemente diminui essa anestesia e os desperta para quem vocês verdadeiramente são.

A sabedoria e a lucidez afloram

No caminho, vocês também descobrem que, quanto mais coragem têm para enfrentar a verdade, quanto mais humildade e honestidade demonstram com relação à pessoa de vocês como um todo, mais alertas e dispersos vocês se tornam. Essa é uma conseqüência inevitável, que sempre acontece. De repente, ou aos poucos, vocês compreendem e percebem os outros de um modo como nunca aconteceu antes. Vocês começam a reconhecer os aspectos negativos dos outros sem se afetar pessoalmente nem se perturbar com eles. Vocês não precisam mais lutar contra o negativismo alheio de um modo irrefletido e com ressentimento, sem ver claramente, percebendo apenas de maneira vaga, como que em meio à névoa. Agora, vocês percebem claramente; vocês compreendem intuitivamente as ligações que não tornam mais a transição uma aniquilação pessoal. Vocês começam também a perceber a beleza dos outros de um modo que não causa ciúme, mas que enche vocês de assombro, encantamento e gratidão. À medida que vocês avançam dessa forma, lidando com suas próprias impurezas e eliminando-as, uma nova concentração e percepção despertam dentro de vocês. Certo conhecimento flui até vocês, aparentemente vindo de parte alguma. Não vem do cérebro. Tampouco vem do conhecimento exterior que vocês adquiriram nas primeiras duas décadas da vida, ou depois. Vem de uma fonte diferente.

Quando os canais se abrem, uma nova concentração pode se estabelecer. Vocês são capazes de começar voluntariamente a ouvir o universo interior, o lugar de onde toda sabedoria flui no seu ser exterior. Trata-se de um processo gradual; no entanto, ele manifesta-se de repente. O processo às vezes parece ininterrupto, porque por vezes desaparece nos estágios iniciais, de modo que a experiência pode dar a impressão de ter sido um sonho. O estado em que vocês ouvem a voz interior deve ser buscado num sentido positivo e com tranqüilidade. Deve ser logrado e resgatado, pois que se perde vezes sem conta.

A concentração deve ser feita voluntariamente, depois que certo estágio de desenvolvimento e purificação foi alcançado. A concentração criará condições para o estabelecimento das relações, para escutar, "dar ouvidos". Ora, o estado da consciência na humanidade como um todo, por causa do condicionamento de massa, torna essa concentração virtualmente impossível. Muitas das pessoas que se encontram num estágio suficientemente desenvolvido e que poderiam ser bem-sucedidas, sequer o tentam. O problema delas ainda não resolvido pode ser o medo do ridículo e da desaprovação por parte do mundo que as cerca. Falta-lhes coragem para estabelecer o eu interior como o verdadeiro centro da vida individual. A humanidade como um todo é condicionada a se concentrar apenas em determinados problemas, exteriores e interiores, excluindo outros aspectos da realidade, até que o que é objeto de sua concentração pareça real. Todo um mundo existe à volta de vocês; mas vocês não reparam nele, não o vivem. Quando ouvem falar dele, isso lhes parece imaginação. Essa limitação da percepção é conseqüência de um reflexo condicionado na concentração, que, por sua vez, é conseqüência da anestesia.

No começo dessa estrada, se vocês ouvem a si mesmos, provavelmente não ouvem nada, e talvez se convençam de que não existe nada senão o vazio. Ou talvez, de vez em quando, ouçam a voz do eu infantil, exigente, negativo. Então, evidentemente, vocês se convencem de que isso é a realidade final de vocês, que os assusta, e, assim, vocês evitam deparar-se com o eu negativo ainda mais, mesmo depois, quando talvez aprendam a encontrar ocasião para ouvir mais atentamente e serem capazes de entrar em contato com outros níveis da realidade interior não imaginada.

Questionem-se a si mesmos e desafiem a voz negativa de vocês. Enfrentem-na. Identifiquem-na, sem se identificar com ela. Aprendam a não deixar que ela os controle, não brinquem com ela – mesmo que vocês reconheçam a existência dessa voz do egoísmo e da maldade. Só quando essa atitude se tornar coerente, quando o confronto entre o eu inferior e o ego-eu consciente, sensato e positivo, ocorrer constantemente é que vocês posteriormente descobrirão sua concentração num outro nível da consciência, o qual, como vocês logo descobrirão, sempre esteve ali.

As vozes de Deus e do eu inferior

A voz de Deus sempre falou com vocês. Ela continua a falar-lhes sempre de uma maneira diferente, sempre adaptada exatamente ao que vocês precisam mais em qualquer dado momento da vida. Trata-se da voz que vocês desprezaram e mantiveram longe da atenção, de modo que ficaram com a ilusão do silêncio.

É impossível concentrar-se de novo nessa bela voz passando por cima do confronto com o eu inferior, que também lhes fala sempre. O ego de vocês tem de aprender a distinguir essas vozes. A voz do eu inferior diz: "Quero isto para mim. Não me importo com os outros." Essa parte de vocês acredita numa exclusividade mútua, numa divisão de interesses entre vocês e os outros, e que ela deve triunfar à custa dos demais. Essa voz negativa precisa ser enfrentada, precisa ser posta em questão. Questionem as vozes da maldade e da malícia, o interesse de vocês em ver os outros como pessoas ruins e em não querer dar a si mesmos a oportunidade de duvidar disso. Ao mesmo tempo, atentem para o fato de que vocês – ou uma parte de vocês – duvida da beleza e do caráter fidedigno do universo. Questionem a voz do medo, questionem-lhe a falta de fé, e enfrentem isso com sinceridade. Então, a voz de Deus se fará ouvir. E vocês a reconhecerão. Descobrirão de novo que ela sempre lhes falou, de modo claro e belo. Vocês simplesmente não a poderiam escutar antes, porque ela não poderia fazer-se ouvir enquanto vocês estivessem voltados para outra direção.

A concentração é deliberada, tanto num sentido positivo como num sentido negativo. Num sentido positivo, vocês tiveram de nascer anestesiados, tendo esquecido o que sabem, para purificar totalmente todos os aspectos do eu. Tivessem sempre ouvido a voz divina, essa purificação não poderia ter ocorrido. Vocês não teriam sido capazes de se concentrar no negativo, ou de lidar com ele. Ele teria sido abrandado e esquecido. Em certo sentido, concentrar-se em algo distante da voz divina é a anestesia que o eu de vocês escolhe deliberadamente para o processo da encarnação. No sentido negativo, a concentração voluntária em algo distante da voz divina se deve ao poder que vocês dão ao eu divino, que rejeita qualquer regra à exceção das suas. O eu negativo não quer conhecer a si mesmo; no entanto, a voz divina leva o eu negativo a conhecer-se a si mesmo. Esse é o primeiro passo para o eu negativo se purificar.

Muitos dos meus amigos nessa estrada talvez possam começar a dar os passos deliberados para a ouvir ambas as vozes distintamente. O que é o eu negativo, inferior? Ele pode se manifestar sob um belo disfarce. E o que é a voz divina? Vocês podem aprender a desviar o foco de sua atenção deliberadamente, e podem despender tempo em meditação exercitando-se nessa diferenciação.

Ora, meus queridos amigos, eu abençôo vocês todos. O amor divino e a sabedoria estão aqui em abundância. Vocês, que trabalham nesta senda, criam as bênçãos, a luz para si mesmos. Vocês cada vez mais despertarão do sono, para nunca mais cair nele novamente. Esse repouso não lhes prejudicará a percepção de um universo jubiloso, de paz, animação e alegria, em que vocês vivem e que vive em vocês. Sejam abençoados.

Parte Seis

Especialistas, Demônios e a Essência do Mal

"Todas as coisas exaltam a Deus.
As trevas, as privações, os defeitos e o mal
também exaltam a Deus e o bendizem."
– *Meister Eckhart*

Um espírito é uma consciência que não habita no corpo material.

Em todas as épocas e lugares, em todas as culturas, a não ser na civilização ocidental dos últimos trezentos anos, a existência dos espíritos foi reconhecida por todos. A Torá do Judaísmo, o Antigo e Novo Testamentos da Cristandade, o Corão do Islã – todos descrevem a ação dos anjos e demônios, à medida que vêm à Terra e desempenham um papel junto aos homens e às mulheres. Os budistas fazem oferendas de alimentos e orações aos espíritos que têm fome; os confucionistas dizem orações aos espíritos dos ancestrais; os antigos gregos consultavam os oráculos com a esperança de que uma voz espiritual lhes respondesse às perguntas. Cada cultura nativa estudada pelos antropólogos comumente conta com a ação do domínio espiritual por meio de seus mitos e rituais.

Só nas culturas da Europa e da América, nos últimos séculos, é que anjos e demônios vieram a ser considerados superstições que não existem no mundo "real". Portanto, a maioria das pessoas deixou de vê-los.

Recentemente, contudo, algumas pessoas começaram a percebê-los de novo. Isso irrita os racionalistas e constitui uma ameaça para eles, que só acreditam na realidade física e que, decerto, consideram isso um tipo de retorno a tempos primitivos; todavia, está claro para algumas pessoas que não se trata de uma regressão à superstição, mas de um aguçamento da sensibilidade e do sinal de uma evolução dos seres humanos.

À proporção que muitos dentre nós estão desenvolvendo a capacidade de chegar a um estado de consciência cósmica, também estamos nos tornando mais aptos a perceber o que até então nos havia escapado, no que diz respeito aos nossos sentidos físicos.

As palestras do *Pathwork* têm como certa a existência de uma realidade espiritual, e descrevem a natureza e muitos dos seus princípios. Supus que o tratamento dos *espíritos negativos* por parte das palestras, e do modo como esses espíritos afetam a humanidade, seria de grande importância, e resolvi transcrevê-las nesta seção.

O mundo dos espíritos é mais "especializado" do que o nosso. A primeira palestra, aqui, examina a função dos "especialistas negativos", os espíritos que se ligam aos nossos defeitos, aumentando-os e dirigindo. Para nossa própria proteção, temos de enfrentar nossas imperfeições com honestidade e nos comprometer a transformá-las.

A segunda palestra nesta seção, sobre o mal e a consciência, torna claro que, na realidade máxima do estado de união, o mal não existe. Concomitantemente, no nível da manifestação humana, ele existe. Uma parte importante do nosso trabalho envolve a aceitação dessa realidade, o enfrentamento e a superação do mal que existe em nós.

A terceira palestra descreve especificadamente os três princípios do mal – o isolamento, o materialismo e a confusão – e de que forma eles vêm à luz e passam a agir.

D. T.

Capítulo Quatorze

Influência entre os Mundos Espiritual e Material

Trago-lhes bênçãos e amor, meus amigos.

Vou falar-lhes sobre a influência entre os mundos espiritual e material. Muito se disse acerca da influência do mundo do espírito sobre o mundo da matéria, mas nem tanto sobre a influência do mundo da matéria sobre o mundo do espírito, pois ambos se afetam mutuamente.

Em primeiro lugar, analisarei a influência do espírito sobre a nossa esfera terrena. Existem esferas espirituais em todo o universo. Porquanto a distância no mundo do espírito não se meça pelas nossas medidas geográficas, é possível a muitas esferas existir no mesmo ponto geográfico ou material e imbricar-se. Por exemplo, um ser humano pode viver na Terra, estar neste cômodo, e também estar ligado a uma esfera espiritual determinada ao passo que uma outra pessoa no mesmo lugar pode estar ligada a uma outra esfera num nível bem diferente. Compreendo, meus amigos, que isso talvez seja muito difícil de imaginar, porque a distância para vocês é uma questão de espaço; no entanto, na realidade absoluta, as coisas não são dessa forma. Uma pessoa está em contato com uma esfera que corresponde ao seu desenvolvimento geral e espiritual como um todo. De vez que ninguém na Terra apresenta um desenvolvimento harmonioso — se apresentasse, não estaria vivendo aqui — ao mesmo tempo é possível estar em contato com uma esfera espiritual particular, e, quando o estado de espírito se altera, as correntes que se irradiam da nossa alma, do nosso subconsciente e da nossa mente consciente, nos ligam a uma esfera bastante diferente.

Expliquei-lhes acerca do *eu superior*, do *eu inferior* e o *eu com a máscara.** Onde quer que o eu tenha sido restituído ao seu estado original, deixando de lado as camadas à volta que constituem o eu inferior, ele se estende e, de imediato, liga-se às esferas superiores e de mais luz, posto que vocês ainda vivam na Terra. Sempre que o eu inferior ainda é mais forte e não deixa o eu superior se irradiar, a ligação se dá com as forças das trevas, de acordo com a atitude e o desenvolvimento de cada pessoa. Por outras palavras, o eu inferior de uma pessoa pode ser inferior ao de outra. Já que cada esfera está povoada de espíritos que quadram àquela determinada esfera, vocês todos estão em contato constante com espíritos de desenvolvimento espiritual variável, bem como com forças e correntes que são geradas de nossa esfera particular.

Algumas pessoas dizem que os espíritos do mal são responsáveis quando seu eu inferior assume o comando, querendo dizer que não devem ser recriminadas; mas isso não é verdade. Com certeza, os espíritos malignos podem influenciá-los – eles fazem isso – mas só quando vocês deixam que isso aconteça, em função da falta de empenho na busca do desenvolvimento espiritual e da inclinação de vocês quanto a adotar a atitude do menor esforço. Vocês crêem que só porque seus defeitos não são tão grandes quanto os de certas pessoas de desenvolvimento inferior – um criminoso, por exemplo – eles não importam muito. Mesmo que as falhas de vocês sejam menores, e não sejam verdadeiros crimes ou pecados, vocês são responsáveis. Quanto maior o desenvolvimento, maior é a responsabilidade e o dever que vocês têm de se aperfeiçoar. Quanto mais vocês estão livres de tendências perversas ou malignas, maior é o desenvolvimento de vocês. Portanto, vocês têm mais iluminação e força e, por isso, espera-se mais de vocês. Um defeito, por assim dizer, menor, pode ter aos olhos de vocês o peso que um crime pode ter aos olhos de uma pessoa de pouca iluminação espiritual. Portanto, não compare as faltas e desvios de vocês quanto à lei espiritual com os erros de uma outra pessoa. Essa comparação pode estar inteiramente errada, porque vocês provavelmente não podem ter idéia da posição de vocês com relação aos outros. Digo isso porque as pessoas por vezes se desculpam dizendo ou pensando coisas como "Não sou o

* Ver Glossário para definição de *Eu Superior*, *Eu Inferior* e *Eu com a Máscara*.

único que faz isso; outras pessoas são piores", ou pondo a culpa nos espíritos malignos cuja influência sobre elas, como gostam de acreditar, é simplesmente arbitrária. Pelas mesmas razões, se as entidades superiores do mundo de Deus podem orientá-los, ajudá-los e influenciá-los, isso só pode ser assim por causa da atitude interior de vocês, que as convocou.

Os especialistas

Onde quer que um ser humano esteja, um grande número de seres espirituais, em estágios variados de desenvolvimento, também estão próximos. Em cada esfera, há especialistas de toda sorte. Eu afirmei isso antes e o repito aqui porque o sentido do que eu lhes disse não foi de todo compreendido. O mundo espiritual, em suas gradações, é muito mais especializado do que a esfera terrena. Isso se aplica à ordem divina e ao mundo das trevas, bem como a todas as variações entre eles. Cada um de vocês atrai especialistas, cujas qualidades particulares, boas ou ruins, vocês possuem. Pois o semelhante, inevitavelmente, magneticamente atrai o semelhante. Quando um ser humano cresce, ele se vê envolvido por espíritos guardiães, que pertencem à ordem e à organização dos mundos divinos e que só podem aproximar-se do seu *protégé* quando este busca a verdade divina e a vontade divina, esforçando-se para se elevar. De outra forma, esses espíritos têm de ficar ao largo e observar as pessoas a distância. Eles só haverão de interferir para proteger segundo os méritos da pessoa no passado, segundo leis espirituais exatas, pelas quais zelam, sem as transgredir nunca, de vez que elas são a perfeição, o amor, a sabedoria e a justiça. Essa mesma pessoa também está cercada de um grande número de outros espíritos não incorporados à ordem divina. Alguns podem pertencer ao mundo das trevas. Se a pessoa não for um criminoso nem, de fato, uma alma verdadeiramente pecadora, espíritos muito maus haverão de manter-se a distância, pois não poderão levar a efeito os males em que são especializados no que diz respeito a essa pessoa.

Contudo, mesmo os especialistas nos chamados defeitos humanos menores ou triviais pertencem ao mundo das trevas. Eles também atuam de acordo com as suas leis e realizam tanto para seus propósitos quanto, digamos, o espírito de um assassino que influencie um ser humano. Se o seu defeito é o egoísmo, há um especialista desses ligado a vocês. Se o seu defeito é ser inclinado a rompantes de ódio, vocês têm um especialista à sua volta de um tipo à espera de que vocês o deixem assumir o comando, exercendo influência sobre vocês e, dessa forma, vivendo por meio de vocês. Isso lhe dá muita satisfação, não apenas porque esse especialista realiza a sua tarefa, mas também porque pode se comprazer com a sua fraqueza em particular. Por outro lado, vocês podem ser completamente destituídos de inveja, de modo que não têm um especialista em inveja ligado a vocês; contudo, uma outra pessoa que não seja inferior a vocês no seu desenvolvimento como um todo pode ter à volta esse especialista em inveja, em função desse defeito.

Assim, vocês precisam, em primeiro lugar, ter em mente que são as suas próprias faltas que levam determinados especialistas para perto de vocês, e que eles constantemente aguardam uma oportunidade para viver por meio de vocês. Dessa maneira, vocês conspiram com eles, e só podem livrar-se deles por meio do esforço pessoal para corrigir os próprios erros; entretanto, antes que possam fazer isso, vocês primeiramente têm de reconhecer todos os seus defeitos, que tantas vezes ignoram simplesmente porque não querem carregar o fardo desse conhecimento pouco lisonjeiro. Um reduzido número de pessoas realmente quer ter consciência dos próprios defeitos. A maior parte das pessoas admite que têm falhas; contudo, admitir os erros num nível superficial e tornar-se inteiramente consciente deles são duas coisas diferentes.

Assim, para a sua própria proteção, cada um de vocês deve se encarar de um modo inteiramente honesto. Vocês podem ter certeza de que, independentemente de quais sejam os defeitos, vocês levam consigo e ao redor de si mesmos os especialistas correspondentes, à espera de uma oportunidade para tentá-los quanto a capitular em seus defeitos característicos. Já que, para ceder a essas faltas não é necessário muito — trata-se até de algo fácil e cômodo — amiúde vocês caem nessas tentações. Quanto maior o defeito em vocês e quanto menos consciente vocês estão do seu verdadeiro significado, mais próximo esse especialista está de vocês; assim, a um só tempo é acertado e errado dizer, para pessoas que têm conhecimento da existência do além e das criaturas espirituais, que um espírito maligno as influenciou. Quando se diz isso, com o sentido de que essas pessoas estão assumindo plena responsabilidade pelo seu próprio *input*, estamos agindo corretamente; mas quando isso é afirmado porque se tem a intenção de se absolver da responsabilidade pessoal e da culpa, essa afirmação é imprópria.

Entre essas criaturas inferiores e as entidades superiores do mundo de Deus há muitos espíritos bem semelhantes a nós mesmos em suas atitudes. Talvez sejam pessoas mortas que querem o bem e que não são ruins, mas que ainda não fazem parte da ordem divina e, portanto, são cegas no que concerne a muitas coisas. Freqüentemente, elas procuram influenciar os seres humanos porque isso de alguma forma as ajuda, ou simplesmente porque não têm nada melhor para fazer. Esses espíritos podem aprender com vocês quando vocês seguem a senda espiritual do desenvolvimento; contudo, se vocês não são os mais fortes, eles acabam por influenciá-los, vez por outra de modo não nocivo; no entanto, mesmo que eles possam querer bem aos outros, não os inspiram aos atos mais dignos no que concerne ao espírito justamente porque estão cegos. Às vezes, a orientação deles pode dizer respeito aos seus bens materiais, que podem ou não interferir no progresso espiritual; às vezes, sua influência pode ser inofensiva ou parecer assim, mas é, em última análise, algo que se estabelece em prejuízo de vocês mesmos. O momento e o grau em que isso pode acontecer não é, também, nenhuma coincidência; sua influência se faz sentir inevitavelmente em virtude da atitude interior de vocês mesmos.

Se vocês meditarem sobre isso, sobre si mesmos, sobre a vida e sobre os desejos de vocês, poderão descobrir quais espíritos estão à sua volta. Aqueles dentre vocês que caminham na senda da perfeição, que é a única proteção real que vocês têm, não serão perturbados nem influenciados pelos espíritos que não cumprem a vontade de Deus em todos os aspectos. Há outros meios de proteção, mas eles só têm um efeito passageiro. Se vocês estiverem em desarmonia – por exemplo, quando vocês sentem que uma altercação está prestes a se iniciar com os seus companheiros – e tiverem a presença de espírito de parar para rezar, procurando Deus dentro de vocês, ou para pedir orientação espiritual, esses procedimentos decerto os ajudarão, e recomendo isso com insistência; mas só ajudarão nesse exemplo particular, de vez que vocês nem sempre têm presença de espírito. Com freqüência, vocês acabarão se cansando e se esquecerão, tornando-se, assim, vítimas dessas influências que, como dissemos, só podem exercer seus efeitos sobre vocês em virtude do que já existe dentro de vocês. Portanto, a única cura definitiva e permanente e a única proteção para vocês implicam desarraigar os hábitos ruins. Isso acontece na senda da perfeição e do desenvolvimento pessoal – na senda da felicidade. Se estiverem dispostos a seguir por essa senda, serão orientados e ajudados; porém, primeiramente, essa vontade e decisão devem ser claramente formuladas na mente de vocês; então, dar-se-á o reconhecimento. A essa altura, a orientação divina para vocês pode automática e imediatamente aproximar-se de vocês para, entre outras coisas, orientá-los para o apoio humano adequado de que também necessitam para seguir essa senda. Vocês serão levados ao lugar e à pessoa mais apropriados ao temperamento e caráter de cada um.

Eis como as diversas esferas espirituais, com suas respectivas criaturas, influenciam os seres humanos. Estes não são vítimas indefesas dessas influências, mas as determinam. Ao rejeitar toda influência que não vem do mundo divino, a pessoa não só assume o comando de sua vida, mas também enfraquece as forças das trevas, que, dispondo de menos coisas para trabalhar no mundo material, acabam por perder sua força.

Suas criações espirituais

Os seres humanos têm outro tipo de influência no mundo do espírito. Tentarei dar-lhes uma imagem dela, embora se trate de uma imagem bem limitada. Vocês sabem que, como eu disse muitas vezes, os pensamentos e sentimentos de vocês são criações espirituais. Eles criam formas de todos os tipos no mundo espiritual. Se a vida de vocês está em harmonia com o seu destino, e vocês fazem o máximo de que são capazes, segundo o desenvolvimento de cada um – caso muito raro – vocês criam formas que darão origem a esferas harmoniosas, a estruturas e paisagens no mundo espiritual. Isso pode parecer um tanto fantástico a alguns de vocês; contudo, meus queridos, asseguro-lhes que é verdade. Dia virá em que todos vocês perceberão essa verdade. Aliás, quando a perceberem, terão consciência do que sempre souberam em espírito. Esse conhecimento só foi apagado temporariamente da consciência de vocês durante a sua encarnação. As pessoas que se entregam ao seu eu inferior criam formas que correspondem à qualidade, à força e ao tipo de seu eu inferior. Isso não exclui a possibilidade de elas criarem simultaneamente formas harmoniosas e belas no grau em que o seu eu superior é capaz de funcionar.

Imaginemos que toda a humanidade, isto é, cada indivíduo, seguisse a política do menor esforço e capitulasse ao eu inferior, alimentando-o em vez de lhe dar combate. O que aconteceria do nosso ponto de vista? As esferas imbricadas que descrevi mudariam de aspecto. A humanidade fortaleceria e dilataria as esferas desarmoniosas, que haveriam de obscurecer por completo as esferas de harmonia e luz, de verdade, amor e felicidade, levando-as a um segundo plano, de modo que afetariam os homens cada vez menos. Em conseqüência disso, só a influência das forças em desarmonia exerceria seu efeito. Dessa maneira, a humanidade contribuiria constantemente com o mundo das trevas, e sua influência, por sua vez, seria muito maior sobre vocês. Por outro lado, imaginemos de novo que toda a humanidade – cada indivíduo – trilhasse a senda da perfeição. Esse caminho seria diferente para cada pessoa, porque o que pode ser necessário para alguém talvez fosse difícil demais para outro alguém; no entanto, se todos os filhos de Deus, independentemente do seu nível de desenvolvimento, tentassem dar o melhor de si, as esferas das trevas e da desarmonia, o mal e a inveja, o ódio e o preconceito, a guerra e a cobiça, seriam postos de lado e aos poucos se dissipariam. A criação divina, contudo, jamais se pode dissipar; ela só pode ser posta num segundo plano para não afetar o mundo material enquanto a atitude negativa estiver no comando das coisas. A desarmonia, com todas as suas facetas pode e deve, em última análise, ser destruída e dissipada. Assim, vocês podem perceber muito bem, não apenas como o mundo espiritual os afeta, mas também como vocês exercem influência sobre ele. Um ciclo contínuo, vicioso ou benigno, é posto em movimento entre as duas coisas. Isso nunca mudará, enquanto o mundo material existir. Assim deve ser.

Por exemplo, se um grupo de pessoas, talvez apenas um número reduzido, se juntar com a vontade sincera de servir a Deus e ao seu grande projeto, vocês imaginam que forma veremos no mundo espiritual? Veremos um templo magnífico sendo construído no mundo do espírito. Esse grupo a quem falo no momento está construindo esse templo, pedra por pedra. Ele não está acabado, ainda falta o teto e está sem móveis, mas a construção está avançando. Não pensem que falo simbolicamente; estou falando a verdade. Esse templo já existe na esfera espiritual que corresponde à nossa.

Encarnações anteriores

Há alguma pergunta com relação ao que foi dito, meus amigos?

PERGUNTA: Uma vez, escrevi uma peça de teatro sobre uma encarnação passada no Egito; será que eu mesmo passei por essa experiência?

RESPOSTA: A propósito disso, posso fazer uma pequena explanação a todos os meus novos amigos presentes? Os espíritos que fazem parte da ordem do projeto divino não podem e não vão dar esse tipo de informação a não ser que ela sirva a um objetivo justo, a não ser que seja importante para o desenvolvimento pessoal. Se essa informação se tornar necessária, você terá o conhecimento dela, ou por mim ou por algum outro espírito, ou mesmo através da iluminação que lhe ocorrerá de imediato; porém, enquanto isso, é apenas uma especulação interessante; não damos essa informação, porque, se tratássemos disso de maneira leviana, não haveria razão para as lembranças serem apagadas de uma vida para outra. Sei que há muitos espíritos que vêm através de agentes muito liberais com esse tipo de informação; mas não são os nossos espíritos. É fácil dizer, isso satisfaz a curiosidade humana, e nunca pode ser provado. Um espírito poderia dizer-lhes, com facilidade, "sim" ou "não", e vocês não saberiam. Vocês ficariam satisfeitos; mas nós não fazemos isso. Quando esse conhecimento ocorrer, ele deverá ter um sentido real. Deverá ser uma chave para a vida atual de vocês. Às vezes, a iluminação é dada com base em vidas passadas. O país raramente importa, ao contrário de outras circunstâncias. Sempre que a verdade acerca de uma encarnação anterior lhes ocorrer – e isso vale para todos – vocês devem ter uma sensação de vitória ou de libertação. É como se se girasse uma chave na fechadura, a porta se abrisse e, de repente, vocês entendessem muitas, muitas coisas do estágio atual da vida de vocês – as dificuldades, apuros e provações. Se essa informação não traz consigo essa impressão, não confiem nela.

PERGUNTA: Segundo o mundo espiritual, quando a pessoa é iniciada?

RESPOSTA: Bem, já que eu muitas vezes fiz essa pergunta, tentarei respondê-la brevemente; contudo, antes de fazer isso, quero acrescentar o seguinte: o perigo com os seres humanos é que eles usam certas palavras-chave e rótulos de forma muito loquaz e leviana. Isso é perigoso. Às vezes, seria melhor que vocês nem mesmo conhecessem essas palavras. Do nosso ponto de vista, a iniciação ocorre quando uma pessoa, não apenas em pensamento ou em teoria, mas realmente, de coração e na prática, entrega sua vida a Deus; quando não importam mais quaisquer considerações; quando Deus vem em primeiro lugar. Isso não significa que vocês devam tornar-se fanáticos nem que se enclausurem; pelo contrário. O que se entende por entregar-se de todo a Deus é que o conforto material, as vontades do ego, se tornam secundários diante de considerações que dizem respeito a Deus, ao seu grande projeto e à realização da vida em conformidade com a vontade de Deus. Quando isso é reconhecido e certo estágio alcançado, momento em que isso é colocado conscientemente em prática, então dizemos que a palavra "iniciação" pode ser usada.

PERGUNTA: Por que há no ser humano o impulso de buscar a vida espiritual?

RESPOSTA: Porque o eu superior ou a centelha divina está em todos nós, e ela nos impele exatamente nesse sentido. Quanto menor o desenvolvimento, mais numerosas são as camadas do eu inferior que recobrem o eu superior e esse mesmo impulso; mas quando se alcança certo desenvolvimento, a vontade do eu superior nos impele. Uma vez mais, algumas vozes do nosso eu inferior tentam nos manter apartados do eu superior. Essa é a batalha que temos de travar com nós mesmos, cada um de nós. Quanto mais alto for o seu desenvolvimento, mais infelizes vocês devem ficar, se não seguirem a voz do eu superior, ou, no que tange a isso, as vozes dos espíritos divinos que os inspiram.

Esses espíritos superiores só podem estar ao redor de vocês porque o eu superior de vocês se libertou o bastante, pelo menos em certo grau. Se vocês não derem ouvidos a essas vozes, se deixarem que considerações de outra ordem, independentemente de qual, se postem no caminho de vocês, vocês ficarão infelizes. Vocês se sentirão frustrados, não terão paz de espírito. Se preferirem seguir essa voz, se tiverem decidido seguir esse caminho e continuar nele a qualquer preço, a felicidade será de vocês; mas é sempre a centelha divina, o eu superior, que os impele a seguir adiante, e vocês não terão paz enquanto não encontrarem aquilo que se propuseram encontrar. Quem bate entrará; quem busca achará.

Com isso, meus amigos, me despeço para voltar ao meu mundo. Deixo-lhes as bênçãos de Deus. Possam vocês estar em paz. Deus os acompanhe.

Capítulo Quinze

O Mal Nivela a Energia e a Consciência em Distorção

Saudações a todos os meus amigos presentes. As bênçãos e a força divina fluem do mundo do espírito na direção de vocês e para dentro de vocês, e do poço mais profundo dentro de vocês para impregnar a personalidade de cada um; todavia, essa força não deve ser usada para evitar o que vocês não querem ver ou saber. Ela deveria ser usada para aumentar a honestidade de vocês com vocês mesmos. Pois só então o amor pode florescer genuinamente. Só então vocês podem sentir-se seguros em vocês e no mundo.

Nesta palestra, tratarei da idéia do mal.

Alguns filósofos afirmam que não existe nenhum mal, que isso é mais uma ilusão. Outros dizem que o mal é um fato observável por qualquer um que depare com a realidade. Algumas filosofias religiosas afirmam que o mal deriva de uma fonte principal, de uma entidade específica chamada demônio – assim como o bem promana de um Deus personificado. O bem e o mal advêm desses dois, de acordo com esse ponto de vista. Outras filosofias ainda dizem que as forças do bem e do mal existem como princípios, como energia, na forma de atitudes.

As várias idéias do que é o mal e de onde ele vem são verdadeiras, contanto que não excluam a abordagem aparentemente oposta. Se vocês dizem que o mal não existe, em nenhum nível do ser, isso seria errado; mas se vocês afirmam que, em última análise, não existe mal nenhum, isso também é verdade. Qualquer um desses postulados é incorreto quando visto como a única verdade. Isso pode parecer paradoxal, como às vezes é o caso. Mas quando consideramos o problema de um ponto de vista mais amplo, os opostos aparentes de súbito se reconciliam e complementam cada qual.

O universo é consciência e energia

Agora, explicarei de que modo esses opostos aparentes são verdadeiros. Permitam-me repetir, em primeiro lugar, que o universo consiste em consciência e energia. No estado unificado, consciência e energia são uma coisa só. No estado de desunião, elas não são por força apenas uma coisa. A energia pode ser uma força impessoal, que não parece trazer em si nem expressar a consciência. Ela parece uma força mecânica que a consciência pode dirigir mas que é em si mesma avessa à determinação, ao conhecimento de si mesma — em resumo, a tudo o que distingue a consciência. Pensem, por exemplo, na eletricidade e na energia atômica. Até mesmo a energia mental por vezes parece desvinculada da fonte da consciência de vocês. É possível que vocês tenham certa idéia do que estou querendo dizer. Por exemplo, muitos de vocês já sentiram algum dia que o poder dos pensamentos, atitudes e sentimentos não exercem um efeito imediato na vida de vocês. Eles têm um efeito indireto, que a princípio parece tão apartado de sua fonte que compreender o liame entre causa e efeito requer atenção e concentração. Só quando a consciência se expande é que vocês podem sentir a unidade desse poder mental imenso e da energia que ele põe em movimento. Essa unidade atua de um modo construtivo e destrutivo. O princípio é o mesmo.

A mente humana, separada e dualista cria a ilusão de que a energia e a consciência são duas manifestações diferentes. No ser humano existe essa mesma percepção parcial, no que concerne à vida e ao eu, a Deus e à humanidade, à causa e ao efeito e a muitos outros conceitos ou fenômenos. Existem pessoas neste plano terreno que sentem o universo, o cosmo, como um fenômeno puramente energético. Há outros que sentem o universo e o cosmo sobretudo como consciência suprema. Ambos os tipos estão certos, é claro. E os dois estão errados quando afirmam que o ponto de vista deles é a única verdade. As duas coisas são iguais. Já que o pensamento é movimento e energia, é impossível separar a consciência da energia em sua essência, embora em suas manifestações haja uma falta de vínculo aparente.

Como podem todas as diversas filosofias e modos de perceber a vida serem verdadeiros quando parecem opostos? Examinemos isso mais minuciosamente. É bem verdade que na realidade máxima do estado unificado não existe nenhum mal. O pensamento é puro e verdadeiro; os sentimentos são amorosos e abençoados; o sentido ou intenção da vontade é totalmente positivo e construtivo. Portanto, não existe mal; mas a mesma consciência pode alterar a mente, por assim dizer, num processo de pensamento falso e limitado, acompanhado dos sentimentos de ódio, medo e crueldade, levando-a a um sentido e intenção negativa por parte da vontade. Nesse momento, a consciência, ou um aspecto dessa consciência, torna-se a sua própria versão distorcida. Se isso acontece, a energia também altera a sua manifestação.

Assim, a manifestação do mal não é algo intrinsecamente diferente da consciência e da energia pura. Ela só mudou de direção e de foco. Portanto, é tão acertado afirmar que em essência não existe mal quanto afirmar que no nível da manifestação humana ele existe.

Cada pessoa deve aceitar a realidade do mal nesse plano de desenvolvimento, para aprender a lidar com ele e, assim, superá-lo positivamente. O mal precisa ser enfrentado e sobrepujado primeiramente no eu. Só então pode o mal, que é exterior ao eu, ser controlado. A tentativa de inverter esse processo fracassará, pois que tudo deve começar a partir do centro interior – o eu.

No desenvolvimento atual da consciência humana, existem o puro e o distorcido, o bem e o mal, Deus e o demônio. Cabe a todo ser humano, na longa estrada da evolução, vida após vida, purificar a alma e dominar o mal.

O mal visto como consciência e energia

Examinemos por um momento qual é o sentido do mal, do ponto de vista da energia e da consciência. Quando a energia se desvirtua, ela gera uma manifestação destrutiva. Sua freqüência diminui e torna-se proporcional à distorção da consciência que determina o estado, escolhendo o sentido da vontade do processo de pensamento e estabelecendo o modo de atitude negativo. Quanto mais lento o movimento, mais acentuada é a distorção da consciência e mais podemos falar em termos de manifestação do mal.

Outra característica do fluxo de energia em desarmonia é a condensação. A energia condensada é o estado dualista, de separação. Quanto mais desenvolvido é um ser humano, mais pura é a sua energia, mais rápida a sua freqüência e mais radiante a sua matéria. Quanto mais desarmonia e negatividade tiver uma pessoa, mais condensada é a forma em que a sua consciência se manifesta. A matéria, do modo como vocês a conhecem, é um estado avançado de condensação. A consciência envolvida nesse estado terá de voltar a uma freqüência aumentada de seu movimento energético purificando seus pensamentos e seus tipos de atitude.

O que significa o mal como fenômeno da consciência? A religião, evidentemente, falou de maneira ampla sobre isso, valendo-se de termos como ódio, medo, egoísmo, duplicidade, despeito, malbaratar a vida não pagando o preço das coisas, querer mais do que se está disposto a dar e outras atitudes destrutivas. Isso é óbvio; contudo, tratemos do fenômeno do mal num nível mais sutil.

Jesus Cristo disse: "Não se oponha ao mal." Essa frase foi mal compreendida de diversas formas. Foi interpretada de modo demasiado literal, como que significando deixar que os outros nos explorem e que não afirmemos nossos direitos humanos e nossa dignidade. Os que aceitam essa interpretação têm pregado a passividade e o masoquismo, que não estão de acordo com a verdade divina. Pelo contrário, eles ajudam a perpetuar o mal e a deixar que quantos o perpetram prejudiquem a si mesmos ou ao seu ambiente.

Qualquer verdade pode ser interpretada de diversas maneiras corretas. Já que agora estamos examinando o mal como uma manifestação da consciência e da energia, interpretarei o "não se oponha ao mal" desse ângulo. A frase indica o fato de que a própria resistência é o mal, o fato de que ela o gera.

A energia sem bloqueios flui tranqüila e harmoniosamente, como as águas mansas de um rio. Quando há resistência ao movimento da corrente energética, seu fluxo se torna lento e sua forma se condensa, bloqueando os canais. A resistência causa tensão e, portanto, engrossa a energia. Retém o que deveria fluir.

A energia se espessa até virar matéria

A consciência responsável pelo espessamento da energia deve existir conseqüentemente. Essa afirmação não é muito correta, mas a linguagem humana é incapaz de exprimir a unidade essencial da consciência e da energia, de modo que devemos nos comprometer a falar como se a consciência fosse "responsável" pelo fluxo energético. De qualquer modo, do ponto de vista de vocês essa expressão será bem adequada. Os pensamentos distorcidos, a intenção, os sentimentos e as atitudes negativas se opõem ao que é: verdade, vida, Deus – qualquer aspecto da bondade do universo. Por opor-se à confiança no processo vital, essa consciência gera a má vontade ou a intenção negativa. Nenhuma atitude má pode se manifestar a não ser que a resistência ao bem também ocorra. De modo contrário, sempre que a vida fluir sem peias, ela será harmoniosa, abençoada e criativa.

A própria manifestação da matéria do modo como vocês a conhecem, a qual é um estado que apresenta muita desunião, é conseqüência dessa resistência. A matéria é energia espessa, rude, lenta. A existência na matéria turva a visão clara e é, portanto, inevitavelmente dolorosa. A resistência, a matéria, a cegueira, o dualismo, a separação, o mal e o sofrimento – tudo isso é a mesma coisa. A resistência opõe-se ao fluxo, baldando-o; ela impede o movimento da energia universal – do amor, da verdade, do movimento perpétuo da vida desdobrando-se como manifestação divina. A resistência sempre está obstruindo algum aspecto de valor e belo da criação. Ela é, portanto, uma manifestação do mal.

Quando vocês mergulharem em si mesmos, perceberão sua verdadeira resistência com certa facilidade. Os outros sempre a podem ver em vocês, a não ser que sejam cegos ou não se tenham desenvolvido, ou insistam em não vê-la. Eles podem ter certo interesse em concordar com vocês ou em conservar uma imagem idealizada de vocês mesmos; porém, se esse não for o caso, eles têm consciência da própria resistência. Vocês também podem ter consciência dela se o quiserem. Vocês então haverão de perceber o sentido dessa resistência.

Quando vocês deparam e aceitam suas intenções negativas profundamente arraigadas, podem relacioná-las à resistência. Esta sempre diz, de uma forma ou de outra: "Não quero saber a verdade sobre isso." Essa atitude destrutiva deve criar uma força maléfica porque obstrui o movimento da verdade.

Obstinação, orgulho e medo

Em nossa abordagem do desenvolvimento pessoal, descobrimos diversas vezes que a tríade básica que compõe o mal é o orgulho, a obstinação e o medo, sempre relacionados entre si. Todas as outras manifestações do mal afloram dessa tríade. Ademais, cada uma dessas três atitudes é uma conseqüência da resistência e gera mais resistência, ou seja, o mal.

A obstinação diz, "Oponho-me a qualquer outro modo exceto ao meu". E esse "meu modo" é por vezes contrário à vida, contrário a Deus. A obstinação opõe-se à verdade, ao amor e à união – mesmo que pareça querer essas coisas. Quando ocorre um recrudescimento da obstinação, os aspectos divinos não podem se manifestar.

O orgulho é a resistência à unidade entre as entidades. Ele se separa dos outros e se eleva – resistindo, assim, à verdade e ao amor, ambos manifestações criativas da vida. O orgulho é o oposto da humildade, não da humilhação. A pessoa que se opõe à humildade será humilhada porque a resistência sempre tem de chegar por fim a um ponto culminante. A recusa quanto a se expor à verdade e admitir algo se deve ao orgulho. Este causa a resistência tanto quanto é resultado dela.

De modo semelhante, a resistência gera o medo e o medo gera a resistência. O estado de tensão da resistência e a diminuição do ritmo do movimento energético toldam a visão e o objetivo da experiência. A vida é percebida como algo ameaçador. Quanto mais resistência, mais medo – e vice-versa. A resistência à verdade advém do medo de que a verdade possa ser nociva, e, por sua vez, a resistência à verdade gera esse medo. O ocultamento torna-se cada vez mais difícil e a exposição cada vez mais ameaçadora.

O medo da verdade – portanto, a resistência – nega a qualidade benigna do universo; nega a verdade do eu, com todos os seus pensamentos, sentimentos e intenções. Essa negação de si mesmo, enraizada na resistência, é, e cria, o mal.

Quando vocês querem evitar seus sentimentos, seus pensamentos e suas intenções ocultas, vocês criam a resistência. De uma ou de outra forma, essa resistência sempre está ligada ao seguinte pensamento: "Não quero ser ferido" – quer esse ferimento seja real ou imaginário. A resistência pode se ligar à obstinação, que diz; "Eu não devo ser ferido"; ao orgulho, que diz; "Nunca admitirei que possa ser ferido"; ao medo, que diz; "Se eu for ferido, provavelmente morrerei." A resistência expressa a falta de confiança no universo. Na verdade, a mágoa deve passar, pois, tanto quanto o mal, não se trata de um estado definitivo. Quanto mais se vive o sofrimento em sua completa intensidade, mais rápido esse sofrimento volve ao seu estado original – energia fluida, movente, que cria a alegria e a bênção.

Não importa se a resistência advém da pertinácia, do orgulho ou do medo, da ignorância ou da negação do que é. A resistência obstrui Deus, o fluxo vital. Ela cria muralhas que os separam da verdade e do amor – da sua unidade interior.

Uma pessoa na senda da evolução, que busque e tateie encarnação atrás de encarnação – realizando a sua tarefa, acha-se num estado interior de conflito, como vocês sabem. Num ser humano como vocês, uma grande parte já está livre e desenvolvida; mas há também em vocês desarmonia, cegueira, má vontade, resistência e mal.

O conflito e a crise

O ser humano que se acha num estado de liberdade interior parcial – a verdade, o amor e a luz, por um lado; a teimosia, o orgulho e o medo, por outro – terá de encontrar a saída para esse conflito. Uma parte da personalidade opõe-se à verdade de que esses sentimentos e atitudes negativas lá estão, e assim procede desistindo dessas coisas, ao passo que a outra parte se esforça por desenvolver-se e se purificar. Esse estado dualista deve acarretar a crise. Permitam-me enfatizar que essa crise é inevitável. Quando dois movimentos opostos, duas formas de tensão existem numa pessoa, é mister que se chegue a um momento decisivo, que se manifesta na forma de uma crise na vida da pessoa. Um movimento diz: "Sim, quero admitir o que é o mal; quero enfrentar a mim mesmo e deixar de lado o fingimento, que não é senão mentira. Quero desenvolver-me e dar o melhor de mim para que eu possa contribuir com a vida, assim como espero receber coisas dela. Quero renunciar às posturas infantis e de enganação, a partir das quais tento me agarrar ansiosa e ressentidamente à vida, enquanto me recuso a dar-lhe algo exceto minhas exigências e frustrações. Quero dar um basta em tudo isso e suportar com confiança os reveses da vida. Quero amar a Deus aceitando a vida como ela é."

O outro lado insiste em dizer: "Não. Quero que as coisas sejam do meu jeito. Quero até mesmo me desenvolver, ser decente e honesto, mas sem ter de pagar o preço de encarar, revelar ou admitir algo que me incrimine demasiadamente." A crise resultante deve pôr abaixo a estrutura interior deficiente.

Quando a orientação destrutiva é consideravelmente mais fraca do que a construtiva, a crise é um tanto menor, pois as deficiências podem ser extirpadas sem que se prejudique toda a organização psíquica. Pelas mesmas razões, se o movimento para o desenvolvimento e a verdade é consideravelmente mais fraco do que o movimento de estagnação, de resistência e de energia negativa, a crise maior pode uma vez mais ser evitada por algum período; é possível que a personalidade permaneça estagnada por muito tempo. Entretanto, quando o movimento para o bem é forte o bastante, e ainda assim a resistência continua a bloquear o movimento da personalidade como um todo – tornando-se confusa, sem horizontes e presa de atitudes falsas e destrutivas – alguma coisa deve ceder.

A destruição construtiva

Suponham que vocês construam uma casa. Parte do material de construção é sólido, bonito, de excelente qualidade. Parte dele apresenta deficiências; trata-se de uma imitação barata, frágil. Quando esses tipos incompatíveis de material se tornam inextricavelmente combinados, a estrutura não pode resistir. Se o material estragado pode ser retirado sem que se prejudique a construção como um todo, então é possível evitar o abalo da vida dos habitantes. O mesmo se dá com a personalidade — e esse ato de retirada do material depende inteiramente da determinação consciente da pessoa em questão. Se a personalidade está embaraçada demais porque teve atitudes de resistência durante muito tempo e porque ainda lhe falta o ímpeto necessário, proveniente da boa vontade, só existe uma saída. A estrutura terá de ser destruída para poder ser reconstruída de forma pura.

Semelhante processo requer um movimento energético quase impossível de descrever. Resistir ao mal não significa encará-lo e aceitá-lo em vocês. Essa resistência cria um grande acúmulo de energia, a qual, por fim, vem a explodir. O sentido mais profundo da destruição que se segue é verdadeiramente maravilhoso. Ela destrói o próprio mal que criou. Infelizmente, é impossível transmitir a configuração que ocorre. Grande parte da vida da pessoa é feita em pedacinhos. O movimento energético da substância anímica desfaz a estrutura estragada, mesmo que isso signifique que, temporariamente, tudo parece fazer-se em pedaços; entretanto, as coisas de real valor se reconstroem a si mesmas automática e organicamente.

Imagine uma forma composta de movimentos contrários que remoinham e se precipitam, explodem e implodem e se destroem a si mesmos. A substância anímica se fende e se reconstrói simultaneamente. A criação está ocorrendo. Toda crise é uma parte integrante da criação. Portanto, as pessoas ajuizadas acolhem e aceitam as crises, que eliminam cada vez mais as resistências. Não resistam ao mal em vocês. Ou seja, desistam das aparências, do fingimento de que o mal não faz parte de vocês. Cedam, acompanhem o movimento da vida.

O processo de destruição/criação é uma visão magnífica para os olhos do espírito. A entidade cega pode sofrer temporariamente, mas ela é muito benigna. O processo é assustador, mas sua violência faz bem. Novos movimentos acontecem; os antigos tomam outro rumo, assumem outra cor, outro matiz, outro som.

Se vocês mergulharem profundamente em si mesmos e sentirem intuitivamente o sentido da crise, poderão ter um vislumbre do processo criativo, simultaneamente criativo e destrutivo, no que concerne aos elementos anímicos imperfeitos.

A natureza eterna, máxima e essencialmente benigna da criação tem a sua expressão mais eloqüente no fato de que o mal, ao fim e ao cabo, deve destruir a si mesmo. Ele pode sustentar-se por muito tempo, mas, por fim, virá a derrocada. Todos vocês concordarão que a destruição da destrutividade é um fenômeno construtivo, criativo.

Dessa maneira, a longo prazo, toda destruição é construtiva e serve à criação. Sempre; porém, na vida de uma pessoa, essa verdade nem sempre é óbvia. Quanto mais vocês avançam na senda, mais tomam consciência dessa verdade. Será útil se vocês puderem meditar para ter uma experiência plena desse fenômeno, porque, nesse momento, contribuirão com o processo em função da sua determinação consciente em renunciar a resistir ao mal em vocês, o qual vocês inequivocadamente acreditam que vem de fora.

Vocês podem diminuir a violência da destruição construtiva se o compromisso de vocês com a verdade assumir um novo ímpeto e se vocês desarraigarem a *intencionalidade negativa e a mudarem numa intencionalidade positiva.** Quando vocês expressam a intencionalidade negativa em palavras concisas, vocês criam um novo movimento. É isso o que lhes cabe; contudo, mesmo antes de fazer isso, pela consciência da sua própria má vontade deliberada, vocês estarão mais voltados à verdade e menos inclinados a expressar o mal, o que vocês às vezes fazem de modo hipócrita. Vocês saberão quem são. Por estranho que pareça, quanto mais vocês admitem o mal em vocês, mais dignos se tornam, mais têm consciência disso e se valorizam a si mesmos.

O mesmo se dá com o sofrimento: quanto mais vocês o aceitam, menos o sentem. Resistir a ele às vezes só faz torná-lo insuportável. Quanto mais vocês aceitam o ódio, menos odeiam. Quanto mais aceitam a feiúra, mais belos se tornam. Quanto mais aceitam a fraqueza, mais forte são. Quanto mais admitem suas mágoas, mais valor têm, independentemente da visão deturpada dos outros. Essas leis são inexoráveis. Essa é a senda que trilhamos.

* Ver Glossário para definição de *Intencionalidade Positiva e Negativa.*

Agora, meus amigos, dêem prosseguimento ao soberbo empenho de serem pessoas verdadeiras. Se a sinceridade de vocês é posta em dúvida, vocês devem saber no fundo do coração onde estão – isso é tudo o que importa. Tudo o que importa! Sejam abençoados! Sejam de fato quem são!

Capítulo Dezesseis

Os Três Princípios do Mal

Meus caros amigos, as bênçãos de Deus os envolvem.

Nesta palestra, eu gostaria de falar-lhes de novo acerca de certas realidades e de certas leis concernentes ao mal. É muito importante que vocês compreendam mais sobre esse tema controvertido neste momento. Durante muitos séculos, o poder do mal foi reconhecido totalmente. A humanidade tinha certo sentido do invisível, daquilo a que vocês comumente se referem como o sobrenatural no que tange às forças da luz e às das trevas, bem como às suas manifestações, efeitos e influência no domínio de vocês, e à sua personificação como entidades espirituais — anjos e demônios.

Sempre se disse que o livre-arbítrio individual determinou de quem seria a influência predominante na vida. Enquanto os seres humanos ainda estavam em sua condição mental e emocional imatura, a vontade deles não era desenvolvida o bastante para fazer escolhas conscientes, apropriadas e sensatas. A força de seu eu inferior e sua incapacidade e falta de vontade quanto a deparar e, portanto, transcender o eu inferior, por vezes os tornaram vítimas de influências ruins. A falta de conhecimento de si mesmos levou à falta de responsabilidade. Assim, a humanidade se sentiu vítima dos espíritos malignos. O medo deles amiúde levou à submissão a eles — e isso se deu num nível muito consciente e intencional. O culto de Satã ocorreu publicamente. E quando esse não foi o caso, decerto ocorreu inconscientemente por meio da escolha de influências que correspondiam à intenção do eu inferior.

À proporção que a história tinha continuidade, deu-se uma ruptura com o mundo invisível. Essa ruptura é uma manifestação do mal que explicarei pormenorizadamente mais adiante. Por ora, eu só gostaria de dizer o que antes mencionei algumas vezes: o mal e sua manifestação devem vir a ser o remédio para sobrepujar o mal – pelo menos, a longo prazo. Portanto, essa ruptura com as realidades sobrenaturais apresentou inevitavelmente muitos efeitos lamentáveis; mas também criou uma arena em que as pessoas não puderam mais pôr a culpa no diabo pelos delitos delas mesmas. Elas foram obrigadas a olhar para dentro de si mesmas a fim de reparar as conseqüências do mal. Assim, a humanidade teve de passar por um período de isolamento e de separação quanto às realidades invisíveis para se desenvolver com o sentido de responsabilidade; entretanto, o que foi ridicularizado como superstição foi, na verdade, uma meia-verdade. Com efeito, trata-se de um tipo de superstição a situação em que as forças exteriores são apontadas como responsáveis pelo destino de alguém. O reverso dessa imagem é o fato de que essas forças invisíveis existem e exercem sua influência.

Por outras palavras, estamos às voltas, uma vez mais, com uma dualidade: ou o eu é responsável pelo destino da pessoa, ou os anjos e demônios é que são responsáveis. A humanidade amadureceu o bastante para ser capaz de unir essa dualidade. Depois de um longo período de concentração no eu à custa de forças invisíveis, é chegado o instante em que vocês podem combinar as duas facetas da realidade e verdadeiramente torná-las a única realidade que é a partir da visão que temos do mundo espiritual.

Embora eu tenha discutido a existência dessas forças desde o início do meu trabalho com vocês, por um tempo considerável nos concentramos mais no seu próprio ser interior, com suas sutilezas e todos os variados níveis de consciência, e sua ação conjunta em vocês e ao redor de vocês. Por vezes, obviamente voltei ao poder dessas forças, mas sempre em conjunção com a sua própria determinação. Vocês começaram a entender que, no grau em que o eu inferior é consciente – facultando-lhes com isso optar por não agir sobre ele e rezar pedindo ajuda para purificá-lo – nesse grau vocês são *invulneráveis ao mal*. No grau em que vocês se comprometem com a vontade dos superiores e dedicam a vida a seguir os passos de Cristo, nesse grau os espíritos maléficos não podem abordá-los; mas não basta proclamar essas boas intenções superficialmente no ser de vocês. Essa decisão deve penetrar os níveis mais profundos da sua personalidade se vocês quiserem vir a ser a luz brilhante que rechaça os espíritos das trevas. O processo de purificação dessa senda é um sistema profundamente arraigado que renova de todo a personalidade em todos os níveis.

Meus amigos queridos, chegou o momento de vocês entenderem mais profundamente de que modo são um campo eletromagnético que sempre atrai o que é compatível com certos níveis do ser mais íntimo de vocês. Para lograr essa percepção de modo integral e claro, vocês precisam de mais informações. Por essa razão, no momento deverei analisar os três princípios específicos do mal, o entendimento que vocês têm desse material se mostrará imensamente útil e esclarecerá mais a visão que vocês têm da vida em geral e da vida de vocês em particular.

A separação

O primeiro dos três princípios básicos do mal é o mais óbvio para a humanidade. O mal sempre esteve associado a esse princípio, que visa destruir e causar sofrimento a todo custo. A *separação* entre o eu que acarreta o sofrimento e a vítima que o padece é tão grande que o elemento causador do sofrimento é iludido quanto a não ser afetado pelos efeitos posteriores de seus atos. Sabe-se que tudo acerca de Satã é caracterizado pela separação – não apenas de Deus, mas também dos outros e do próprio eu. Esse aspecto de separação existe no caso dos três princípios que examinarei aqui. A ilusão do mal, no caso desse primeiro princípio, está na negação de que o sofrimento do seu irmão ou de sua irmã é, inevitavelmente, também o seu sofrimento. Em vez de reconhecer essa verdade fundamental, a pessoa cheia de energia do mal, quer essa pessoa esteja na sua forma humana ou como entidade desencarnada, sente estímulo e prazer quando semeia a destruição, o sofrimento e a dor.

O materialismo

O segundo princípio do mal é o *materialismo*. Isso não se aplica apenas à esfera terrena, mas também, e não raro, ainda mais a uma variedade de esferas diabólicas em que as entidades vivem de um modo totalmente separado, convencidas de que o estado morto da matéria condensada – muito mais condensada do que a sua matéria viva – é a única realidade que existe. Nessas esferas demoníacas, o sofrimento não é o mesmo sofrimento que deriva do primeiro princípio, que por vezes foi descrito pelos visionários na sua esfera terrena. Esse segundo princípio muitas vezes é menos compreendido e sentido. Os visionários não viram as esferas que correspondem a esse princípio e que se manifestam nele.

Darei um exemplo. Imagine uma vida em que a natureza está completamente ausente. Nada está vivo; tudo é matéria condensada. Nada tem sabor. Pelas mesmas razões, a natureza interior da entidade é igualmente inacessível. Em toda parte, há apenas inércia, condição mecânica e alienação de tudo o que seja vida pulsante, por dentro ou por fora. Não existem nascimento nem morte; no entanto, aqui, a existência inalterável não é a vida eterna, que é verdadeiramente celestial. Essa manifestação é a deturpação da realidade. Trata-se da própria desesperança, como se nunca fosse possível uma mudança. A existência é totalmente mecânica. Semelhante tipo desesperançado de sofrimento não é nem mais nem menos desejável do que o sofrimento por meio do ato de infligir diretamente a dor. Trata-se simplesmente de um tipo distinto de sofrimento correspondente a um princípio do mal.

Deveria ser fácil perceber que até bem recentemente na história de vocês a esfera terrena manifestou o primeiro princípio do mal de uma maneira muito mais forte. Mais ou menos nos últimos cem anos, a influência do segundo princípio ficou mais forte. Com o desaparecimento da superstição, a ligação com os níveis subliminares da realidade também desapareceu. A linha da vida para a realidade pulsante e a revitalização foi interrompida. A conseqüência foi uma realidade alienada em que a humanidade se orgulhava por seu estado avançado – avançado porque a ênfase na matéria resultava verdadeiramente no progresso tecnológico; mas também "avançado" porque os seres humanos se tornavam a única realidade para si mesmos. Isso teve ramificações positivas e negativas. A manifestação positiva levou as pessoas de volta à atitude de assumir a responsabilidade por si mesmas, e, portanto, levou-as a buscar dentro de si mesmas, num grau cada vez maior, as causas de seu destino. Não é coincidência que a essa altura a psique humana passou a ser matéria de estudo científico, com a psicologia na forma de um instrumento útil nessa empresa. A manifestação negativa foi que se criou uma vida que não é totalmente diferente da primeira esfera do mal que descrevi.

Esses dois princípios são do conhecimento das pessoas desenvolvidas espiritualmente. Já que todo princípio e aspecto da realidade espiritual pode se manifestar e freqüentemente também se manifesta como entidade, dois tipos diferentes de demônios também foram reconhecidos por alguns visionários. Eles representaram e personificaram esses dois princípios. Cada qual apresentava seu próprio reino e governava o seu próprio mundo com muitos espíritos de poder inferior que os serviam. A hierarquia reconhecida nas esferas divinas também existe nas esferas satânicas.

A confusão e a meia-verdade

O terceiro princípio do mal não é tão conhecido. Embora tenha sido reconhecido apenas de modo vago, talvez como um subproduto do mal, mas dificilmente como um princípio poderoso, ele é tão eficaz quanto os outros dois princípios. A exemplo destes, também ele apresenta sua própria personificação, hierarquia e domínio. Trata-se do princípio da *confusão*, da deturpação, da *meia-verdade*, e de todas as variações que podem haver com relação a ele. Ele inclui o uso da verdade quando ela não está incluída ou não é aplicável, de modo que essa verdade sutilmente se transforma em mentira sem ser identificada como tal porque é apresentada sob o disfarce da verdade divina e parece incontestável. A confusão conseqüente não é apenas uma arma extremamente eficaz do mal; é um princípio do mal em si mesmo.

Será fácil notar, caros amigos, como é importante para vocês entender isso neste momento. Vocês acharão todos esses princípios representados no mundo de vocês, à sua volta e dentro do seu próprio eu inferior. Verão que, em sua intenção negativa, o eu inferior dentro de vocês apresenta os três princípios do mal. Só quando vocês se tornam bem conscientes disso é que podem reconhecer o momento em que forças e espíritos demoníacos querem destruí-los e causar-lhes dor, incitando-os a causar sofrimento aos outros. Eles também querem convencê-los da ilusão de que vocês estão separados e isolados, de que nem Deus nem formas de vida nenhuma existem além da vida do seu corpo atual. Por fim, querem enlouquecê-los em virtude da confusão, das cisões dualistas, das falsas alternativas, das meias-verdades e das deturpações sutis que vocês não são capazes de discernir. Reconhecer tudo isso é de valor extremo para vocês. Vocês não podem lidar com um inimigo cuja existência ignoram e cujas armas vocês não são capazes de reconhecer.

Chegou o tempo em que vocês podem ver claramente de que modo o tipo correspondente de deturpação, nas áreas impuras da alma, se torna um campo de atração inevitavelmente instigante para as forças do mal. Vocês podem neutralizar essas forças e torná-las inócuas quando se determinam a continuar fiéis a Deus. Vocês só poderão valer-se da luz de Cristo como ajuda para trabalhar dentro de vocês mesmos e purificar-se de modo que esse campo de atração em vocês possa ser transformado em forças magnéticas diferentes.

Além disso, é preciso entender que esses princípios sempre coexistem, mas que um deles pode ser mais visível em certos períodos da história ou durante determinadas fases da vida de uma pessoa. São as características individuais e as inclinações pessoais de cada entidade que determinam quais desses três princípios são mais compatíveis com a pessoa em questão. Falando de modo geral, em diversos períodos no ciclo da evolução, um ou outro desses princípios prevalecerá. Isso não quer dizer que os outros dois princípios estarão ausentes. Eles contribuem para o objetivo máximo das forças da escuridão: afastar a criação do Criador.

Eis aqui um exemplo de como essa dinâmica dos três princípios funciona. A confusão e a deturpação da realidade — criar uma verdade a partir de uma mentira, e uma mentira a partir de uma verdade — ensejam certo entorpecimento com vistas à vida cósmica e eterna, que pode ser sentida no fundo do coração de qualquer pessoa quando aí existe verdade e lucidez. Esse entorpecimento, criado pela confusão e pelo caos, acarreta inevitavelmente a dor e o sofrimento assim como a mentira ocasiona essas coisas. Ao começar com qualquer um dos três princípios predominantes numa pessoa ou numa manifestação coletiva, vocês perceberão que eles coexistirão e reforçarão uns aos outros.

O bem e o mal personificados

Atualmente, a mentalidade dos seres humanos é capaz de aceitar o princípio do bem e do mal de modo muito mais fácil do que o fato de que eles também são personificados; todavia, até o princípio do bem e do mal ainda é debatido, como se bem e mal não fossem mais que percepções subjetivas. Aqui, uma vez mais, estamos às voltas com uma meia-verdade. Com efeito, tanto o bem como o mal amiúde são sentidos num nível muito superficial, de acordo com as percepções limitadas, pessoais e altamente subjetivas. Quando os problemas são vistos num nível mais profundo de consciência, o que a princípio se acreditou fosse bom não raro pode ser considerado questionável e, provavelmente, a máscara de algo ruim. Pelas mesmas razões, o que parece ruim na superfície pode vir a ser uma experiência ou manifestação benéfica. Assim, é verdade que o bem e o mal devem ser vistos com cautela e discernimento, além de serem examinados tão profundamente quanto possível.

É um grave engano, contudo, supor que, por causa disso, bem e mal não existem de uma forma real. A negação do bem e do mal como absolutos, apesar da relativa percepção que os seres humanos têm de si mesmos, leva ao niilismo, à desesperança e ao vazio — como se essas coisas fossem a realidade fundamental. Por algum tempo esteve na moda e era tido como inteligente postular esse niilismo. Ele obviamente expressa a mesma separação das realidades mais profundas e cósmicas própria do segundo princípio do materialismo. A confusão e a meia-verdade inerente à negação do bem e do mal absolutos é uma expressão do terceiro princípio, que gera o segundo princípio, até que, em última análise, causa o primeiro princípio.

Nessa era, a humanidade deu um passo na direção certa porque começa a reconhecer que o bem e o mal verdadeiramente existem acima e além da relatividade que se deve à percepção humana limitada. A humanidade se inclina a aceitar Deus como um princípio criador e também considera a existência de um outro princípio que cancela o princípio criador divino; mas as pessoas atualmente ainda hesitam muito em aceitar que todos os princípios podem e se manifestam como entidades. É como se vocês ainda hesitassem em se deixar chamar de infantis e primitivos por pessoas que se julgam mais sábias e mais cultas quando ridicularizam outras manifestações da realidade.

Se a personificação de princípios e de forças criativas não existiu, como poderiam vocês existir como seres humanos? Um ser humano é apenas uma forma de personificação. Vocês personificam os princípios do bem e do mal, como sabem muito bem. Por que deveria ser tão difícil aceitar, ou por que deveria parecer tão primitivo e estúpido acreditar que, ao longo da escalada do desenvolvimento, há seres que manifestam mais ou menos cada princípio? Por fim, por que não deveria haver entidades que manifestam a bondade total e a maldade total? No último exemplo, vocês podem dizer que todos os seres criados são, em última análise, divinos, de modo que não podem ser maus. Isso é verdadeiro num sentido muito mais amplo, mas é possível que em seu atual estado de manifestação o âmago divino de vocês seja tão sufocado pelo mal que nada nele se manifeste. Estamos aqui para lidar com o fato de que a personificação não existe em todas as gradações e para negar que isso seria algo longe de culto e inteligente. Saber que os anjos os influenciam e estão à volta de vocês por força não leva ao culto dos anjos e ao desprezo de Jesus Cristo – a manifestação divina como personificação – que é a fonte máxima de tudo aquilo de que vocês necessitam e da sua própria vida. Vocês não devem esquecer que o contato direto com Jesus Cristo é o que abre o canal da comunicação entre ele e vocês. Tampouco essa percepção da presença espiritual deve levá-los a ter medo dos demônios que vocês, vez por outra, atraem de acordo com certos ritmos cíclicos.

Os demônios são a causa, o efeito e a medicina

Como toda doença, os demônios próximos de vocês são a causa, o efeito e a medicina. A proximidade deles e o efeito que exercem sobre vocês são causados pela nossa consciência impura, limitada e sem desenvolvimento. A consciência impura de vocês tem o efeito de atrair demônios cujas mentiras os confundem para que vocês não distingam mais o verdadeiro do falso. A confusão provocada por eles pode, no entanto, ser usada por vocês como um remédio, se assim quiserem. Vocês a podem usar como uma indicação de que precisam desenvolver e purificar essas partes da alma deixadas de lado. Em vez de ter medo dos demônios ou de negar-lhes a existência para se livrarem desse sentimento, vocês precisam reconhecer-lhes a voz e aprender a distinguir de onde vem essa voz. Isso é por si mesmo um passo necessário no desenvolvimento de vocês. Se ignorarem ou negarem a existência deles, de que modo poderão tornar-se conscientes deles e dar-lhes combate? Se vocês não sabem que, às vezes, eles estão à volta de vocês e os inspiram, vocês se tornam instrumentos deles sem que saibam disso. Se vocês não acham que eles não são capazes de sussurrar-lhes mentiras nos mecanismos do pensamento, vocês não usam a capacidade de questionar os pensamentos que se filtram através de vocês, a capacidade de duvidar deles.

É necessário ter consciência da ligação entre o eu inferior – que, devido à sua ignorância, medo e falta de fé, cria defesas destrutivas e intenções negativas – e a voz das entidades satânicas. Juntas, essas duas fontes de negatividade causam dano na vida de vocês e na vida dos que os cercam. É chegado o momento em que vocês precisam saber, de modo claro, corajoso e inteligente, quais são os fatos da vida no que concerne a isso; porque, quanto mais fortes vocês se tornam em seu ser superior e em sua intenção positiva, enquanto ao mesmo tempo deixam de lado certos aspectos do eu inferior, mais vocês são vítimas das influências maléficas, bem mais interessadas em vocês do que aqueles que não estão particularmente conscientes das forças subliminares e cuja vida não é dedicada a Deus.

Chegou o tempo em que vocês precisam particularmente saber tanto quanto possível do inimigo e das armas dele, para que possam enfrentar essa força inimiga que é atraída a vocês sempre que vocês não prestam atenção a esses períodos de contato e não conseguem se resolver a tornar essa energia negativa um remédio.

As leis que regem o mal

É comum que os seres humanos não entendam que Satã não se relaciona com Deus, a fonte de toda a vida, o princípio criador de todos os universos, na forma do oponente contra quem se voltam todos os esforços de Deus. Satã, a personificação máxima de todo o mal, apresentando os três princípios personificados como entidades, reconhece Deus como criador e se inclina à sua vontade e às suas leis. Ele não pode deixar de fazer isso. Foi vontade de Deus que o mal tivesse sua esfera de atividade e de influência, pois só assim o mal pode ser verdadeiramente dominado na alma dos espíritos decaídos, entidades que escolheram os pensamentos e atitudes que as precipitaram no mundo das sombras. Para assegurar essa conquista máxima do mal é que existem leis e regras rigorosas, que impedem Satã de violar essas leis. Limites definidos estão sendo impostos, sempre de acordo com a vontade e com a opção das pessoas envolvidas.

Se Deus, o princípio criador de todos os universos, não é o inimigo do mal personificado, então quem é? É Deus na personificação manifesta do Cristo. A luz de verdade e de vida eterna de Deus é intolerável a todos os espíritos satânicos. Essa mesma luz os há de inspirar com verdade e vida, há de ligá-los com a fonte de toda a vida, iluminando-lhes o caminho; mas vocês precisam tomar a decisão sobre se querem que essa luz de Cristo brilhe sobre a estrada de vocês e fazer com que o caminho de vocês seja seguir essa luz, ou se querem, contra a vontade, mergulhar em pensamentos de falsidade e confusão, porque isso por ora parece mais fácil, e talvez até mais agradável e estimulante.

O antagonista de Satã é Cristo

O verdadeiro oponente de Satã é Jesus Cristo, que veio abrir caminho para todas as criaturas cativas e enfraquecidas por influências satânicas. Isso tem que ver precisamente com o fato da personificação. Quando o Cristo manifestou Deus como homem, sendo assim a um só tempo divino e humano, Ele levou a cabo o maior feito que se possa imaginar. Jesus demonstrou que era possível continuar fiel a Deus, fiel à verdade, e não sucumbir à mais forte das influências e tentações que a personificação do mal pudesse desencadear. Por meio desse grande ato de firmeza, o homem que foi Deus manifesto e o Deus que assumiu natureza humana abriu as portas na alma dos seres criados. Ele tomou a dianteira, possibilitando àqueles que estavam mergulhados nas trevas encontrar aos poucos seu caminho de volta à luz. Jesus Cristo salvou cada entidade que havia sido criada e cada partícula da consciência e da energia que sempre se manifestou e sempre se manifestará como personalidade. Já que ele veio à Terra, a grande luz está sempre disponível para a construção de um túnel que leva ao mundo da luz.

Quando as entidades satânicas deparam com essa luz de Cristo, elas padecem de dor física. Todos os atributos divinos estão contidos nessa luz e a luz da verdade punge espíritos maléficos. A luz do amor lhes é intoleravelmente opressiva e a luz da agressão positiva é assustadora e terrível. Só o Deus manifesto pode tornar-se visível e perceptível a outras personificações. O outro aspecto de Deus, o princípio divino não manifesto, só pode ser sentido indiretamente por meio de unidades da energia e da consciência individuais.

A grande luz do Cristo cósmico alcança uma alma nas trevas, a princípio, por meio do sofrimento. Em certo grau, todos os que estão nessa senda passaram por essa experiência algumas vezes, evidentemente, num grau muito menor do que o dos espíritos das trevas. Vocês entraram em contato com uma reação que a princípio parece inexplicável, na qual vocês relutam contra a felicidade, a realização, o prazer e o amor. Vocês fecham seus centros de receptividade à fartura de Deus. No início, isso os deixa perplexos, mas depois vocês aprendem a ver e a observar essa reação em vocês, assim como aprendem a observar qualquer outra reação irracional e destrutiva. Por vezes, isso parece fazer tão pouco sentido que vocês perdem o ânimo quando vêem essa reação em si mesmos repetidas vezes. Vocês meditam; visualizam-se estando receptivos à felicidade, ao amor e à realização; no entanto, essa reação automática continua.

Já não lhes parece claro que a parte oculta do eu inferior de vocês, que resiste à exposição e à transformação, é incapaz de deixar que a personalidade suporte a luz? Assim, a oração não é o bastante, tampouco a boa vontade e a meditação, a visualização e a lógica. Nenhuma dessas coisas os tornará de fato acessíveis à luz enquanto houver coisas ocultas na alma de vocês. Nessa área, vocês devem reagir de modo semelhante a entidades demoníacas que fogem à luz de Cristo, uma luz que traz em si toda a felicidade, a realização eterna e a própria vida. Essa área oculta os faz reagir com sofrimento diante dessa luz. Nessa área, vocês se ligam às forças das trevas e são um alvo para elas.

Quando vocês observam em vocês reações semelhantes de tensão, agitação e angústia quando um grande prazer e uma grande realização lhes são proporcionados, vocês podem ligar-se ao princípio que estou tentando transmitir-lhes aqui. E entenderão muito bem o que eu quero dizer quando analiso a fuga dos espíritos demoníacos diante da luz de Cristo. Vocês também haverão de compreender o que a história tantas vezes tem tentado transmitir: que Cristo é o grande adversário de Satã.

A batalha travada na alma de cada um

O que existe no microcosmo, com a alma humana, também existe no macrocosmo. Todo drama interior é o reflexo de um drama exterior e vice-versa. Cada batalha da alma humana entre as forças da luz e das trevas, entre o eu superior e o eu inferior, também é travada num nível universal, protagonizada por muitas entidades em diferentes estágios de desenvolvimento. Toda personalidade passa por essa batalha em si mesma; toda personalidade passa por isso às vezes no seu próprio ambiente; e, por fim, com igual importância, toda personalidade se envolve em problemas maiores que também representam essa batalha universal entre o bem e o mal.

O papel da pessoa nessa batalha – ou em qualquer nível em que ela se dê – depende em grande parte da opção consciente e deliberada dessa pessoa quanto ao lugar em que ela quer estar. Quando os problemas se revestem de emoções, desejos ou interesses pessoais que pertencem ao domínio das trevas, e essas emoções pessoais não são reconhecidas como que a turvar a visão, a pessoa torna-se um alvo para os três princípios do mal. A crueldade se esconderá sob a máscara da expressão dos sentimentos pessoais, ao passo que as energias negativas e a distorção tornar-se-ão instrumentos da crueldade e da intenção de ferir. A falta de vínculo com a realidade mais profunda os deixará cegos ao verdadeiro sentido dos acontecimentos. A confusão será enorme, de modo que a verdade será usada para mentir e às mentiras se dará o nome de verdade. As forças do mal puderam penetrar no eu inferior de vocês, com o qual vocês não souberam lidar de modo satisfatório.

Meus caros amigos, não se deixem enredar nessa batalha: não se tornem inadvertidamente instrumentos que servem aos objetivos do Príncipe das Trevas. Valham-se de boa vontade para ver a verdade. Atentem para a verdade dos motivos ocultos do eu inferior e para a verdade da força de vontade do eu superior. Desistam da política do menor esforço e do prazer negativo, o que os faz persistir em seu caminho destrutivo causando sofrimento e as trevas a vocês e a quantos os cercam. A chave é realmente muito simples. É muito tentador seguir os pensamentos negativos e passar a acreditar neles; mas isso aumenta uma fixação por parte do eu inferior quanto a aceitar o prazer negativo dos pensamentos negativos das dúvidas, recriminações e acusações que podem ou não ser verdadeiros.

O esclarecimento virá no momento em que a verdade for de fato desejada, ainda que uma parte da verdade, nesse momento, seja a de que vocês não querem a verdade, de que querem atacar, recriminar e ver as pessoas ou os fatos do pior ângulo. A razão por que vocês secretamente desejam isso só pode ser examinada quando vocês não negam mais que se sentem dessa forma. A verdade se irradiará lenta mas inexoravelmente quando vocês admitirem suas intenções negativas, que atraem espíritos versados na mentira e na confusão. A visão clara das coisas dissipará o sofrimento da culpa, por vezes impedido de aflorar. Vocês o retêm, fortalecendo o processo destrutivo que envolve projetar nos outros aquilo de que vocês têm medo em vocês mesmos. A visão clara também ajudará a acabar com o sofrimento que vocês infligem aos outros com essa projeção do mal.

Não se enganem jamais com a crença de que a intenção e os pensamentos negativos não se refletem inevitavelmente nas ações de vocês e não afetam os outros de modo insidioso. Os pensamentos jamais podem continuar como coisas separadas. De uma forma ou de outra, eles criam conseqüências e fatos. A iluminação virá da busca honesta e das respostas francas às questões acima depois que vocês tiverem mergulhado nos processos de pensamento mais ocultos, que raro são de todo inconscientes. Essa iluminação acabará com o sofrimento e restabelecerá o vínculo que vocês têm com a vida eterna.

Todos vocês estão à procura do estágio de desenvolvimento no qual a responsabilidade pela própria criação deve se combinar com um profundo conhecimento dos mundos invisíveis e das leis de acordo com as quais vocês atraem ou rechaçam entidades de natureza e desenvolvimento diferentes, que os influenciam e consolidam o campo de força dentro da alma de vocês. Cada uma das muitas áreas da alma de vocês talvez esteja influenciada pelas forças superiores ou pelas inferiores. A opção é de vocês.

Também é importante entender que uma pessoa não passa pela experiência de influências maléficas temporárias por não ser desenvolvida, ou por ser má. É possível que alguém se sinta mais perturbado pelo mal, ainda que o que precisa ser purificado em sua alma seja muito menos obscuro do que a substância da alma de uma outra pessoa que porventura sofra menos o influxo de força demoníacas. Digo isso num sentido absoluto. A lei da atração e da repulsa é, nesse caso, puramente relativa. Por exemplo, se vocês chegaram a um nível comparativamente alto de desenvolvimento, as áreas que continuam a ser transformadas e não são reconhecidas pela consciência de vocês – mesmo que não sejam particularmente destrutivas nem notadamente erradas – exercem por meio de suas partes não reconhecidas uma atração maior ao mal do que a carga negativa de uma pessoa que está num plano inteiramente inferior de desenvolvimento. Seria bom se vocês ponderassem sobre essa lei e pudessem ter um pressentimento dela.

Com isso, meus caros, dou-lhes a todos as bênçãos da verdade e do amor. A luz que eu trago é sempre a luz de Cristo. Ele disse que é a verdade, o caminho e a vida. À sua luz, vocês encontram o caminho para a verdade nos problemas mais fáceis e mais difíceis, nos problemas pessoais e impessoais. Esse caminho leva ao amor do Criador que deu a vida eterna. A vida eterna só pode ser encontrada na verdade. O caminho para a verdade os faz passar pelos labirintos das trevas na própria alma de vocês; pelo embate com a tentação de continuar nelas e provar sua recompensa passageira; pela vitória deliberada sobre essa tentação. A grande luz de Cristo é o amor supremo do Criador, da Criação e de tudo o que existe. Sejam abençoados; escolham esse caminho.

nho o conhecimento dos mundos invisíveis e das leis de economia. Talvez você atraia ou evoque entidades de natureza e desenvolvimento diferentes que os influenciam e consolidam o campo de força dentro da alma de você. Cada uma das muitas almas da alma de você (talvez seja influenciada pelas forças superiores ou pelas inferiores). A conduta de você...

Também é importante entender que uma pessoa não passa pela experiência de influências meramente temporárias por não ser desenvolvida, e por várias. É possível que alguém se sinta mais perturbado pelo mal [illegible] de Murdo, [illegible] muito mais do que a subsistência [illegible] tudo o que ela pensa, que provenha do [illegible] de força demoníaca. Disto eu tenho sentido alguma [illegible] mesmo e nesse caso particularmente. [illegible] chegar a um [illegible] completamente de desenvolvimento [illegible] ser transformadas ou [illegible] pela consciência de você — mesmo que não se sintam particularmente [illegible] completamente entrada [illegible] tem uma [illegible] como uma [illegible] quem carga a [illegible] desta pessoa que está completamente [illegible] do desenvolvimento. Seria bom se todos considerassem com [illegible] mais profundo por eles mesmos.

Que Deus, meus caros, [illegible] de todos os [illegible] da verdade e do amor. A luz que caminha e [illegible] de Cristo. Ele que é a verdade, o caminho e a vida. A sua luz, você encontrou o caminho para a verdade mais [illegible], mais fácil e menos difícil, nos problemas pessoais e [illegible]. Esse caminho leva ao amor do Cristo que desce [illegible], o [illegible] segundo o que [illegible] caminho para a verdade ou faz mover pelos [illegible] que levas uma própria alma de você pelo [illegible] com a [illegible] dela e dever [illegible] vida, a [illegible]. A [illegible] de Cristo é em [illegible] do Criador, da [illegible] e de tudo o que existe. [illegible] sobre esse caminho.

Parte Sete

A Abordagem do Estado de União

"De que me serve que o Criador
Dê origem a seu Filho, se eu também
Não posso gerá-lo na minha época
E cultura? Eis a plenitude dos tempos:
Quando o Filho de Deus é gerado em nós."
— *Meister Eckhart*

Faremos agora uma apresentação daquilo que pode ser a nossa experiência à proporção que nos abeiramos da compreensão plena do estado de união. As três palestras seguintes nos sugerem o que esperar e quais os sentimentos e sensações começaremos a ter, de modo que possamos reconhecer o que está acontecendo conosco e, por isso, não rechacemos experiências que, de outra forma, poderíamos temer. Pois o que está começando a acontecer é, de fato, o ponto mais alto do nosso trabalho.

Nos estágios posteriores do trabalho, teremos aprendido a reconciliar nosso ego separado e nosso ser real. Esse é o passo fundamental para transcender a dualidade e ter a experiência legítima do princípio de união. Quando fazemos isso, reconhecemos a verdade de que nossos próprios interesses *nem sempre* estão em oposição aos interesses dos outros.

Antes dessa consciência, a identificação excessiva com o ego fez do poder uma arma perigosa, em oposição ao amor. Depois que o ego e o ser real se unem, isso muda: poder e amor então trabalham juntos. Adotando essa atitude de não lutar nem forçar nada, a pessoa pode começar a *recriar conscientemente a própria vida.* Essa nova criação aflora do ato de estar em harmonia com as verdadeiras necessidades, em vez de tentar satisfazer certas exigências falsas definidas pelo ego separado. Quando vocês estão em equilíbrio com essa tarefa, tendo fé e paciência, "toda intranqüilidade cessa, e a realização e o sentido claro das coisas vêm fazer parte da alma".

A segunda palestra nesta seção fornece uma descrição iluminada do sentimento cósmico que nos ocorre cada vez mais à medida que começamos a vislumbrar o estado de união: "Trata-se de uma experiência de perfeita felicidade, de compreensão da vida e de seus mistérios, de amor magnânimo; de conhecimento de que tudo está bem e não há nada para temer." Obviamente, essa experiência transcende em muito o nosso pequenino eu, o nosso eu pessoal; ela advém do nosso ser real e integrado, que ela fortalece. Nesse estado, é possível distinguir plenamente o que é real e o que é ilusão. A maior parte dessa palestra visa apresentar quatro chaves para alcançar esse estado – guias importantes para nosso trabalho neste estágio.

A palestra sobre Jesus Cristo nos ensina que, neste último estágio de trabalho, entraremos – se estivermos inclinados a tanto – em contato direto com Cristo. Essa não é a afirmação de que *temos* de ter a experiência de Cristo, tampouco de que supostamente nos empenhamos de alguma forma para que isso aconteça. Em vez disso, temos a certeza de que, à medida que nos aproximamos da atitude de nos entregar à vontade de Deus, o contato pessoal com Cristo nos *possibilita* ser mais corajosos e avançar em nosso trabalho de honestidade, franqueza e transformação. Se rezarmos para nos abrirmos a Cristo, virá o tempo em que sentiremos de modo forte e pessoal a presença, a ajuda e o amor dele, momento em que poderemos, por meio dele, "criar um centro saudável de gravidade arraigado no fundo de nossa alma".

D. T.

Capítulo Dezessete

Sua Capacidade de Criar

Saudações e bênçãos a todos.

Falarei acerca da capacidade humana de criar, uma potencialidade surpreendentemente subestimada. A capacidade de criação de vocês é muito maior do que vocês mesmos e do que os seus cientistas, psicólogos ou filósofos compreendem. À exceção de poucas pessoas iluminadas, a maior parte dos indivíduos ignora sua capacidade latente de criar e de recriar a própria vida. Alguns podem acreditar nela em teoria, mas poucos tiveram disso uma real experiência.

Quando vocês assumem um corpo humano e a condição do ego neste mundo tridimensional, bloqueiam imediatamente as lembranças dos outros estados de consciência. Esses estados esquecidos são muito menos limitados, muito mais livres, muito mais conscientes. Neles, vocês eram inteiramente capazes de moldar a própria vida, num grau que a consciência humana não pode compreender.

Um mapa das regiões interiores de cada um

O poder dos pensamentos, dos sentimentos e atitudes é imenso. Esse poder existe neste momento, no estado presente, mas vocês não o vêem. Você ignoram que moldaram o que sentem neste momento de modo tão preciso, que não pode haver engano quanto a isso. Como eu disse algumas vezes, a soma de todos os pensamentos conscientes, semiconscientes, inconscientes, explícitos e implícitos de vocês, de suas crenças, suposições, intenções, sensações, emoções e diretrizes, por conflitantes que sejam, cria a sua experiência atual e a maneira como a vida de vocês se desenvolve. A vida atual de vocês expressa, de maneira exata, o estado interior de vocês, como uma equação matemática infalível. Assim, vocês podem usar a vida como um mapa para suas regiões interiores. Isso, apesar de tudo, é parte do método do *Pathwork*.

Muitos de vocês constataram que os pensamentos e sentimentos ocultos, de medo, capazes de gerar culpa e de negação, são mais poderosos em sua criação negativa do que qualquer coisa com que vocês estejam às voltas no nível consciente. O medo e a culpa são agentes criadores de muito poder. Eles trazem em si grande quantidade de energia. No nível positivo, o entusiasmo, a alegria, a vitalidade, o interesse e o estímulo também são agentes energéticos de grande poder.

Um caminho como esse deve, pois, estar muito envolvido com a exploração daquilo em que vocês acreditam, do que que vocês sentem, adotam e visam nas camadas de sua personalidade não acessíveis de imediato. Seus motivos inconscientes por vezes criam o que vocês não querem sentir, porque ignoram aquilo que barganham e quais efeitos colaterais se ligam a seus desejos insensatos, às suas suposições falsas e intenções negativas. Ademais, vocês não têm consciência da potência desses elementos psíquicos e não percebem de que modo eles se traduzem infalivelmente na criação da matéria, de fatos e circunstâncias — das experiências vitais.

Quando vocês adotam o estado egóico, humano e limitado, fazem-no com propósitos muitos específicos. Vocês se manifestam e se expressam nesse estado limitado com o escopo da purificação e da unificação. Caros amigos, seria possível levar a cabo essa tarefa de modo rápido e eficaz se se encontrassem na posse plena de sua consciência e de suas faculdades. Pois que a personalidade do ego de vocês, com expressar-se neste momento, não passa de um aspecto isolado ou de alguns aspectos isolados da personalidade de vocês como um todo. Uma parte muito maior, mais plena e purificada da personalidade de vocês como um todo, ou ser real, não se manifesta abertamente. A manifestação de certos aspectos numa forma isolada — que consiste na realidade tridimensional e no ego — cria possibilidades de uma consciência concentrada que é deficiente quando esses aspectos impuros se acham submersos numa personalidade em grande parte purificada. O espírito purificado de vocês facilmente pode desprezar desequilíbrios pequenos, embora significativos que, não obstante isso, atuam como obstáculos a desenvolvimentos posteriores, indo além do escopo da consciência humana. Esses desenvolvimentos têm prosseguimento em esferas da realidade cuja compreensão lhes é vedada.

Apesar disso, é possível ativar as capacidades do eu maior, concentrar-se nele e ser receptivo à sua voz interior sempre presente. De modo semelhante, é possível concentrar-se nos aspectos negativos da personalidade e ser receptivo a eles, que estão profundamente arraigados e que precisam ser purificados no caminho de evolução. Essa senda ensina a entrar em contato com todas essas camadas ocultas e a lidar com elas de modo apropriado. Por outras palavras, algumas partes de vocês são mais desenvolvidas do que outras. Estas não são visíveis, mas existem em vocês. A parte visível, mais desenvolvida, tem condições para explorar, realizar e unificar as outras partes que vocês ainda não podem ver.

Quando vocês empreendem essa exploração como principal missão na vida, toda inquietação desaparece, e um profundo sentido e realização nas coisas passam a fazer parte da alma. Aos poucos, mas constantemente, as frustrações da vida começam a desaparecer, e a plena realização tem início. Pois, só quando vocês concentram sua atenção com o fito de passar a esse plano em primeiro lugar é que vocês passam a ser capazes de se situar na vida.

As leis divinas em desequilíbrio

Independentemente das leis e atributos divinos que existem no universo, no momento em que eles se exprimem no estado isolado do ego, apartado da realidade interior mais profunda, eles se tornam desequilibrados e destrutivos. Permitam-me dar-lhes um exemplo.

A criança acredita que é onipotente. A psicologia chama de imaturidade e egocentrismo destrutivo essa expressão muito óbvia da afirmação da criança quanto à onipotência. Isso dá-se dessa forma, mas é também muito mais. O sentimento de onipotência é uma lembrança de um outro estado, um estado da consciência em que, de fato, os pensamentos se tornam coisas e fatos no momento em que são formados. Tempo e espaço fazem parte do estado de consciência tridimensional e ilusório, de modo que não existem num domínio de consciência muito mais desenvolvida. A consciência da criança ainda está parcialmente sintonizada com a plenitude do seu ser; contudo, à medida que a lembrança é transferida para o estado egóico limitado, ela se confunde.

Já que o estado egóico é uma concentração do estado de menor purificação – a par de aspectos já purificados que vêm em auxílio da personalidade na missão a cumprir nesta vida – o poder de criar assume uma forma deturpada e indesejável. O ego sempre vive na ilusão de que não está apenas separado dos outros, mas que os outros são essencialmente antagonistas no que concerne ao seu bem-estar. Tudo o que o ego faz é sempre contra os outros, ou em competição com eles, ou em comparação com eles. Isso é o que cria o seu caráter destrutivo e egocêntrico. O ego faz do poder uma arma perigosa, como vocês sabem. Vocês sentem o poder como algo de que têm medo nos outros e como algo sobre o qual se sentem culpados. Assim, o poder sempre exclui o amor e a alegria, de vez que é uma expressão acentuada da separação.

Mas, quando vocês conciliam a cisão do ego com o ser real e, desse modo, descobrem o princípio de união, percebem também que seu interesse jamais está em oposição aos interesses alheios, embora num nível superficial possa haver a princípio essa impressão. Vocês também descobrem que poder e amor não precisam ser contrários um ao outro. Então, vocês podem começar a usar sua capacidade inata de criar e recriar a vida. Podem agora compreender mais por que o conhecimento desse poder de criar é perigoso enquanto vocês não eliminarem o aspecto de desarmonia que encontrou expressão nesse corpo e nessa vida, e enquanto vocês não descobrirem as realidades interiores, eternas, muito mais reais do que a realidade exterior, foco da atenção de vocês.

A frustração da criança quando seus pensamentos e desejos não se tornam fatos imediatos é óbvia. A imediatez de causa e efeito – a causa sendo o pensamento ou o desejo, o efeito sendo a experiência – é uma constante "dada" no estado da consciência que transcende o ego. Uma das tarefas da maior parte dos seres humanos como aspectos isolados do ego é aprender a paciência e a confiança, fluindo com a corrente, a receptividade involuntária.

A lembrança do poder de criar deve ser interrompida temporariamente, de modo que vocês possam aprender aquilo cujo aprendizado é tarefa de vocês. Por meio da consciência dessa lição, os vínculos mais profundos são estabelecidos uma vez mais de modo espontâneo; entretanto, não parece tratar-se de uma lembrança redescoberta. Em vez disso, ligar pensamentos, desejos, intenções, sentimentos e atitudes à experiência parece uma nova descoberta que estabelece a consciência do poder de criar. Então, não há mais o perigo de usar o poder contra os outros. A ilusão de que o interesse pessoal deve ser contrário ao interesse dos outros é afastada.

Eu nem sequer preciso mencionar que não apenas as crianças reivindicam de modo egocêntrico e antagônico a onipotência. As pessoas não desenvolvidas, imaturas e más também fazem isso, e por vezes exprimem isso inconscientemente.

A conversão do negativo em positivo

Sempre que há idéias equivocadas, ignorância, ilusão e emoções reprimidas – rancor, teimosia, radicalismo, indolência – há também energia estagnada, o que deve criar o desequilíbrio e as experiências negativas. Essa energia é muito forte. Só quando vocês a liberam direta e francamente é que podem transformá-la.

Chegou o tempo de vocês converterem a energia e a consciência negativas em manifestação positiva. Em certo sentido, vocês já começaram a fazer isso, mas ainda não estão conscientes o bastante do poder da energia à proporção que ela é liberada. Se, no momento em que a energia negativa estiver se irradiando do seu sistema e começando a fluir, vocês puderem transformá-la e dirigi-la rumo a um canal positivo, poderão, na verdade, recriar a vida de vocês. Essa prática os fará entender quanta energia de criação vocês têm a seu dispor.

Essas palavras não bastarão para transmitir-lhes a verdade de modo real, a menos que vocês tenham superado certas atitudes que implicam separação. De outra forma, esse conhecimento seria perigoso para vocês e para os outros; contudo, o compromisso irrestrito com a senda para suas próprias regiões interiores, a par das dificuldades visíveis quanto à revelação de si mesmos e ao embate consigo mesmos os deixará cada vez mais conscientes da realidade espiritual de seu próprio estado de ser eterno e imortal. Vocês também tornar-se-ão conscientes do poder dos pensamentos, da intenção e dos sentimentos de vocês. Aprenderão a ser prudentes acerca de seus pensamentos, sem reprimir pensamentos indesejáveis e destrutivos. Aprenderão a lidar com esses elementos, a desafiar-lhes a exatidão e a ser abertos a outras alternativas. Aprendam a entender o que está em vocês e que os faz querer pensar dessa forma e que preço devem pagar. Comecem a ver a criação como a relação entre as causas e os efeitos que aos olhos de vocês sempre pareceram não ter relação.

Enquanto esse processo de desenvolvimento ocorre, dá-se a recriação. Ela não é uma recompensa pelo bom comportamento. É um ato simples, instituído pelo ser que ora se acha num estado maior de consciência, que ora sabe o que faz e por quê.

Concentrar-se de maneira construtiva nos aspectos não desenvolvidos em vocês mesmos implica que vocês levem a cabo a tarefa para a qual estão neste mundo. Significa que vocês se unem para que possam transformar em ato o poder de criação latente em vocês, e para que possam usá-lo consciente e deliberadamente na vida.

O processo de criação e as técnicas específicas para aprender lhes são dados lentamente. Mostrei-lhes algumas técnicas de meditação. Quando vocês meditam, criam. Nesse estado de concentração e de relaxamento, a energia e a consciência se unem de tal modo, que as sementes puras da criação são liberadas. Quando existe certa purificação interior e certa consciência de si mesmo, essas técnicas podem ser desenvolvidas. Nessas situações, haverá uma sensação de segurança, do ponto de vista da senda espiritual. Vocês terão a impressão de estar com os pés plantados na realidade e num processo de união, de modo que não haverão de ignorar nenhum aspecto da missão que devem cumprir.

O processo orgânico de aprender a meditação criativa, de recriar a experiência vital, dar-se-á como uma expansão intuitiva e espontânea da consciência. Assim como entenderão intuitivamente a realidade cósmica da experiência em vez da teoria, aprenderão também a tirar proveito de suas capacidades e recursos inatos.

Eu gostaria de elucidar um mecanismo interior extremamente importante para vocês. Meus amigos, trabalhando nesta senda, vocês devem ter passado pela experiência freqüente de ouvir de seu *ajudante** a

---

* Um *ajudante* é um profissional do *Pathwork* treinado para ajudar os outros no trabalho de autopurificação.

sugestão de uma meditação específica e de um compromisso com a meditação com vistas à expressão positiva por que vocês anseiam, justamente pelo fato de serem faltos dela; no entanto, enquanto vocês procuram essa expressão, sentem uma resistência inexplicável no que concerne a seguir em frente. Algo em vocês parece estacar-lhes o passo, ou vocês se esquecem de agir por vontade própria. A coisa não acontece para vocês. É possível que os pensamentos de vocês não tenham energia, nem convicção, nem lucidez. Eles são difusos, vocês sentem que eles exercem pouco efeito. Não raro, vocês podem até mesmo ter a experiência consciente de uma resistência perceptível quanto a meditar em torno daquilo que vocês mais desejam. Que bloqueio é esse?

Suponhamos que vocês estejam sozinhos. Suponhamos também que anseiam por um relacionamento pleno e produtivo – cheio de alegria, de troca, de partilha de reciprocidade em todos os níveis. Vocês têm o direito natural a viver essa experiência e outros tipos de realização, pois a fartura do universo é para todos. Ninguém fica de fora. Não obstante, dificilmente lhes ocorre semear a semente na meditação de modo eficaz – por meio de um pensamento claro e definido nesse sentido e por meio de um compromisso com querer, sentir e compreender essa experiência e colocá-la em prática. Vocês podem estar perfeitamente conscientes do princípio dessa prática de meditação; no entanto, desistem de a pôr em prática. O que é ainda mais interessante é que, no momento em que vocês, por sugestão, formulam o tipo de pensamento criativo, deparam com uma relutância estranha e inexplicável em vocês mesmos. É como se uma parede em vocês os impedisse do compromisso transparente e exato com o que vocês mais querem na vida.

Já pensaram sobre o sentido dessa resistência? Vocês querem muito alguma coisa. Intrinsecamente, acham que essa coisa poderia existir para vocês. A mente de vocês aceita os princípios da criação; todavia, vocês perceberão uma estranha paralisia na mente no momento em que ela verdadeiramente se desapega de seus pensamentos, enviando seus pensamentos para o solo fértil da substância criadora, ou o que eu chamo de substância anímica, onde toda semente germinará.

A razão para essa relutância é muito simples. Trata-se do mecanismo de autoproteção, precisamente calibrado, que sabe que algo em vocês ainda não está preparado para essa experiência. Vocês mesmos criaram os bloqueios nessa situação. Talvez haja certa falta de vontade para aceitar a realidade no seu nível. Talvez haja uma atitude de negação encoberta no que concerne ao outro sexo, atitude que vocês não conseguem corrigir. Seja qual for o bloqueio, vocês precisam enfrentá-lo, examiná-lo, compreendê-lo, eliminá-lo. Se não fizerem isso, e ainda criarem com a forte concentração da mente e com a vontade, a vontade exterior imposta deverá ter seus efeitos. Uma "construção da força de vontade" entra em conflito com a negação interior e com o bloqueio. A incapacidade de meditar e de criar é significativa, e deveria ser alvo de atenção, pois revela a natureza do bloqueio, de modo que vocês a podem contornar. De outra forma, vocês criam voluntariamente um nível do ego que não pode satisfazer-lhes o coração e o espírito.

A mente do ego tem o poder de criar. Ela faz isso continuamente; porém, se ela cria separadamente, no que concerne ao ser interior, as conseqüências disso devem ser frustrantes. A força de vontade, a vontade exterior, na verdade pode ser eficaz até certo ponto. Ela cria a matéria, a submatéria e a experiência, mas não para a felicidade de vocês. Ela cria com uma intencionalidade a que falta sabedoria, compreensão, visão e profundidade. Faltam-lhe também senso de integração e completude, de modo que o que ela constrói é por vezes mais doloroso do que desejável. No exemplo que escolhemos, isso se manifestaria na criação de um relacionamento em que as áreas do ser que foram negligenciadas dariam a tônica do relacionamento, minando-o como que pelas bases.

Quando vocês descobrirem sua voz interior opondo-se ao processo mental de criação, isso será um sinal de que existem medidas a tomar no que concerne ao exame de si mesmos. Vocês devem mudar o centro da criação para entender o sentido de sua relutância quanto a criar aquilo por que anseiam.

A paciência na criação

Um segundo aspecto importante sobre a recriação é o elemento do tempo com que vocês, no nível do ego, têm de lidar. A impaciência é mais uma forma de desarmonia em função de um estado mais pleno da consciência, no qual a criação é imediata. O pensamento produz a forma no momento em que ele é expresso. A impaciência é a lembrança dessa experiência, sem a condição de união com o ser interior, de maneira que a lição que o ego tem de aprender não é assimilada. Só no nível do ego é que as coisas se acham separadas: o efeito separado da causa, a alma separada da alma, a forma separada da experiência do pensamento, o interior separado do exterior. A própria vida lhes parece uma coisa estática, "objetiva" e fixa, na qual vocês são colocados. Ela parece totalmente separada de seus processos interiores, totalmente sem vínculos com eles. Essas ilusões são idênticas às que vocês têm quando pensam e sentem o tempo, a distância e o movimento. São subprodutos da condição de isolamento do ego. Todas as coisas que fazem parte da experiência parecem existir apenas nos termos aparentemente objetivos do ego. Quanto mais vocês se concentram nesse sentido, mais terão a impressão de que as coisas são assim. Na verdade, a vida de vocês é tão-só uma expressão subjetiva de si mesmos; não uma realidade fixa, objetiva, imóvel. Quando vocês aprenderem a se concentrar mais na realidade interior, perceberão muito mais essa outra realidade mais plena, em que os aspectos separados se unem numa teia magnífica e significativa de dinamismo e completude.

Parte do processo de criação envolve a paciência de deixar estar, de aprender a ter confiança em que a vida lhes devolva aquilo que vocês lhe deram. Isso requer a vontade de que a semente cresça. A dúvida os faz esperar? Essa espera é impaciente? Sentem medo enquanto esperam? Tensão? Querem tão pouco alguma coisa, que criam uma corrente de força que impede a realização de algo porque sua tensão e seu conteúdo mental e emocional frustram a criação? Se a espera se dá com a sensação de relaxamento, vocês não têm dúvida quanto à realização.

O processo de recriação se desenvolve sempre quando a personalidade do ego se une aos outros aspectos do eu que antes não haviam aflorado à superfície. Quanto mais isso acontece, mais alegremente vocês são capazes de criar. Pode parecer confuso o fato de eu dizer que vocês devem aprender a não recuar da dor, e depois eu dizer que é um direito inato viver num estado de alegria. Talvez pareça uma contradição eu afirmar que vocês têm de estar dispostos a renunciar – pelo menos por enquanto, e de bom grado – ao que querem criar, e que devem ter fé em ser capazes de criar; mas essas coisas só constituem uma contradição no nível do ego mais superficial, em que a dualidade do "ou isso ou aquilo" reina suprema. Na verdade, esses princípios dependem uns dos outros, e devem estar em harmonia. Quando vocês se limitam tendo um desejo demasiado forte, vocês fecham as portas à alegria e à criação interior em estado de relaxamento. A limitação sempre indica negação, dúvida, energia negativa, que vocês devem trazer à luz para tratar especificamente.

Na ilusão do ego, vocês percebem a vida como hostil, estranha e contrária a vocês, ao mesmo tempo que se sentem como vítimas. Nessa ilusão, é-lhes vedado criar. Assim, meus amigos, nesta senda, vocês hão de ver que a compreensão de como criam seu sofrimento inevitavelmente os libertará para criar a felicidade.

Permitam-me concluir dizendo que vocês são muito mais do que provavelmente acreditam. Se andarem no sentido de encontrar o seu ser real, de se identificarem com ele através das camadas das trevas, deverão descobrir a beleza infindável do universo. Com o ar que respiram, vocês se enchem de amor e sabedoria. Nada há que os cerque e permeie e que não expresse a magnitude de uma criação divina e benigna. Quanto mais conscientes disso, mais alegres e satisfeitos vocês se tornam. A beleza infinita do universo pode ser sentida como uma realidade em vez de como uma teoria – mas isso só acontece quando vocês abrem caminho pelas regiões obscuras.

Abençoados sejam todos vocês. Que vocês sintam o amor que se irradia de um domínio no qual vocês têm muitos amigos que os orientam. Estejam em paz.

Capítulo Dezoito

O Sentimento Cósmico

As bênçãos e a ajuda lhes são dadas. O amor e a força transbordam. O cerne divino está em todos vocês. O objetivo da vida é compreender isso, saber quem de fato vocês são, lembrar. Quando vocês conhecem o seu verdadeiro eu, que é uma herança divina, vocês não precisam mais ter medo nem sofrer. A obra em que eu os oriento ajuda, por meio de suas diversas abordagens, a transpor os obstáculos para descobrir quem vocês são.

Tudo isso são meras palavras para a maioria dos seres humanos; só depois de terem superado certos obstáculos é que vocês poderão algum dia conhecer sua verdadeira identidade. Nesta palestra, eu gostaria de analisar uma das experiências que vocês podem ter ao começar a vislumbrar essa verdadeira identidade. Quero prepará-los para entender o sentido dessa experiência de modo que vocês não rejeitem sua magnificência tentando enquadrá-la no molde da experiência humana comum – o que haveria de destruí-la e tornar sua repetição mais difícil. O objetivo desta palestra também é ajudá-los a ter contato mais cedo com a verdadeira identidade de vocês, e a superar as dificuldades puramente mentais.

Eu gostaria de examinar um sentimento muito específico, raramente reconhecido porque transcende a experiência que os seres humanos comuns têm do sentimento. O sentimento a que me refiro está além do amor. Trata-se geralmente de uma rara experiência humana, exceto para os que chegam ao completo conhecimento de si mesmos.

O sentimento a que aludo pode ser denominado, por falta de melhor designação, de *sentimento cósmico*. Este não é apenas uma compreensão teórica, tampouco certo sentimento sobre o cosmo ou a criação. Trata-se de uma experiência física, mental, emocional e espiritual. Ela abrange a pessoa com um todo. Tentarei descrever essa experiência da melhor forma possível nos limites da linguagem humana. Explicarei os requisitos necessários para chegar a esse sentimento cósmico, as quatro chaves que o tornam possível.

Uma experiência da unidade

O sentimento cósmico é uma experiência em que sentimento e pensamento não estão mais separados. Sentimento e pensamento estão unidos. Isso é difícil de imaginar quando nunca se passou por essa experiência; mas alguns de vocês ocasionalmente conheceram a unidade do sentimento e do pensamento. Ela envolve uma sensação de felicidade, de compreensão da vida e de seus mistérios; do amor que a tudo abrange; do conhecimento de que tudo está bem e de que nada há para temer. A falta total de medo é algo que à pessoa comum é muito difícil imaginar, em parte porque vocês estão muito inconscientes de seus medos, e em parte porque lhes é tão comum conviver com eles, que não lhes ocorre que a vida poderia ser de outra forma. O amor e a alegria sem medo é uma experiência do sentimento que transcende o pequenino ser, pessoal de vocês. Essa experiência inclui tudo — e vocês sentem a unidade de tudo no universo.

A incapacidade comum de distinguir entre o que é real e o que é falso cria notadamente a confusão e a dor sem fim. Enquanto vocês acreditam nas ilusões, comumente invertem a verdadeira ordem do universo: crêem que o que é real não existe; porém, saber o que é real, o que é ilusão, faz parte da experiência do sentimento cósmico. Essa experiência proporciona um grande sentimento de segurança, o conhecimento de estar de fato a salvo, o que, por sua vez, libera grande quantidade de energia sentida como felicidade em cada parte do ser. Nesse momento, vocês sentem a tranqüilidade e a animação, a paz e o prazer como aspectos relacionados entre si, em vez de como opostos que se excluem a si mesmos, como não raro essas coisas lhes parecem. Essa unidade traz em si cada partícula do corpo, da alma e do espírito de vocês.

É desnecessário dizer que, nesse estado, não é possível que haja aborrecimento nem angústia. Tampouco se sente aquele impulso que os leva à intranqüilidade. Esta é uma expressão do ímpeto interior de procurar a senda da verdade rumo à total compreensão de si mesmo;

porém, antes que vocês o possam encontrar, esse impulso pode ser doloroso e pode fazê-los procurar temporariamente na direção errada, levando-os até mesmo para longe do que o ser mais íntimo de vocês procura. Esse impulso pode ser sutil ou declarado. Ele tem a sua função, mas consome energia que posteriormente estará disponível para o conhecimento-sentimento abençoado da presença de Deus em nós. A imediatez dessa presença imponente é, a princípio, chocante. Os sentimentos bons são chocantes. Portanto, o ego deve se fortalecer o bastante e ser saudável para suportar as vibrações elevadas quando a presença interior de Deus emana para a pessoa exterior. Essa presença é, pois, sentida como a realidade eterna, como o estado eterno — a real identidade de vocês. No momento em que vocês se acham nesse estado, sabem no fundo do coração que sempre souberam o que ora redescobrem, ou seja, que sempre foram o que nesse momento sabem ser — que nada disso é, de fato, novo. Vocês só se afastaram temporariamente desse estado de sentimento e de conhecimento, de experiência de vida do modo como ela é. A experiência torna-se possível no momento em que vocês podem tolerar o caráter imediato da presença do seu cerne divino, da consciência dela, da sua energia, de sua realidade cintilante, de sua sabedoria penetrante, de seu amor amplo, de seu poder criador, que pertence a vocês, para que o usem do modo que julgarem apropriado.

As quatro chaves para o sentimento cósmico

Agora, examinarei as quatro chaves ou pré-requisitos para que a pessoa se torne forte o bastante para suportar o poder, a sabedoria e o amor que traz em si e que estão prontos para fluir. Cada um de vocês, sem exceção — cada ser vivo no universo — está repleto desse poder e dessa inteligência; o que varia é o grau em que o poder e a inteligência se manifestam.

As quatro chaves são os aspectos do *Pathwork*; mas eles também devem ser considerados no contexto do sentimento cósmico. Elas são as seguintes:

1. A compreensão da causa e do efeito pessoais: a compreensão da causa e do efeito na vida é essencial para a compreensão de si mesmo, para a compreensão da identidade divina de vocês. É essencial simplesmente para a saúde, para a concentração e a integração equilibrada, para o funcionamento satisfatório e as experiências gratificantes. *No momento em que vocês podem perceber em vocês o nível em que os conceitos, as intenções e atitudes criam as circunstâncias da vida, vocês têm a chave para criar uma vida diferente e mais desejável*; mas quando vocês estão separados do poder criador em vocês mesmos, quando criam inconscientemente, vocês ignoram o próprio poder e se envolvem numa reação em cadeia de erros e formas de desequilíbrio. Nesse momento, vocês se encontram num estado em que constantemente tornam os outros — as pessoas, as circunstâncias, a vida como um todo — responsáveis pela sua infelicidade. Isso acarreta mais reações em cadeia. Esse estado interior — estejam ou não conscientes dele — os faz recriminar, acusar e sentir-se vítimas. Sucessivamente, vocês acham justificativas para sentir raiva, tristeza e se vingar.

A salvação só pode vir quando vocês compreendem o seu direito natural e belo de criar. Assim como criam negativamente, vocês podem criar positivamente. Assim como criam voluntariamente em função de seu pequeno ego, seguindo os ditames da vaidade, da cobiça, da preguiça e da desonestidade, vocês também são capazes de criar deixando que Deus se expresse em vocês e crie por meio da honestidade e da beleza.

Vocês são afortunados pelo fato de o progresso do trabalho com vocês mesmos os ter posto em contato com o nível de sua criação negativa. Vocês começam a ver mais claramente quais atitudes, expressões e intenções produziram as manifestações que vocês deploram e de que se queixam enquanto esperam passivamente que algum milagre aconteça de fora — ou em face de que vocês renunciaram e se adaptaram às privações e frustrações desnecessárias. Ainda há muito trabalho para ser feito por cada um de vocês na busca da sua criação negativa. Há ainda muitos aspectos da vida que vocês encobrem e não examinam com o cuidado necessário para essa descoberta.

Quando puderem ligar-se verdadeiramente ao seu nível de criação, vocês descobrirão esse alívio; descobrirão o mundo abrindo-se inteiramente. Tornar-se-á claro para vocês que, se podem criar inconsciente, inadvertida e equivocadamente esses fatos e estados mentais palpáveis, também podem criar consciente, deliberada e intencionalmente as circunstâncias e o estado mental que desejam.

Por exemplo, se agora vocês se tornam conscientes de que não podem suportar a felicidade e o prazer total – se a correnteza é forte e impetuosa demais – vocês podem criar essa capacidade em vocês mesmos, afirmando o desejo e a intenção, dispondo-se a desistir de sua desonestidade e intenções negativas, e desejando darem o melhor de si de modo honesto. De que outro modo vocês podem descobrir o tesouro incalculável que existe em vocês mesmos? Ao refrear esse impulso de doação interior, de abertura e de compromisso com a vida, vocês aumentam a sensação de pobreza interior, de estarem vazios e de nada terem para dar. Quem se sente vazio não pode dar coisa nenhuma. Vocês só podem sentir-se ricos e plenos quando querem dar. Quando fazem isso, criam positivamente, e aos poucos percebem que suas criações se desenvolvem. Por vezes, elas podem levar alguns anos para se manifestarem de todo, às vezes menos. Nunca estão completas. As criações positivas podem ser multiplicadas infinitamente. Ao perceber verdadeiramente a causa e o efeito da criação negativa e de suas manifestações, vocês se tornam criadores. Compreendem o direito natural de vocês à divindade.

2. O sentimento de todas as suas emoções: isso requer certo desenvolvimento e certa experiência, antes que a personalidade possa aceitar todos os sentimentos, usando-os de maneira construtiva. Já falei muito acerca de como fazer isso, de modo que agora analisarei o tópico apenas do modo como ele se relaciona com o sentimento cósmico.

Se a humanidade está passando por períodos de profunda infelicidade, de sentimentos conturbados, isso é porque ela criou esses períodos e só pode ir além deles passando por eles. Muitos de vocês já tiveram consciência da verdade de que, aceitando e sentindo inteiramente o sofrimento, vocês se tornam proporcionalmente capazes de conservar o prazer. Admitindo humilde e honestamente o ódio e expressando esse ódio construtivamente, ou seja, assumindo a responsabilidade por ele, a capacidade de amar se desenvolve como conseqüência natural. Sentindo voluntariamente o medo, vocês se tornam corajosos e confiantes. Isso acontece porque os sentimentos aparentemente opostos são a mesma corrente de energia, mostrando-se em freqüências e graus diferentes de condensação. A vibração muda à medida que vocês descobrem a unidade dos opostos. Quanto mais evitam um sentimento, menos vocês poderão ter a experiência do outro lado desse sentimento.

O sentimento cósmico apresenta a maior freqüência energética. Se algum outro sentimento na esfera humana comum ainda parece incontrolável, o sentimento cósmico é muito mais forte.

Enquanto vocês se esquivarem a um sentimento, ele continuará a ser uma parede, um inimigo, e vocês terão de continuar com medo dos seus próprios sentimentos. Por meio dessa dinâmica, vocês criam um duplo processo de alienação, frustrante e doloroso: o medo do próprio medo; o sofrimento em função do próprio sofrimento; o ódio decorrente do próprio ódio. A fissura interior em vocês aumenta até que vocês procurem algum caminho de volta.

Na existência, não há nenhum sentimento, independentemente de qual seja, que não possa ser plenamente sentido e tratado de um modo construtivo e belo. Se vocês expressarem os sentimentos mais negativos — o ódio, a crueldade, a raiva e seus subprodutos, que são a inveja, o ciúme, a ambição, a desonestidade e assim por diante — essa expressão limpa e honesta é bela. E é assim porque vocês não fingem mais; correm o risco de ser sinceros e, dessa maneira, tornam-se belos porque expõem a feiúra. Se vocês têm coragem e confiança no universo ao ponto de exporem verdadeiramente uma parte negativa da consciência, e se vocês pedem orientação interior para prosseguir em seu empenho, vocês sentem a energia poderosa que faz parte desses sentimentos antes ocultos. Essa energia é absolutamente fundamental para criar a vida, para expandi-la, bem como para desenvolver a consciência, para sentir alegria e prazer. O tédio, a desatenção e a falta de energia podem ser explicados por muitos fatores exteriores, porém, em última análise, essas coisas sempre são conseqüência do ato de fugir dos próprios sentimentos e de, assim, reprimir a energia vital.

Não existe nenhuma forma de sofrimento que, se for enfrentada de maneira criativa e sem idéias e projeções falsas, não há de mostrar-se um túnel através do qual vocês avançam com relativa rapidez, liberando uma energia de amor, beleza e poder. Não existe nenhuma forma de ódio tão repulsiva, nenhuma intenção tão terrível, cuja expressão honesta — em vez de ser dirigida aos outros — não acabe se tornando uma energia poderosa e não se acrescente à beleza do seu amor e do seu ambiente. Nenhum sentimento de ódio, de sofrimento e de medo é permanente; só o amor, o prazer, a segurança, a paz e a bênção são condições permanentes. O ódio, o sofrimento e o medo não passam de energia congelada, de consciência desvirtuada. Toda vez que vocês se sentem relutantes quanto a exprimir o sofrimento ou a raiva, é só a desonestidade que os torna relutantes – a vontade de parecer diferente do que se é. Quando vocês superarem essa necessidade imaginária de fingir, quando puderem ser quem vocês são, não haverá nenhum sentimento que não possa ser uma fonte de energia criativa. Ser honesto inclui desafiar a crença consciente ou inconsciente de que, se vocês sofrerem, se perderão no sofrimento e haverão de sucumbir.

Pelas mesmas razões, só quando vocês aceitam e conservam sentimentos bons e comuns é que têm a capacidade de manter o fluxo do sentimento cósmico. É importante entender esse processo de evolução da natureza do sentimento; ele explicará por que vocês tantas vezes são incapazes de se apegar a sentimentos bons. Vocês se pegam recuando de novo, logo depois de se abrirem à experiência do prazer, do amor e da bondade da vida. Vocês sabem que esse princípio existe, mas ainda assim não se valem dele o bastante, tendo em vista o seu grau; ele indica sentimentos não reconhecidos, não aceitos e não expressos – sentimentos negativos. E se por vezes vocês têm uma súbita sensação desse sentimento cósmico e ela passa em seguida, isto é sinal de que a capacidade de amar de vocês não está tão desenvolvida quanto pode ser e será. A experiência mais forte do amor humano é apenas uma sombra amena do sentimento cósmico que abrange todas as coisas.

3. O desenvolvimento da intenção positiva: vocês devem desenvolver a intenção positiva, não de um modo superficial, não para seguir determinadas normas, mas a partir do âmago do ser real de vocês, no qual vocês querem a verdade e o amor pelo bem de si mesmos, e não visando o lucro. Essa intenção deve existir no nível profundo em que vocês continuam descobrindo as intenções desonestas e negativas com respeito à vida, que são as verdadeiras causas da infelicidade. No momento em que vocês se aventuram a encarar suas intenções negativas e começam a trabalhar de fato com elas nesse nível profundo, a intenção positiva de vocês se expressa veementemente. Então, vocês sentem amor – pelo universo, por si mesmos, pelos outros, pela criação. Ao amor que vocês sentem falta totalidade no grau em que a intenção negativa prejudica a psique. E vocês não podem ter o sentimento cósmico a não ser que sintam amor.

O compromisso com realizar um intercâmbio favorável com a vida deve ser firmado repetidas vezes, dia sim, dia não, procurando os recessos mais ocultos em que a intenção negativa ainda pode existir e então, mudando-a num ato deliberado de criação, envolvendo a expressão de intenções positivas.

De que modo vocês podem supor onde a intenção negativa está escondida? Vocês podem fazer isso simplesmente perguntando, "Em que aspecto eu ainda sou infeliz? Por que eu sinto angústia? Quais são os problemas que tenho comigo mesmo, com a vida, com os outros?" Independentemente da rapidez com que se atribua essa causa aos outros, não obstante isso, existe algo em vocês que não lhes é dado perceber. A infelicidade de vocês é um meio de conseguir o que vocês querem; e vocês a podem usar todos os dias. Nada poderia ser mais confiável. No balanço do dia, que vocês fazem todas as noites, perguntem a si mesmos, "A minha vida é tão realizada, tão alegre e tão rica quanto eu gostaria que fosse?"; então, vocês encontram a resposta, e podem se descobrir ainda mais se perguntando, "Qual é a minha contribuição no que concerne a esse estado de coisas? Como eu o criei?"

Mesmo que a vida seja de realização e felicidade, e vocês sintam que ela se torna cada vez mais rica, poderão ainda perguntar-se, "Quais os aspectos em minha vida em que ainda me sinto apático, e em que aspectos não sinto a alegria que, sei, existe de outra forma?"; de fato, é muito simples fazer isso, meus amigos; e quando vocês se concentram dessa forma, vêem as coisas como se elas fossem um diagrama simples que vocês puderão traçar rapidamente. Não é nenhum mistério.

4. O desenvolvimento da capacidade de se ligar ao seu núcleo divino mais profundo: os outros três pontos certamente são pré-requisitos para isso. O quarto ponto não pode verdadeiramente ser usado com êxito a não ser que os outros três tenham sido postos em prática. A quarta chave diz respeito à meditação. Concentrem-se, fiquem calmos e receptivos, deixem de lado a inquietação e o ruído da mente. Partam da premissa de que existe um núcleo profundo de conhecimento, sentimento, poder e presença em vocês. Concentrem-se nele serenamente, sem o sentimento que envolve a idéia de que "Tenho de passar por essa experiência agora". Esperem calmamente. Aprendam a ficar descontraídos interiormente. Atentem para a sua precipitação, para seus impulsos e apegos. Observem-nos, até que os possam deter. A princípio, é possível que vocês sofram; porém isso será uma oportunidade de entregar-se ao sofrimento sem resistência. Aprendam a grande arte de pôr-se em sintonia. Peçam a Divindade interior de vocês que os ajude nisso. Perseverem. Voltem a sua atenção e boa vontade a essa prática. Um dia, o canal haverá de se abrir. Vislumbrem a possibilidade de que existem em vocês faculdades que vocês não desenvolveram.

Existe um ouvido interior com que vocês depois ouvirão; um olho interior com que verão; uma força interior com que perceberão as coisas. Essas faculdades ainda estão inativas, mas podem ser despertadas. À proporção que forem aquietando os pensamentos e anulando as dúvidas, que são um ardil do ego, e à medida que forem aumentando a capacidade de discernir as artimanhas desse ego e de ficar atentos a seus movimentos interiores, repetidas vezes pedindo orientação interior, vocês despertarão e desenvolverão uma faculdade interior nova. Ela pode aparecer em vários domínios entre as pessoas. Com uma, o ouvido interior de repente se abrirá e ela ouvirá Deus em si mesma. Ela saberá que não se trata de imaginação – nada pode ser mais real. Com outra, o olho interior começará a ver – talvez formas ou imagens simbólicas. Ele poderá ver num nível interior, em que visão é sinônimo de conhecimento. Poderá ver a luz da verdade e do amor. Essa visão tornar-se-á conhecimento, pois este sempre deve prosseguir para integrar a experiência na personalidade do ego consciente. Uma outra pessoa ainda poderá descobrir certa capacidade de expressar seu conhecimento interior em pensamentos: o "conhecimento" pensa nessas pessoas, as instrui, ou talvez escreve por meio delas. Há muitas formas através das quais o conhecimento, a visão, a audição e a experiência novos vêm do âmago divino dentro de nós.

Todos podem tirar proveito desta palestra para se situar em seu caminho, independentemente de cada pessoa poder ou não a essa altura pôr verdadeiramente em prática a teoria. Isso talvez venha com o tempo.

Se vocês sinceramente se renderem à vontade e orientação de Deus, coisas maravilhosas irão acontecer. Deixem que elas aconteçam. Tirem proveito disso e não tenham medo de riscos e obstáculos momentâneos. Não se isolem. Sejam abençoados, caros amigos!

Capítulo Dezenove

Jesus Cristo e a Coragem

Com alegria, trago-lhes bênçãos divinas capazes de tocar todos aqui com energia vital. Vocês precisam fazer que a consciência de vocês se alce a essa realidade. Vocês precisam pôr abaixo as barreiras que os impedem de sentir a presença de Deus e o amor em sua vida.

O objetivo máximo do conhecimento de si mesmo é estabelecer a verdade de Deus, da vida eterna, do sentido benéfico de todas as coisas em cada canto da consciência. Esse processo é a verdadeira razão para a encarnação e a purificação. Na opinião de vocês, o que essa purificação envolve? Ela não é apenas tornar-se "bom". O bem absoluto só pode ser encontrado nos níveis mais profundos da verdade. A verdade maior da realidade e caráter imediato de Deus leva vocês ao bem máximo, além de todo questionamento e dúvida.

Mesmo que vocês tenham reforçado a crença e o conhecimento de que este mundo está impregnado de Deus, poucos até agora fizeram contato pessoal com ele. Deus se fez homem para estar sempre perto de vocês de um modo pessoal e amável. Para a maioria dos fiéis, Deus é uma experiência muito menos pessoal, mas é uma experiência mais vaga e geral. E vocês sabem que só podem ter a experiência daquilo que podem conceber ou daquilo em que podem acreditar.

Se vocês de fato oram, anseiam por uma compreensão do amor pessoal de Jesus Cristo por vocês, e procuram essa compreensão, as respostas virão. É possível que vocês não reconheçam as primeiras respostas como tais. Elas talvez tenham algo que ver com obstáculos específicos, que os impedem de ter a experiência dessa realidade. Elas podem criar elementos novos, ou trazer à baila antigos elementos que vocês precisam aperfeiçoar para se purificarem. São essas as respostas!

Quando os obstáculos começam a cair, vocês passarão pela experiência de *sentir* o amor pessoal de Cristo por vocês mesmos.

A entrega total à vontade de Deus

Vocês precisam da sabedoria para compreender que o estado de consciência mais elevado, mais desejável e de maior unidade – o ápice de toda realização, que inclui, abarca e transcende os demais estados e conquistas desejáveis – não pode ocorrer rapidamente, facilmente, sem que se pague um preço. Por isso entendo que a total concentração, o compromisso e dedicação de vocês devem ser gerados e ativados por uma mente e vontade fortes. A meta máxima da vida deve ser descobrir a realidade do Deus vivo como experiência imediata. Não como especulação teórica, nem como uma crença cega, mas como uma realidade viva na vida interior e exterior de vocês.

Quando vocês prosseguem dessa forma em sua senda, a glória que lhes ocorre não pode ser expressa em palavras; contudo, essa realização total só pode se dar na medida em que vocês se entregam de todo à vontade de Deus, sem nenhuma reserva, em cada aspecto mínimo da vida e do ser de vocês. Como isso continua a ser difícil para a maioria de vocês! Vocês continuam se refreando. Vocês ainda têm suas resistências, suas crenças, em que a obstinação sabe mais do que Deus quanto ao que os faz felizes; entretanto, Jesus Cristo está aqui para lhes dar vida eterna, segurança e plena realização, bastando apenas que vocês confiem nele e se entreguem a ele. Vocês serão alimentados pela essência da vida e da alegria num contínuo fluxo de renovação.

Vocês não podem acabar com seus medos e com sua desconfiança quanto aos outros a não ser que renovem constantemente a prática da entrega total ao que há de superior em vocês. Pois vocês não podem subsistir sozinhos. Nenhuma criatura pode. Todas as criaturas se juntam numa corrente de dependência mútua – física, emocional e espiritualmente. Quando o peso da dependência é justo – da dependência a Deus, ao aspecto pessoal de Deus, próximo a vocês – vocês são capazes de criar um centro saudável de gravidade no mais fundo da alma, pois é lá que haverão de encontrar Deus. A presença dele se funde com o Eu superior de vocês. Vocês e ele se tornam uma coisa só.

Assim, meus queridos, ocupem-se agora com aprofundar o anseio de contato pessoal de vocês com Cristo. Estreitem o compromisso com ele, renunciando a tudo na vida em favor dele, na confiança total que ele merece. Os medos próprios do ser humano não podem ser aplacados de outra forma.

A salvação

Falemos sobre salvação. A interpretação tradicional dessa palavra deixa muito a desejar. Presta-se, não raro, ao equívoco, conquanto os mais iluminados entre os fanáticos percebam a verdade. Entre outras coisas, salvação significa perdão e aceitação ilimitada de Cristo. Significa que vocês sempre são capazes de descobrir o caminho para Deus, independentemente do que fizeram, independentemente do que o eu inferior de vocês ainda quer fazer, a porta sempre está aberta. Vocês nunca estão presos.

A única coisa que vocês têm de fazer é bater à porta. Pedir o pão da misericórdia de Deus, o amor, o perdão e ajuda de todas as formas: não lhes darão pedras. Pedir para se conhecerem a si mesmos, conhecer a capacidade de amar, a nobreza de espírito, a beleza de seu verdadeiro ser, por meio do amor redentor de Deus a vocês, vocês receberão essas coisas. Isso é salvação. Tudo isso – e ainda mais. O aspecto personalizado de Deus foi a causa. O Cristo encarnado tornou possível a todas as outras entidades encarnadas que fossem salvas do estado doloroso da não-verdade – o pecado – e da conseqüente destruição do eu e dos outros.

Analisemos agora três aspectos, dependentes entre si, da salvação, que dão margem a muita confusão e contradição entre as pessoas. Falo aqui especificamente da salvação da alma pessoal de vocês. Existem outros aspectos da salvação que vão além disso. Eles têm que ver com a possibilidade de toda entidade criada esquecer o estado de consciência que poderia ser chamado de inferno – ou diversos estágios menores que o envolvem: estados da consciência que refletem o erro, e, por conseguinte, o sofrimento, a roda da morte e renascimento, que traz em si o medo devido a uma falha na consciência.

A demonstração que Cristo fez no que concerne ao amor supremo, ao perdão e à piedade – à aceitação que se deve à profunda penetração da sua visão na nossa natureza – abriu todas as portas antes cerradas. Elas estavam fechadas, não porque Deus castigou a humanidade e, por isso, fechou-lhe as portas, mas porque os seres humanos tinham uma convicção inabalável de que não poderiam ser perdoados e de que estavam condenados a sofrer eternamente. Isso, por sua vez, acabou com qualquer incentivo de aperfeiçoar o processo de purificação pessoal. Quando não existe esperança, não existe vontade nem estímulo. Em toda a vida e na morte de Jesus, criou-se uma nova modalidade na mente do homem. Esse novo modelo facultou aos homens escolher o caminho que o Mestre mostrou. Ele disse que é o caminho, a verdade e a vida. A tentativa não era mais vã. Já existe perdão para todas as formas de transgressão, porque Deus reconhece, em termos muito mais profundos, por que vocês são levados pelos impulsos, por que têm de pecar para reconhecer seus pecados pelo que eles são, de modo que um novo estímulo os faça progredir na grande jornada que agora empreendem.

O aspecto pessoal da salvação parece confundir a mente repleta do dualismo que envolve alternativas. Permitam-me apresentar estes três aspectos paradoxais:

1. Só vocês podem realizar a própria salvação. A responsabilidade é de vocês.
2. Provavelmente, vocês não podem fazer isso sozinhos. Precisam da ajuda de outros que partilham a jornada com vocês e que, por vezes, podem ver o que não lhes é dado perceber.
3. Sem Deus, sem a ajuda pessoal do aspecto pessoal de Deus, essa empresa é por demais árdua para que vocês a levem a cabo.

Esses três aspectos talvez não pareçam mais contraditórios a quantos já se familiarizaram com minhas palestras sobre a dualidade e o princípio de união. Vocês podem perceber muito claramente que essas categorias não se excluem umas às outras; no entanto, alguns entre vocês ainda podem sentir-se um tanto confusos e perguntar, "Como pode ser, embora eu seja o único responsável pelos meus atos, que eu precise dos outros, bem como de Deus?"; mesmo para os que não se sentem confusos com esse conceito de salvação pode ser útil lançar mais luzes sobre esse tema.

Sim, é óbvio que a salvação de vocês é uma escolha de vocês, um empenho de vocês – e muitas vezes o que lhes parece um sacrifício. Pelo menos, parece um sacrifício a princípio dispensar tempo e energia para a execução de um trabalho pessoal. Às vezes tem-se a impressão de um sacrifício ainda maior quando a pessoa deixa de lado um hábito que deriva do eu inferior e que, momentaneamente confere a essa pessoa recompensas de caráter inferior, de modo que ela sinta cada vez mais prazer. Ninguém mais, nem mesmo o Criador, pode obrigá-los a fazer o que não querem. Isso haveria de ir de encontro a todas as leis espirituais que, apesar de tudo, são criadas por Deus.

No entanto, muitas vezes vocês se acham tão envolvidos com suas idéias falsas sobre a realidade, tão cegos quanto ao papel de vocês no relacionamento que mantêm com os outros, que não são capazes de corrigir as falhas na percepção que vocês têm das coisas. Vocês precisam do espelho dos outros. Precisam aprender a se abrir a eles. Precisam aprender a deixar de lado o fingimento e, portanto, a atitude de defesa, no relacionamento que mantêm com eles. Precisam se mostrar do modo como são, com toda a vulnerabilidade e total verdade interior. Isso em si mesmo já é parte integrante da jornada de vocês rumo à compreensão de si mesmos. Vocês precisam aprender a receber, mesmo que isso a princípio possa fazer que se sintam frágeis e vulneráveis, pois só então podem vocês dar de si mesmos. Trabalhar com os outros, ser aberto a eles, obedece à lei da fraternidade.

Quanto ao terceiro aspecto, de que modo poderiam vocês aprender a se amar a si mesmos sem, pelo menos, conhecer e, por fim sentir o amor de Deus por vocês? De que modo poderiam despertar o poder de mudar aspectos involuntários que não reagem diretamente à sua vontade exterior? Esta, e os aspectos exteriores que reagem a ela, precisam ser ativados de modo intenso por meio da dedicação de vocês a essa senda, por meio das muitas decisões diárias de enfrentar a verdade em situações difíceis ou de confusão, por meio da opção de vocês quanto a obedecer à lei da fraternidade e superar a resistência inicial de vocês no que tange a se mostrar como são; todavia, vem à luz um aspecto em que vocês lidam com emoções, reações, respostas e até mesmo crenças involuntárias que não se alteram, independentemente de quão sinceramente o eu exterior de vocês as quer mudar. Assim, vocês precisam constantemente de forças superiores que os ajudem a descobrir a entrada para esses níveis mais profundos com o fim de levar a efeito uma mudança que a mente por si só não pode realizar.

Tudo isso também lhes ensina a sabedoria para distinguir em que aspecto o eu é o mestre e em que aspecto vocês precisam muito do Grande Mestre, sem o qual nada pode ser realizado.

A entrega da vontade de vocês à vontade de Deus, e o ato de dedicar a vida, os talentos e atributos de vocês ao grande projeto divino, não só faz com que vocês floresçam na vida cotidiana, mas também constituem a chave para o preenchimento de uma lacuna, em que vocês ainda se vêem divididos entre a crença e a descrença, entre a confiança e o medo, entre ódio e o amor, entre a ignorância e a sabedoria, entre o isolamento e a união, entre a morte e a vida eterna.

As pessoas voltadas para o espírito são corajosas

Um dos atributos mais importantes nessa batalha é a coragem. Subestima-se por vezes o papel da coragem. Com efeito, a maior parte das pessoas admitem que os indivíduos voltados para as coisas do espírito são frágeis e submissos, implicando que não têm coragem, pois que esta requer força e energia. Por vezes supõe-se que os sem capacidade de decisão sejam vítimas das pessoas agressivas e audaciosas. Assim, em algum nível irracional da percepção emocional, a coragem amiúde se associa ao mal, ao passo que a pessoa frágil e tímida está associada à brandura, à gentileza e à bondade. Nada pode estar mais longe da verdade. A covardia de espírito não só leva à traição do melhor, de Deus, mas ao mal, tão dinâmico e poderoso quanto ao ato mais óbvio de agressividade e crueldade, de egoísmo, malícia e desonestidade. É importante estar bem consciente disso, para que haja a possibilidade de se libertar da ilusão de que fragilidade e timidez não são muito nocivas, e de que talvez sejam posturas ainda mais espiritualizadas do que a do espírito aguerrido de quantos se arriscam e põem em jogo suas vantagens pessoais mediante a afirmação da bondade e da postura confiante e positiva.

O que acontece quando vocês são fracos, quando não suportam o comportamento ruim, quando conspiram com ele e evitam bater-se pela verdade? Vocês estimulam o mal, conservam a ilusão, na pessoa que o perpetra, de que o ato não é tão ruim, de que tudo está bem, de que foi um gesto inteligente e muitas pessoas o toleram. Isso perpetua a ilusão conseqüente de que, afirmando a verdade, a decência e revelando o mal, a pessoa será isolada, ridicularizada e rejeitada. Por outras palavras, vocês fomentam a ilusão de que, para ser aceita, a pessoa precisa deixar de lado a integridade e a moral.

Tudo isso acontece constantemente no relacionamento entre os seres humanos. É fácil banir da consciência esse estímulo ao mal; no entanto, em torno das pessoas que consentem esse tipo de comportamento negativo, há uma atmosfera de culpa, de confusão e de intranqüilidade emocional no que concerne à não-aceitação de si mesmo. Não importa a tentativa de, com ódio de si mesmos, falarem de si mesmos com termos de lisonja numa atitude falsa: vocês não terão êxito enquanto não tiverem a coragem espiritual de se inclinar a sacrificar a aceitação dos outros – se, na verdade, não acreditarem que esse preço tem de ser pago.

Quando por exemplo, alguém, na presença de vocês, faz mal a outra pessoa, o silêncio de vocês não é bondade, nem gentileza, nem paz. Longe disso. Em certo sentido, isso é mais pernicioso, traiçoeiro e negativo do que o mal declarado. As pessoas más expõem sua maldade e, dessa forma, têm a oportunidade de serem repreendidas e de ter de enfrentar as conseqüências. Os ouvintes passivos são desonestos fazendo ambas as coisas: eles tiram tantas recompensas negativas do ato de maldade quanto aqueles que são maus abertamente, ao mesmo tempo que não se arriscam a nenhuma conseqüência negativa; pelo contrário, eles até se orgulham de não terem nenhuma participação no caso.

O mal declarado jamais poderia por si só ter levado à crucificação de Jesus. Ele exigia a cooperação dos traidores, dos farsantes, dos que apoiavam em silêncio e, por querer salvar a própria pele, deixaram que o mal – aparentemente – triunfasse; mas, é claro, o mal nunca sai vitorioso.

O mesmo é verdadeiro para os que cometem crimes em massa nos regimes totalitários, tais como na Alemanha antes da Segunda Guerra Mundial e durante ela. Os poucos a fazer essas coisas não poderiam ter ido muito longe não tivessem sido secundados pela adesão silenciosa dos muitos para os quais salvar a própria pele era mais importante do que a verdade, a moral, a honestidade, a caridade, o amor, a empatia – em suma, todas as coisas pelas quais Deus zela.

Isso, meus amigos, leva a uma especulação interessante, qual seja a de que o princípio ativo no desequilíbrio, por nocivo e criminoso, jamais poderia por si mesmo causar os mesmos danos do princípio passivo e receptivo no desequilíbrio. Eis por que muitas doutrinas espiritualistas afirmam que a qualidade inferior em toda a escala não é o ódio, mas a inércia. Esta, no nível energético, é o congelamento do fluxo da energia divina. Na inércia, a matéria radiante do influxo divino se espessa, solidifica, bloqueia e amortece. No nível da consciência, inércia significa exatamente aquilo sobre que eu estive falando. Ela inclui a culpa primária e secundária. A primeira coopera com o mal, permitindo-o, transmitindo a aprovação dele, independentemente de ser sutil ou indireta. A segunda está no fingir e afirmar que não se toma parte no mal, e até mesmo fingir-se de bom; ao passo que a covardia e o egoísmo aceitam passivamente que o mal exerça a sua influência. Eis por que Jesus Cristo, na sua vida na Terra, sempre ressaltou que o que faz o mal está mais perto de Deus do que a pessoa hipócrita, que passa por bondosa.

A estagnação e a inércia são na verdade, os maiores males. Eles pertencem à matéria, contrariamente ao poder vivificante do espírito e do eterno, que deseja penetrar o vazio. A receptividade falsa camufla a inércia. Quanto mais receptividade falsa houver, tanto menos receptividade real será possível. A incapacidade de receber amor, prazer e de realizar-se, a par da compulsão de minar as realizações, advêm da falta de entrega a Deus. Quando vocês se entregam a ele, precisam mostrar-se ativos, sobrepujar a inércia, avançar, realizar e agir, arriscar-se e, por vezes, combater o seu próprio mal ou o mal dos outros. Só então vocês se sentirão livres da culpa e se tornarão verdadeiramente receptivos ao que o universo espera de vocês. A graça de Deus está em toda parte, ao redor e dentro de vocês. Sempre está lá; vocês estão repletos dela.

Entregar-se a Deus significa aceitar o grande projeto, a vontade de Deus e dedicar a vida a isso. Doar-se a Deus significa atividade, e às vezes avançar contra a inércia que quer impedi-los de ser dinâmicos. A atividade pode ser dirigida a muitas áreas, além da luta contra a resistência óbvia ao seu processo de desenvolvimento. Semelhante movimento é necessário nos mínimos detalhes da vida cotidiana, quando vocês estão às voltas com o magnífico processo da criação de uma nova sociedade. É possível que tenham de lidar eficazmente com problemas desprezíveis, triviais. É possível que tenham de enfrentar eficazmente a resistência a mudanças tão necessárias ao processo de ser e viver de acordo com os princípios da lei divina. Assim, meus amigos, identifiquem a natureza de sua inércia, e – o que é mais importante – o modo como pensam sobre ela para consenti-la.

Quando vocês ainda se sentem frágeis, confusos, descontentes com vocês mesmos, ou vazios em algum aspecto, quando se sentem divididos e oscilam entre a submissão e a revolta, sabem muito bem que foram divididos ao meio. Ainda não têm autonomia. O único modo real pelo qual a autonomia se pode afirmar é a entrega total à vontade de Deus. Isso deve incluir a boa vontade quanto a ser temporariamente magoado, rejeitado ou colocado em posição desvantajosa. Isso deve incluir a coragem de pôr alguma coisa em risco ou de sacrificar um objetivo egoísta. Também envolve a fé de que isso corresponde verdadeiramente à sua melhor intenção, ainda que de um ponto de vista caracteristicamente humano.

A atitude fundamental de vocês na vida deve ser dedicar-se à vontade e ao projeto de Deus, colocá-lo em primeiro plano, em detrimento de todas as outras coisas. Então, todas as outras coisas tornam-se conseqüências naturais dessa atitude e serão resolvidas de acordo. É possível que agora vocês dêem ênfase à profissão, ao parceiro de vocês, às suas realizações pessoais, em vez de deixar que essas outras formas de realização fluam como um subproduto natural de sua dedicação à missão de vocês para com Deus, missão a que vocês se destinam como parte do grande exército que combate em favor das forças do bem. Meditem sobre essas questões profundas que compõem o universo de vocês e que são da máxima importância no esquema geral de todas as coisas: a grande batalha entre as forças do bem e as do mal envolvidas na lenta penetração da vida no vazio. Quando perceberem esse problema complexo e universal como a chave de todos os outros problemas, vocês começarão a tratar primeiro das coisas primeiras e a ver o mundo particular de vocês de uma perspectiva adequada. Isso gerará equilíbrio e harmonia perfeitos na vida de vocês, levará diretamente à fé, ao conhecimento do Deus eterno e da imortalidade individual de vocês que, por si só, pode aplacar o grande anseio da existência.

Com essas palavras, eu lhe dou minha bênção, caros amigos. Que essa bênção os torne receptivos no ser, no coração e na mente. Sintam o Criador em quem vivem o tempo todo. Sintam a paz e a alegria, a fonte ilimitada das possibilidades de criação ensejadas por isso. Imprimam em sua vida uma única direção e se realizem. Isso só pode acontecer com a ajuda de Deus, por meio de Deus.

Glossário

Ajudante

O ajudante é um profissional do *Pathwork*, alguém profundamente envolvido com o trabalho de purificação em conformidade com a doutrina do *Pathwork*, uma pessoa treinada para ajudar os outros no desenvolvimento deles mesmos. Os ajudantes dão sessões individuais, dirigem grupos, ensinam o *Pathwork*. Os ajudantes dão prosseguimento ao seu próprio desenvolvimento, tendo sessões com outro ajudante do *Pathwork*. Requer-se que os ajudantes passem por um período de atividade supervisionada.

Círculo Vicioso

Em termos de psicologia, círculo vicioso é um tipo de atitude negativa, destrutiva e ilusória que se reproduz e repete e que propicia outras atitudes semelhantes. Ele nasce de uma imagem ou de uma idéia equivocada que nos separa da realidade de uma situação; à medida que o círculo vicioso tem continuidade, nos afastamos cada vez mais do ato de corrigir o erro original. Tome-se como exemplo alguém que pensa equivocadamente que a única forma de se defender contra ser magoado pelos outros é amedrontá-los. Mesmo que essa pessoa inicialmente não tenha expressado sentimentos hostis, em sua tentativa de assustar os outros certamente haverá de fazer com que esses sentimentos aflorem. Essa hostilidade fará da pessoa alguém ameaçador e tirânico, que se valerá de novas evidências para confirmar de novo suas idéias falsas. Por fim, essa pessoa será obrigada a passar por alguma experiência desagradável, que ela interpretará como conseqüência de não ter sido "forte o bastante". Assim, ela continua presa desse círculo vicioso e passa pelas mesmas experiências diversas vezes.

A Energia Vital

Esta é a corrente energética que flui livremente no universo e em todos os seres, coisas e idéias. Não existe nada em que ela não esteja presente. A energia vital apresenta três aspectos essenciais: movimento, consciência e experiência.

Quando não nos opomos à energia vital, que sempre flui através de nós, podemos sentir a bênção. Esta se torna possível quando todo o nosso organismo está em harmonia com a realidade nos níveis físico, emocional, mental e espiritual. Isso significa deixar de lado as concepções equívocas e as defesas que impedem a integração da personalidade na energia vital. Para que isso seja possível, temos de estar em movimento, deixar que nos desenvolvamos, chegar a uma consciência que esteja além da dualidade e nos entregarmos a todos os sentimentos profundamente e sem resistência.

Mesmo no nosso atual estado de ser podemos entrar em contato com a força vital quando esclarecemos a confusão proveniente dos sentimentos desvirtuados, dos pensamentos e estados de espírito desequilibrados. Quando aceitarmos a verdade do estado atual e estivermos dispostos a viver o agora, imediatamente ficaremos imbuídos da sabedoria e da alegria da energia vital. À proporção que nosso desenvolvimento continua, a energia vital é sentida, não apenas em momentos raros, mas passa a ser parte da nossa vida.

O Eu Real

Este é o nosso Eu superior considerado como a nossa verdadeira identidade. As verdades espirituais às vezes só podem ser expressas em paradoxos: definido assim, o eu real é tanto a nossa realidade como a nossa potencialidade. Já somos o nosso eu verdadeiro sob as camadas da confusão, do medo e do engano; no entanto, o eu real é também o eu potencialmente perfeito, o estado a que chegamos quando essas camadas foram transformadas e eliminadas. Nosso eu real vive na unidade, sem jamais ter deixado o estado divino. Nós o chamamos de real em contraste com nossos aspectos isolados, que estão na ilusão.

O Eu Superior, o Eu Inferior e a Máscara

Na tentativa de representar a natureza humana em sua completude, podemos concebê-la na forma de três esferas concêntricas. À exterior nós chamamos de ser com a máscara. Este é moldado por nós segundo a maneira pela qual queremos que os outros nos vejam e pela qual gostaríamos de ser identificados. O eu com a máscara é também uma projeção contrária ao que não queremos que os outros vejam e ao que não queremos ver em nós mesmos. Como queremos impressionar os outros com ele, o eu com máscara é um aspecto do que chamamos de ego. Ele é a expressão controlada e manipulada de nós mesmos, criada com a intenção de alcançar alguns de nossos objetivos ocultos e, em parte, inconscientes.

Ao criar o eu com máscara, trabalhamos – na maioria das vezes, de modo inconsciente, é claro – a exemplo do escultor com seu modelo. O modelo que tentamos reproduzir ao criar a nossa máscara é a imagem idealizada de nós mesmos. Trata-se de uma concepção do que queremos ser, não no sentido espiritual mais profundo, mas no sentido de atender às expectativas dos outros e de tentar fugir do nosso próprio medo. Dessarte, a imagem idealizada de nós mesmos traz em si muitos equívocos nocivos dos quais não temos consciência. Não obstante, ela apresenta um grande poder negativo e controla a nossa vida por meio do eu com a máscara.

Por trás do eu com a máscara esconde-se a segunda esfera – aquele mundo oculto do egocentrismo a que chamamos ser inferior. Este é, na verdade, aquilo que o eu com a máscara encobre, porque não queremos revelar ou confrontar o medo, o ódio, a avareza, a crueldade, as percepções falsas e as idéias e teorias equivocadas do eu inferior. É no eu inferior que as imagens têm morada e dão à luz reações negativas e padrões de comportamento que criam conflito e infelicidade na nossa vida.

Todos temos um Eu superior, o âmago mais íntimo da nossa natureza. Esse Eu superior faz parte da inteligência universal e do amor universal que impregna a existência. É a nossa centelha divina. Esse Eu superior é livre, espontâneo, amável, generoso, onisciente, e é capaz de alegria e bênçãos infinitas. São os rápidos contatos com esse Eu superior que dão aos seres humanos sua verdadeira felicidade, sua criatividade e seu prazer verdadeiro. Podemos entrar em contato com ele sendo sinceros, entregando-nos de coração e não com vistas a lucro ou recompensa pessoal; podemos entrar em contato com ele cuidando uns dos outros e nos amando, meditando e orando.

Imagens

Nós não nascemos com uma percepção clara e correta da realidade. Devido a encarnações anteriores e a episódios de nossa infância, vemos muitas situações de um modo deturpado. Quando essas falsas visões se desenvolvem numa firme convicção sobre a vida, falamos de uma imagem. Essa é constituída pelas idéias equivocadas, pelos sentimentos desarmoniosos e pelos bloqueios físicos. Evidentemente, uma conclusão tirada em função de uma percepção deturpada é uma conclusão errada; portanto, as imagens na verdade são falsas conclusões acerca da realidade, e elas se acham tão profundamente arraigadas na psique da pessoa que se tornam sinais que controlam o comportamento em situações vitais. Uma imagem desse tipo não se presta ao exame da razão, mas às vezes é defendida por racionalizações elaboradas.

O exemplo de uma imagem formada na infância pode ser a de que a expressão de emoções, sobretudo de emoções ternas, é indício de fraqueza e levará a pessoa a se magoar. Embora essa seja uma imagem pessoal, ela pode ser reforçada pela imagem social e coletiva de que, sobretudo para o homem, a demonstração e a expressão de sentimentos ternos não é sinal de virilidade, mas de fraqueza, porque implica perda de controle. Uma pessoa com essa imagem irá, em qualquer situação em que possa se abrir emocionalmente, obedecer ao sinal das imagens em vez de reagir espontaneamente à situação real ou à pessoa, o que seria a reação positiva, de afirmação da vida. Essa pessoa também age com relação aos outros de modo tal que eles reagirão negativamente a ela e lhe confirmarão a crença falsa. Assim, essa pessoa se priva do prazer e limita o fluxo da energia vital, criando as tensões interiores e alimentando mais a imagem. O efeito dessas imagens na pessoa é a criação de compulsões negativas e de reações que limitam o desenvolvimento do potencial da pessoa.

Intenções Negativa e Positiva

A intenção negativa é a parte do eu cativa da negatividade. Não é o mesmo que negatividade. Esta compreende uma ampla esfera de sentimentos tais como inveja, ódio, medo ou orgulho. A intenção negativa é a escolha deliberada de se apegar a um estado de negação da vida e do eu. É também um meio de punir a existência. A coragem e a humildade são necessárias para reconhecer que existe um pouco de má vontade dentro de nós. Há um raciocínio deturpado e imaturo por trás dessa atitude e por trás da resistência quanto a desistir dela. Se essas coisas são reconhecidas, livre é o caminho para a transição rumo à intenção positiva e, dessa forma, à libertação.

Para adotar a atitude da intenção positiva, vocês precisam cultivar uma profunda certeza interior de que a fartura e o poder criador do universo transcende toda limitação. Vocês podem criar uma atitude positiva com respeito à vida de acordo com um processo legítimo e integrado de transformação que torna vocês totalmente responsáveis. Para que ele funcione, vocês precisam adotar uma atitude de confiança com relação a si mesmos e à vida. Amparados em sua boa vontade, sabedores de que o poder lhes pertence, vocês podem revelar sua intenção negativa. De outra forma, é impossível transformá-la. À proporção que ficam livres da intenção negativa, vocês não são mais prejudicados pela negatividade dos outros. Inclinam-se ao amor, certos de que o universo é um lugar de bens e alegrias, que é o seu lar.

Revisão Diária

A revisão diária é uma prática para desenvolver o autoconhecimento. A palestra sugere que todo dia tomemos nota das sensações negativas e desarmoniosas, tais como o medo, a indignação, a raiva, as reações exageradas ou a autocomiseração. Inconscientemente, acreditamos que os acontecimentos que geram esses estados de espírito nos ocorrem espontaneamente; contudo, ao rever nossas anotações algumas semanas depois, surpreendemo-nos ao descobrir como essas sensações se repetiram. Isso indica claramente a nossa participação ativa nesses fatos, até mesmo nas suas causas. Percebemos, então, que não somos vítimas, como pensávamos. Talvez sejamos vítimas do nosso inconsciente! Identificar esses padrões de comportamento nos levará a descobrir a atitude emocional fundamental que cria constantemente as mesmas situações. A revisão diária é, pois, de extrema importância para indicar os elementos das imagens, nossas convicções falsas firmemente defendidas, de modo que possamos reconhecê-las e enfraquecê-las.

Também é útil tomar nota, em outra parte do caderninho, de mensagens do seu Eu superior, ou das palavras de inspiração que os tiverem sensibilizado, para que isso os ajude a não cometer o erro de se identificar com os aspectos negativos que criam a desarmonia.

Unidade e Dualidade

Os seres humanos vivem na dualidade. Assim, percebem todas as coisas por meio de pares de opostos: bem e mal, luz e treva, certo e errado, vivo ou morto. Isso acontece porque nossa consciência está fraturada. Esse modo dualista de perceber encobre-nos a realidade mais profunda do universo, a unidade fundamental. Toda alma anseia pelo estado de união da consciência – um estado de realidade absoluta, de bênção, de liberdade e de realização. É possível aproximar-se – ou pelo menos ter vislumbres – desse estado, pois que o nosso eu real vive nesse estado de união até quando dele não temos consciência. Nós o conhecemos quando nos identificamos com o nosso Eu superior. Então, a dualidade é transcendida. Quando a alma passa pela experiência consciente desse estado do ser, ainda que por um segundo, há sempre a possibilidade de desafiar o estado dualista, lembrando a verdadeira natureza e a unidade de toda a vida.

Nota sobre o Texto

Cada capítulo neste livro é uma versão revisada de uma palestra ou de palestras sobre *Pathwork*. Considerando que os títulos dos capítulos nem sempre são os mesmos títulos originais das palestras, damos aqui uma lista dos números dos capítulos e dos números equivalentes da palestra.

O Capítulo 1 é um misto da palestra nº 10 e da nº 211.
O Capitulo 2 é a palestra nº 3.
O Capítulo 3 é a palestra nº 5.
O Capítulo 4 é a palestra nº 52 acrescida de algumas páginas escritas por Eva Pierrakos.
O Capítulo 5 é a palestra nº 105.
O Capítulo 6 é a palestra nº 75.
O Capítulo 7 é a palestra nº 144.
O Capítulo 8 é a palestra nº 149.
O Capítulo 9 é a palestra nº 145.
O Capítulo 10 é a palestra nº 158.
O Capítulo 11 é a palestra nº 217.
O Capítulo 12 é a palestra nº 112.
O Capítulo 13 é a palestra nº 220.
O Capítulo 14 é a palestra nº 15.
O Capítulo 15 é a palestra nº 197.
O Capítulo 16 é a palestra nº 248.
O Capítulo 17 é a palestra nº 208.
O Capítulo 18 é a palestra nº 200.
O Capítulo 19 é a primeira metade da palestra nº 258 e a segunda metade da palestra nº 244.

Lista das Palestras de *Pathwork*

As seguintes palestras estão disponíveis nos Centros de Pathwork *arrolados nas páginas 243 e 244. As palestras assinaladas com asterisco já estão traduzidas para o português.*

*1. O mar da vida
*2. Decisões e testes
*3. Escolha o seu destino
4. O cansaço do mundo
5. A felicidade como elo da cadeia da vida
6. O lugar do homem nos universos espiritual e material
7. Pedir ajuda e ajudar os outros
8. O contato com o mundo espiritual de Deus – mediunidade
9. A prece do Senhor
*10. Encarnações femininas e masculinas – seus ritmos e causas
11. Conhece-te a ti mesmo
12. A ordem e a diversidade nos mundos espirituais – o processo de reencarnação
*13. Pensamento positivo
*14. O Eu superior, o eu inferior e a máscara
*15. A influência entre os mundos espiritual e material
16. Alimentação espiritual
*17. O chamado
18. O livre-arbítrio
19. Jesus Cristo
20. Deus – a criação
21. A queda
22. A salvação

*25. O caminho
26. A descoberta dos próprios defeitos
27. A fuga do caminho também é uma possibilidade
28. A comunicação com Deus
29. Atividade e passividade
*30. Obstinação, orgulho e medo
*31. A vergonha
*32. Tomada de decisões
33. Preocupação com o eu
*34. O preparo para a reencarnação
35. Voltar-se para Deus
36. A prece
37. Aceitação – dignidade na humildade
*38. Imagens
39. Descoberta de imagens
40. Mais sobre imagens
*41. Imagens – o dano que causam
*42. Objetividade e subjetividade
*43. Três tipos básicos de personalidade: razão, vontade e emoção
*44. As forças do amor, de Eros e do sexo
45. Desejos conscientes e inconscientes
*46. A autoridade
47. A muralha interior
*48. A força vital
49. Culpa: justificada e injustificada – obstáculos no caminho
*50. O círculo vicioso
*51. Opiniões independentes
*52. A imagem de Deus
53. Amor-próprio
55. Três princípios cósmicos: expansão, restrição e imobilidade
56. Motivações saudáveis e doentias do desejo
57. A imagem de massa da importância do eu
58. O desejo de ser feliz e infeliz
*60. O abismo da ilusão – liberdade e responsabilidade pessoal
62. O homem e a mulher
64. A vontade exterior e a vontade interior
*66. A vergonha do Eu superior
68. A repressão de tendências criativas – processos mentais
69. O desejo legítimo de ser amado
*71. Realidade e ilusão

72. O medo de amar
*73. A compulsão para recriar e superar mágoas da infância
74. Confusões
*75. A grande transição no desenvolvimento humano
77. Autoconfiança – sua verdadeira origem
80. Cooperação – comunicação – união
*81. Conflitos no mundo da dualidade
*82. A conquista da dualidade simbolizada pela vida e morte de Jesus
*83. A auto-imagem idealizada
84. Amor, poder e serenidade
85. Autopreservação e procriação
86. Conflito entre os instintos de autopreservação e procriação
88. Verdadeira e falsa religião
*89. O crescimento emocional e sua função
*90. Moralização – necessidades
92. Renúncia às necessidades cegas
93. A imagem principal – necessidades e defesas
94. Os conceitos divididos geram confusão – neurose e pecado
95. Alienação de si mesmo – como voltar ao eu real
96. Preguiça, sintoma de alienação de si mesmo
*97. O perfeccionismo é um obstáculo para a felicidade – manipulação da emoções
98. Fantasias de realização de desejos
99. Falsas impressões dos pais, sua causa e sua cura
100. O enfrentamento da dor dos padrões destrutivos
*101. A defesa
102. Os sete pecados capitais
103. Os males de amar demais – vontade construtiva e destrutiva
*104. O intelecto e a vontade como instrumentos que atrapalham a percepção do eu
*105. O relacionamento do homem com Deus em várias etapas do seu desenvolvimento
*106. Comparação entre tristeza e depressão – relacionamentos
107. Três aspectos que impedem o homem de amar
*108. A culpa fundamental por não amar – obrigações
*109. Saúde espiritual e emocional pela reparação pela culpa real
110. Esperança e fé
111. Substância da alma – como lidar com as exigências
112. A relação do homem com o tempo
113. Identificação com o eu

*114. A luta: saudável e doentia
115. Percepção, determinação e amor como aspectos da consciência
116. A consciência sobreposta
117. Vergonha e problemas não-resolvidos
*118. Dualidade por meio da ilusão – transferência
*119. Movimento, consciência, experiência: prazer, a essência da vida
120. O indivíduo e a humanidade
121. Deslocamento, substituição, sobreposição
122. Realização pessoal por meio da autopercepção como homem ou mulher
123. Como superar o medo do desconhecido
124. A linguagem do inconsciente
125. A transição da corrente do não para a corrente do sim
126. O contato com a força vital
127. Os quatro estágios da evolução: refletir, perceber, entender e saber
128. Como o homem protege as alternativas ilusórias
129. O vencedor e o perdedor
130. A abundância comparada com a aceitação
131. Expressão e impressão
*132. A função do ego no relacionamento com o eu real
*133. O amor como movimento espontâneo da alma
134. O conceito do mal
135. Mobilidade na descontração – ligação da força vital a situações negativas
136. O medo ilusório do eu
137. Controle interno e externo – amor e liberdade
138. Um dilema humano: desejo e medo da intimidade
139. Entorpecimento do centro da vida pela má interpretação da realidade
140. A ligação ao prazer negativo como origem da dor
141. A volta ao nível original de perfeição
142. O desejo e o medo da felicidade
*143. Unidade e dualidade
*144. O processo e o significado do crescimento
*145. O chamado da corrente da vida e a resposta
146. O conceito positivo da vida – amar sem medo
147. A natureza da vida e a natureza do homem
*148. Positivismo e negativismo: uma só corrente de energia
149. O impulso cósmico para a evolução
150. O amor-próprio como condição do estado universal de bem-aventurança
151. Intensidade, um obstáculo para a autopercepção
152. Ligação entre o ego e a consciência universal
*153. A natureza auto-reguladora dos procesos involuntários

*154. A pulsação da consciência
155. Dar e receber
157. As infinitas possibilidades de experiência entravadas pela dependência emocional
158. O ego e o eu real: cooperação ou obstrução
159. A manifestação da vida como ilusão dualista
160. A conciliação da cisão interior
161. A negatividade inconsciente obstrui a entrega do ego aos processos involuntários
162. Três níveis de realidade para orientação interior
163. Atividade mental e receptividade mental
164. Outros aspectos da polaridade – o egoísmo
*165. As fases evolucionárias do sentimento, da razão e da vontade
166. Percepção, reação, expressão
167. O centro vital imobilizado adquire vida
168. Duas formas básicas de viver: aproximação e distanciamento do centro
*169. Os princípios masculino e feminino no processo criativo
170. Medo e anseio de ser feliz
*171. A lei da responsabilidade pessoal
*172. Os centros de energia vital
*173. Práticas para abrir os centros de energia
174. Auto-estima
175. Consciência
176. Como superar a negatividade
*177. Prazer, a plena pulsação da vida
178. O princípio universal da dinâmica do crescimento
179. Reações em cadeia na dinâmica da vida
*180. O significado espiritual do relacionamento humano
181. O significado da luta humana
*182. O processo de meditação
183. O significado espiritual da crise
184. O significado do mal e como transcendê-lo
*185. Reciprocidade: lei e princípio cósmico
*186. O risco da reciprocidade: força de cura para mudar a vontade interior negativa
*187. Alternância entre o estado de expansão e de contração
*188. Afetar e ser afetado
*189. Auto-identificação pessoal determinada pelos estágios de consciência
*190. A importância de sentir todos os sentimentos
191. Experiência interna e externa

192. Necessidades reais e falsas
*193. Resumo dos princípios básicos do *Pathwork*
*194. Meditação: suas leis e vários enfoques
195. Identificação com o eu espiritual para superar as intenções negativas
*196. O compromisso: causa e efeito
197. Energia e consciência distorcidas: o mal
198. A transição para a intenção positiva
199. O significado do ego e como transcendê-lo
*200. O sentimento cósmico
201. A desmagnetização dos campos de força negativos
202. A interação psíquica da negatividade
*203. A interpretação da centelha divina e das regiões exteriores
*204. O que é o caminho?
*205. A ordem como princípio universal
*206. O desejo: criativo ou destrutivo
*207. O simbolismo espiritual e o significado da sexualidade
208. A capacidade inata de criar
209. A palestra de Roscoe: inspiração para o Pathwork Center
210. O processo de visualização para evoluir para o estado unitivo
211. Acontecimentos externos refletem a autocriação — três estágios
*212. Reivindique a capacidade total de grandeza
*213. Solte-se, abra-se a Deus
214. Pontos nucleares psíquicos
215. O ponto do agora
216. Relação entre o processo de encarnação e a tarefa de vida
217. O fenômeno da consciência
218. O processo evolutivo
219. A mensagem do Natal — mensagem para as crianças
220. Acorde da anestesia ouvindo a voz interior
221. Fé e dúvida: verdade e distorção
222. A transformação do eu inferior
223. A Nova Era e a nova consciência
224. Vazio criativo
*225. Consciência individual e grupal
226. Perdoar a si mesmo sem justificar o eu inferior
227. A mudança das leis exteriores para interiores na Nova Era
228. O equilíbrio
229. O homem e a mulher na Nova Era
230. Mudança: reencarnação no mesmo período de vida
231. Educação da Nova Era

*232. Os valores do ser comparados aos valores do parecer
*233. O poder da palavra
234. Perfeição, imortalidade, onipotência
*235. A anatomia da contração
236. A superstição do pessimismo
*237. Liderança – a arte de transcender a frustação
238. A pulsação da vida em todos os níveis de manifestação
239. Palestra de Natal de 1975 e mensagem de casamento
240. Aspectos da anatomia do amor: amor-próprio, estrutura, liberdade
241. A dinâmica do movimento e a resistência à sua natureza
242. O significado espiritual dos sistemas políticos
243. O grande medo existencial dos desejos
244. "Estar no mundo sem ser do mundo" – o mal da inércia
245. Causa e efeito
*246. Tradição: aspectos divinos e distorcidos
247. Imagens de massa do judaísmo e do cristianismo
248. Três princípios do mal
249. A dor da injustiça
250. A exposição do déficit – a fé na graça divina
251. O casamento na Nova Era
252. Segredo e privacidade
253. Continuar lutando ou parar de lutar
254. A entrega
*255. O processo de nascimento – a pulsação cósmica
256. Espaço interior, vazio enfocado
*257. Aspectos do influxo divino: comunicação, consciência de grupo, exposição
*258. Contato pessoal com Jesus Cristo

Para maiores informações sobre o *Pathwork*

Há numerosos Pathwork Centers em atividade e uma rede de vários grupos de estudo e de trabalho com as palestras sobre Pathwork na América do Norte, na América do Sul e na Europa. Acolhemos com alegria a oportunidade de ajudá-lo a estabelecer contato com outras pessoas interessadas em aprofundar-se nesse estudo. Para pedir qualquer palestra ou livros sobre *Pathwork*, ou para obter mais informações, entre em contato com os centros regionais marcados com um asterisco (*):

Brasil
Pathwork Nordeste
Rua Waldemar Falcão, 377 – Brotas
40295-001 – Salvador – BA
Fone: 71-334-7151 Fax: 71-334-2729

Brasil
Pathwork Sudeste
Rua Roquete Pinto, 401 – 05515-010 –
São Paulo – SP
Fone: (011) 814-4678 Fax: (011) 211-4073
ou (011) 211-8228

EUA
Califórnia
Pathwork of California, Inc*
1355 Stratford Court # 16 – Del Mar,
California 92014
Ph. (619) 793-1246 Fax: (619) 259-5224
E-mail: CAPathwork@aol.com

Região Central dos Estados Unidos
Pathwork of Iowa
24 Highland Drive – Iowa City, Iowa 52246
Ph. (319) 338-9878

Região dos Grandes Lagos
Great Lakes Pathwork*
1117 Fernwood – Royal Oak, Michigan
48067
Ph./Fax: (248) 585-3984

Eixo América-Inglaterra
Sevenoaks Pathwork Center*
Route 1, Box 86 – Madison, Virginia 22727
Ph. (540) 948-6544 Fax: (540) 948-3956
E-mail: SevenoaksP@aol.com

Nova York, Nova Jersey, Nova Inglaterra
Phoenicia Pathwork Center*
Box 66, Phoenicia, New York 12464
Ph. (800) 201-0036 Fax: (914) 688-2007
E-mail: PATHWORKNY.ORG

Noroeste
Northwest Pathwork
811 NW 20th, Suite 103-C – Portland,
Oregon 97209
Ph. (503) 223-0018

Filadélfia
Philadelphia Pathwork
901 Bellevue Avenue – Hulmeville,
Pennsylvania 19407
Ph. (215) 752-9894
E-mail: dtilove@itw.com

Sudeste
Pathwork of Georgia
120 Blue Pond Court – Canton,
Georgia 30115
Ph./Fax: (770) 889-8790

Sudoeste
Path the Real Self/Pathwork
Box 3753 – Santa Fe, New
Mexico 87501
Ph. (505) 455-2533

Argentina
Pathwork
Castex 3345, piso 12 – Cap. Fed.
Buenos Aires, Argentina
Ph./Fax: (54)-1-801-7024

Canadá
Ontario/Quebec Pathwork
P. O. Box 164
Pakenham, Ontario KOA – 2X0
Ph. (613) 624-5474

Alemanha
Pfadgruppe Kiel
Ludemannstrasse 51
24114 Kiel, Germany
(0431) 66-58-07

Holanda
Padwerk*
Boerhaavelaan 9
1401 VR Bussum, Holland
Ph./Fax (03569) 35222

Itália
Il Sentiero*
Via Campodivivo, 43 – 04020 Spigno
Saturnia (LT) Italy
Ph. (39) 771-64463 Fax: (39) 771-64693
E-mail: crisalide@fabernet.com
http://www.saephir.it./crisalide.

Luxemburgo
Pathwork Luxembourg
L8274 Brilwee 2
Kehlen, Luxembourg
Ph. (352) 307328

México
Pathwork Mexico
Pino # 101, Col Rancho Cortes
Cuernavaca, Mor 62120 Mexico
Ph. 73-131395 Fax: 73-113592
E-mail: andresle@infosel.net.mx

Países Baixos
Padwerk
Amerikalaan 192
3526 BE Utrecht
The Netherlands
Ph./Fax: (035) 6935222
E-mail: Trudi.groos@pi.net

Uruguai
Uruguai Pathwork
Mones Roses 6162
Montevideo 11500, Uruguay
Ph. (598) 2-618612 Fax: (598) 2-920674
E-mail: LGF@adinet.com.uy

Há traduções do material sobre Pathwork disponíveis em holandês, francês, alemão, italiano, português e espanhol.

O CAMINHO DA AUTOTRANSFORMAÇÃO

The Pathwork of Self-Transformation

Eva Pierrakos

> "*O Caminho da Autotransformação,* de Eva Pierrakos, me acompanha há vinte anos. É o trabalho espiritual mais profundo e eficiente que encontrei, e tem me ajudado a realizar os meus sonhos. Cada vez que o leio, fico maravilhada com a profundidade e amplitude de sabedoria e amor que ele ensina. É um caminho de verdade, prático, que modificará a sua vida."
>
> Barbara Ann Brennan, autora de *Mãos de Luz.*

Eva Pierrakos, nascida Eva Wassermann, é natural da Áustria, em cuja capital, Viena, cresceu, enquanto se adensavam sobre a Europa as nuvens que culminariam na Segunda Guerra Mundial. Entretanto, Eva amava a vida, a natureza, os animais, os prazeres da dança, a prática do esqui e a amizade. Deixando a Áustria, ela passou a viver durante algum tempo na Suíça antes de se fixar em Nova York. Durante esse período, tornou-se o canal de comunicação de um espírito-guia altamente desenvolvido que proferiu a série de palestras que formam o conteúdo deste livro.

Sua história é idêntica à de todos os transmissores da verdade espiritual: primeiro, espanto pela manifestação desse dom especial; depois, relutância em admiti-lo; e, finalmente, humilde cumprimento da tarefa com total devotamento. Discretamente, Eva atraiu a si um número sempre crescente de pessoas que se sentiram arrastadas ao caminho da autotransformação ensinado pelo Guia. Trabalhando com seu marido, o psiquiatra John C. Pierrakos, autor de *Energética da Essência*, também publicado pela Editora Cultrix, Eva desenvolveu o que chamou de *The Pathwork,* basicamente, um Caminho, um método psicológico que conduz ao nosso Deus interior pelo confronto entre nossos demônios e nossos anjos, entre os interesses mesquinhos do ego e nossas forças espirituais.

Mostrando-nos como aceitar-nos plenamente como somos agora e a superar tudo o que bloqueia nossa evolução pessoal e espiritual, este livro oferece-nos um método prático, racional e honesto para atingirmos nossa identidade criativa mais profunda.

EDITORA CULTRIX

Este livro proporciona profundas introvisões sobre o significado das inevitáveis dificuldades dos relacionamentos e dá orientação sobre o modo de resolvê-las para ter parcerias vibrantes. Ele responde de uma forma simpática às perguntas sobre sexualidade e espiritualidade, divórcio, medo da intimidade, reciprocidade e sobre como manter acesa a chama do amor.

CRIANDO UNIÃO

O Significado Espiritual dos Relacionamentos

Eva Pierrakos e *Judith Saly*

"*Criando União* nos desafia a empreender corajosamente a maior aventura da vida, a jornada que vai do isolamento inspirado pelo medo, ou da parceria relutante, até o amor sem medo e a plena realização com um espírito semelhante ao nosso. O que poderia ser mais fascinante e satisfatório?"

– Gene Humphrey, Ph.D.
Presidente da Pathwork Press

Photo © 1974 by Marianne Barcellona

EVA PIERRAKOS canalizou 258 palestras, ao longo de um período de 22 anos, sobre a natureza da realidade psicológica e espiritual e sobre o processo do desenvolvimento espiritual das pessoas. Essas palestras do seu Guia constituem a base do método psicológico que Eva criou e que chamou de *Pathwork*, basicamente um Caminho que conduz ao nosso Deus interior pelo confronto entre nossos demônios e nossos anjos, entre os interesses mesquinhos do ego e nossas forças espirituais. Um grupo cada vez maior de professores, curadores e terapeutas veio estudar com ela, entre eles, o psiquiatra John Pierrakos, criador da *Energética da Essência*. Eles se casaram, e da fusão de seu trabalho nasceu uma poderosa forma de transformação pessoal.

JUDITH SALY começou a praticar o Pathwork em 1958, e é professora e conselheira do Pathwork há 25 anos. Casou-se com John Saly em 1955 e ambos passaram a integrar o grupo de direção do Pathwork, juntamente com Eva e John Pierrakos. Desse vibrante relacionamento de 38 anos nasceram três filhos e dois netos. Com Donovan Thesenga, Judith trabalhou na organização do livro *O Caminho da Autotransformação*, também publicado pela Editora Cultrix, e escreveu *How to Have a Better Relationship*.

Photo by Helane Levine-Keating

EDITORA CULTRIX

NÃO TEMAS O MAL

O Método Pathwork para a Transformação do Eu Inferior

Eva Pierrakos e *Donovan Thesenga*

"*Não Temas o Mal* apresenta a idéia do mal em abordagem prática e moderna que nos ajuda a encarar nossas experiências negativas sob uma nova luz que irá transformar nossa dor pessoal em alegria e prazer."

Barbara Ann Brennan, autora de *Mãos de Luz*, publicado pela Editora Pensamento.

"Você não é uma pessoa má. Eu não sou uma pessoa má. Contudo, o mal existe no mundo. De onde ele vem?

"As coisas más que são feitas sobre a Terra são praticadas por seres humanos. Nós não podemos pôr a culpa disso nas plantas ou nos animais, numa doença infecciosa ou em influências nefastas do espaço sideral. Mas, se você e eu não somos maus, quem é mau?

"Aqueles dentre nós que estudaram e praticaram o *Pathwork* de Eva Pierrakos descobriram, com um sentimento de alívio, que esses ensinamentos fornecem o elo perdido crucial que até aqui tem escapado às considerações da religião e da psicologia.

"A vasta maioria das transmissões espirituais da atualidade, ou material canalizado, concentra-se na bondade essencial dos seres humanos, na nossa natureza divina final. E essa é uma mensagem valiosa para o nosso tempo. Mas o que faremos com o nosso "lado escuro"? De onde ele vem, por que é tão difícil de ser tratado e como devemos lidar com ele?

"É nas respostas a essas questões que repousa o valor principal deste livro. A transmissão que veio através de Eva Pierrakos ensina-nos que alguma forma de mal pode ser encontrada no coração de cada ser humano, mas que ele não precisa ser temido ou negado. Um método é oferecido para que possamos ver claramente o nosso "lado escuro", compreender suas raízes e causas e, o que é mais importante, transformá-lo. O resultado dessa transformação será paz no coração humano, e só depois que esta for alcançada é que haverá paz na Terra."

Donovan Thesenga

EDITORA CULTRIX

A DÁDIVA DA ESPERANÇA

Robert L. Veninga

"Como sobreviver às armadilhas que a vida semeia no nosso caminho? Como sobreviver à perda de entes queridos? Como acreditar em Deus, ou na sacralidade da vida, quando tudo o que a faz rica e bela nos é repentinamente arrebatado?"

Decidido a encontrar as respostas, Robert Veninga foi ao encontro de centenas de pessoas que lhe contaram a experiência do sofrimento e como ficaram depois dele. "Aprendi muito durante esse processo. Aprendi que as pessoas podem tornar-se muito coléricas; mas também muito ternas. Aprendi que as pessoas se sentem muito solitárias após o sofrimento; mas também encontram uma força antes desconhecida. Acima de tudo, aprendi sobre a fé: por que as pessoas a abandonam e afinal retornam a ela, e como a fé conforma e sustenta, quando tudo o mais parece desolação e desânimo."

Em *A Dádiva da Esperança,* Robert Veninga reparte com o leitor suas descobertas de como superar a amargura. Descreve primeiro os estágios do sofrimento e suas características; fala depois das estratégias para a sobrevivência, refletindo finalmente, de forma reconfortante, sobre as situações extremas, quando a dor decididamente não se extingue e a morte parece a única solução.

Escrito em linguagem agradável e viva, calcado todo na realidade dos que sofreram a dor e a amargura, *A Dádiva da Esperança* inspira, apazigua a alma e oferece alternativas e alívio, mostrando como sair das profundezas do desespero e do desânimo e enxergar que na essência da vida humana se encontram os elementos fundamentais que ajudam muitos "heróis comuns" a sobreviverem: a aceitação, o perdão e a esperança.

EDITORA CULTRIX